I0127277

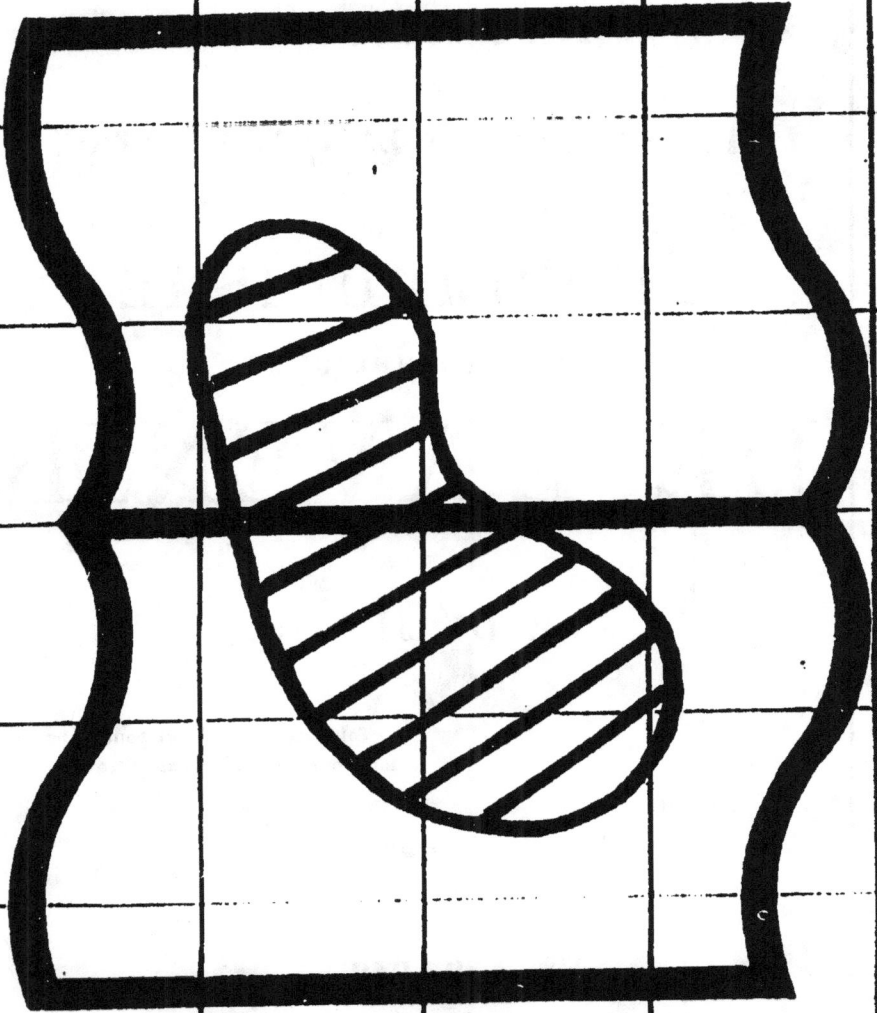

PUBLICATIONS DE L'EGLISE DE LA LIBERTÉ

DE LA

SAGESSE DANS LA PRODUCTION

ET DE LA

FRATERNITÉ DANS LA CONSOMMATION

OU

LE COMMUNISME

DES RÉPUBLIQUES

DE L'AVENIR

PAR

LE Dᴮ JUNQUA

Tout par le peuple et pour le peuple,
tout pour le travail et par le travail.

—◦◦❁◦◦—

PARIS
DERVEAUX, LIBRAIRE-ÉDITEUR
32, RUE D'ANGOULÊME, 32

—

1879
Tous droits réservés.

OUVRAGES PARUS
DU MÊME AUTEUR

L'ÉGLISE, DÉMOCRATIQUE ET SOCIALE, DE LA LIBERTÉ, Librairie Sandoz et Fischbacher, 33, rue de Seine. 1 vol..... .... 2 fr. 50

DE LA JUSTICE DANS L'USAGE DE LA PROPRIÉTÉ, ou le Contrat économique des Républiques de l'avenir. Même librairie. 2 vol............. ... 6 fr.

DE LA JUSTICE DANS L'EXERCICE DE LA SOUVE-RAINETÉ, ou le Contrat social des Républiques de l'avenir. 1 vol.. .... 3 fr. 50

DE LA SAGESSE DANS LA PRODUCTION, ET DE LA FRATERNITÉ DANS LA CONSOMMATION, ou le Communisme des Républiques de l'avenir.

EN PRÉPARATION

L'ABSOLU ET LE RELATIF.
Etc.

IMPRIMERIE GÉNÉRALE DE CHATILLON-SUR-SEINE, JEANNE ROBE-T

DE LA SAGESSE DANS LA PRODUCTION
ET DE LA FRATERNITÉ DANS LA CONSOMMATION

OU

LE COMMUNISME

DES RÉPUBLIQUES

DE L'AVENIR

IMPRIMERIE GÉNÉRALE DE CHATILLON-SUR-SEINE, JEANNE ROBERT

PUBLICATIONS DE L'ÉGLISE DE LA LIBERTÉ

DE LA
SAGESSE DANS LA PRODUCTION
ET DE LA
FRATERNITÉ DANS LA CONSOMMATION
ou

LE COMMUNISME

DES RÉPUBLIQUES

DE L'AVENIR

PAR

LE Dʀ JUNQUA

Tout par le peuple et pour le peuple,
tout pour le travail et par le travail.

PARIS
DERVEAUX, LIBRAIRE-ÉDITEUR
32, RUE D'ANGOULÊME, 32

1879
Tous droits réservés.

DE
LA SAGESSE DANS LA PRODUCTION
ET DE LA FRATERNITÉ
DANS LA CONSOMMATION

DEUX NOTES

AVANT D'ÉCRIRE L'INTRODUCTION ET APRÈS AVOIR ÉCRIT L'OUVRAGE

I

La République sera libérale, ou ne sera pas.

Je suis au 4 août de l'année 1879, 16 thermidor de l'an 87 de notre grande république française. Neuf années se sont écoulées depuis la dernière reprise de cette République sous les arrosages du citoyen Thiers.

Or, je ne dis pas comme lui: *La République sera conservatrice ou ne sera pas,* parce qu'une

1

moitié de cette proposition sent trop l'homme
d'un vieux passé monarchique, qu'elle ne peut
être sage que d'une sagesse opportuniste, rela-
tive à l'état mental d'une nation mal élevée, avec
laquelle il faut cependant compter, parce qu'elle
est la force.

Mais je dis : *La République sera libérale, ou
ne sera point.*

O République! amour pur de ma vie civique,
si tu as de ces petitesses rancunières qui font
qu'on ne comprend la liberté qu'avec des exceptions, tu n'existeras point sous ce régime d'op-
portunisme, tu mourras encore! Tu mourras
pour revivre, sans doute! Mais je voudrais que
tu n'eusses pas besoin de cette résurrection
nouvelle.

Oh! je sais bien que tu es l'avenir de la patrie.
Mais je voudrais que cette vie de l'avenir fût
sérieusement commencée pour toi, et pour cela
je voudrais te voir prendre tes grandes allures
dans la carrière de la liberté.

Tu as fait toutes tes révolutions, ô ma France!
à ce cri glorieux : *Vive la liberté!* et c'est ce
cri qui t'a portée jusqu'à la fondation de la Répu-

blique. Sois logique, ô ma France! si tu me fais une République à proscriptions et à proscrits, à prohibitions des uns et à autorisations des autres, à caprices de privilégiés, oui, la République mourra encore, et sera condamnée à une renaissance qui viendra; mais, hélas! nous autres, pauvres vieux citoyens, nous ne vivrons plus assez pour voir cette résurrection définitive.

Oui, ma République, *tu seras* LIBÉRALE ou tu ne seras point!...

II

Un homme de génie, un grand poète, vient de prononcer les paroles prophétiques qui suivent. Ce ne sont là, dit-on, que de grandioses expressions. Elles sont grandioses, sans doute, mais par ces expressions sont soupirées des intuitions prophétiques! Moi, je les accepte! J'y trouve le sérieux des prophéties d'Isaïe, et je les transcris comme résumant ce que j'ai écrit sur le travail et sur Dieu.

« Au vingtième siècle, disait notre vieille lyre, la guerre sera morte, l'échafaud sera mort, la haine sera morte, la royauté sera morte, la fron-

tière sera morte, les dogmes seront morts,
l'homme vivra. Il y aura au-dessus de tout une
grande patrie, toute la terre, et une grande espérance, tout le ciel . . . .
La question unique, à cette heure, c'est le travail... La question sociale reste ; elle est terrible,
mais elle est simple ; c'est la question de ceux
qui ont et de ceux qui n'ont pas ; il faut que le
second de ces deux termes s'efface. A cela, le
travail suffit. Réfléchissez... Au-dessus de tout,
brille ce mot étrange, Dieu, tellement mystérieux
qu'il peut tout supporter, depuis l'affirmation la
plus terrible jusqu'à la négation la plus loyale,
tout, depuis le fanatique féroce jusqu'à l'athée
honnête, et qu'ainsi que l'astre inondé par les
nuées, englouti par les tempêtes, noyé par les
déluges nocturnes, il est au delà, éternel... [1]. »
Maintenant j'écris mon introduction.

[1]. Dans le discours de Victor Hugo, lu par lui-même au
Château-d'Eau le 4 août 1879, jour où Louis Blanc fit sa con-
férence, pendant qu'on inaugurait, à Nancy, la statue du citoyen Thiers.

DE LA SAGESSE DANS LA PRODUCTION
ET DE LA FRATERNITÉ DANS LA CONSOMMATION

INTRODUCTION

INTRODUCTION

—

J'ai, par mes deux volumes *De la justice dans l'usage de la propriété ou le contrat économique des républiques de l'avenir*, attiré l'attention de mes lecteurs sur le point capital des misères sociales dans l'ordre économique. J'aurai, par les études que j'entreprends, sur la *production* et sur la *consommation*, achevé de creuser, selon ma manière de voir, tous les problèmes que présente l'économie sociale, non pas sans doute dans leurs détails et avec plénitude, puisque ces problèmes fourniraient matière à des volumes sans nombre. Qui de mes lecteurs ne connaît les traités indéfinis de cette science nouvelle qu'on avait d'abord nommée *l'économie politique*, et qu'on a fini généralement par qualifier, avec plus de raison, d'*économie sociale?*

On se rappelle les citations considérables que j'ai empruntées, dans ces deux volumes, au manuscrit d'un grand théologien du dix-neuvième siècle, qui m'avait été confié par ce théologien lui-même ; on se rappelle surtout le morceau que j'en avais détaché pour le poser, comme base de tout mon rationali ne, dans l'Introduction de ces deux volumes. Ce fut alors, de cette base même, de laquelle mon théologien, tout catholique qu'il fût, reconnaissait s'être servi dans sa marche démonstrative de toutes les vérités qu'il avait défendues durant ses études de penseur et d'auteur, que je me servis comme assise de tout mon édifice mutuelliste. J'abandonnais avec lui le *principe traditionnel* pour suivre désormais exclusivement *le principe rationnel.* On a vu, si l'on a lu ces deux volumes, où cette voie m'a conduit.

Aujourd'hui je veux reprendre la même route, après avoir fait une halte et une digression dans l'ordre politique ; or j'ai encore à citer un passage important de mon théologien, un passage qui, d'ailleurs, sera intéressant par l'anecdote qu'il renferme, et qui servira de base à tout le système que je dois développer dans ma nouvelle étude. Voici ce passage : c'est le théologien qui parle :

« C'était en 1853 ou 54. Je ne connaissais pas Lamennais, le grand démocrate. Je ne le connaissais que pour l'avoir attaqué et réfuté dans ses théories du *sens commun*. J'étais un cartésien pur en logique, comme je le suis encore, et je ne comprenais pas que l'on pût faire reposer la certitude humaine sur une autre base que celle de la raison percevant clairement et distinctement l'évidence des choses quand cette évidence existe. Mais cette divergence d'opinion avec ce grand homme sur le critère radical de certitude, ne m'empêchait pas de le trouver très grand comme orateur-écrivain, surtout comme âme profondément démocrate.

» Un jour je me rencontrai, soit sur la fin de 1853, soit sur le commencement de 1854, avec un jeune abbé comme moi, qui le connaissait. Nous passions près de la rue du Grand-Chantier où demeurait Lamennais, et où il devait bientôt

1.

mourir. Cet abbé me dit : — Voulez-vous le voir, je vous introduirai. — Volontiers, répondis-je. Nous entrâmes. Lamennais était chez lui avec plusieurs amis, il nous reçut très bien. Il aimait encore les ecclésiastiques, et faisait bon accueil aux abbés qui allaient le voir, surtout quand ils étaient jeunes comme nous étions l'un et l'autre. Nous passâmes une heure environ dans sa compagnie, devant les copies de chefs-d'œuvre en peinture dont était décoré son appartement, et eut lieu, en un certain moment, la conversation suivante :

» On parlait du socialisme, dont le public s'occupait beaucoup alors, et l'on en cherchait une définition : chacun dit son mot, et ces mots correspondaient plus ou moins à quelque système d'organisation sociale. Je pris la parole et je dis : « Pourquoi donc aller chercher si loin cette définition? Je la trouverais dans le mot lui-même. On altère les mots en ayant le tort constant de perdre de vue leur étymologie. Cette étymologie devrait pourtant servir de repère aux acceptions qu'on leur donne, et empêcher de s'égarer sur la matière. *Socialisme* vient du mot *social*, homme *social* : le *socialisme* est donc la *science de l'homme social*, de l'homme en tant que fait pour vivre en société. »

» Lamennais avait fait silence, et tout le cercle avec lui. Il rompit ce silence pour me dire, en me regardant et rongeant ses ongles — ce tic lui était familier — : « Vous avez raison, monsieur, le socialisme est la science de l'hommé social, par conséquent de l'organisation de la cité. L'individualisme, science de l'individu, le communisme, science de la société, en sont les deux éléments. »

» Là-dessus tout le monde se tut, et l'on s'en alla sans paraître y comprendre grand'-chose.

» Quelques mois se passèrent à peine après cette unique entrevue avec le grand homme, et le grand homme mourut. Il mourut comme Socrate, en présence de Dieu et de ses amis, sans accepter la moindre visite officielle de l'Eglise. Il avait laissé un testament par lequel il demandait que son convoi fût celui des pauvres, que son corps fût déposé dans la fosse commune, qu'aucun signe ne fût conservé sur sa tombe, et

qu'aucune cérémonie n'accompagnât son cer-
cueil.

» Ces conditions furent remplies, et il fut le
premier qui donna l'exemple des enterrements
civils devenus nombreux en ces jours.

» Cela ne m'empêcha point d'aller, dès huit
heures du matin, faire suite à son convoi, rue
du Grand-Chantier, où je l'avais vu quelques mois
auparavant. J'y trouvai Arnaud (de l'Ariége),
mort depuis, jeune encore, étant conseiller d'Etat,
puis sénateur de la République.

» Je suivais avec Arnaud, et nous étions par-
venus dans la rue de la Roquette, lorsqu'un ser-
gent de ville, remarquant ma soutane, vint me
chasser honteusement ainsi que je l'ai raconté
en vers dans une pièce de poésie que j'envoyai
quelques jours après à une jeune personne de
province qui m'avait adressé des vers. Voici le
passage où j'ai raconté ce fait :

« Je suivais à sa tombe une grande relique[1],
Quand, de sa lèvre impure, un argousin cynique
M'a dit en me chassant : « Vous portez cet habit[2]!

1. Le corps de Lamennais qui venait de mourir en 1854.
(Note du théologien.)
2. Je suivais le convoi en soutane.   *(Id.)*

» Et suivez, chapeau bas, ce reste de maudit!...
» Allez ailleurs! — « Allons! » — Plus de chose sacrée!
Plus de respect des morts!... C'est l'ignoble curée...
Mais sous le sol, que bat la meute, âpre au festin,
Un bruit, qu'étouffent mal les jurons de Caïn,
Pareil au ronflement du lion qui sommeille,
M'empêche d'oublier les jours où Dieu s'éveille [1]!...
Voilà Paris! voilà, sous son manteau chrétien,
Paris impérial! Voilà ce qu'on devient
Quand on est nation et qu'on se constitue
La peau de chien d'un prince, et qu'on se prostitue
A ces galons en rut, à ces fiers capitans,
Qu'on appelle empereurs, que j'appelle forbans. »

» Je reviens à ce socialisme tel que je le définis par instinct devant le grand homme, et tel
qu'il acheva de le définir lui-même.

» Oui, le socialisme n'est autre que la science
complète de l'homme social, et les deux éléments
de cette science sont et resteront à jamais l'individualisme et le communisme; l'individualisme
première base et le communisme couronnement suprême, à la condition qu'il soit mis en
harmonie avec la base première, c'est-à-dire organisé de telle sorte qu'il n'en implique pas la
destruction.

1. Le jour où Dieu s'éveille s'est encore fait attendre, mais
il est enfin venu comme il vient toujours.
(Note ajoutée par le théologien en 1871.)

» Vous aurez ainsi la construction du triangle complet qu'on appelle la cité ; vous aurez ainsi la République parfaite, la République idéale qui n'admettra plus chez elle la misère, à moins que la misère ne soit la conséquence de vices dépendants de la liberté humaine, tels que la paresse et l'oisiveté.

» Il ne faut jamais oublier, en effet, quand on s'occupe d'économie sociale, 1° que l'homme est un individu autonome, libre, et 2° que cet individu est fait pour vivre en société.

» Or, il suit de cette double considération fondée sur la nature et sur la raison, que toute science qui a pour but l'étude de l'homme social, et qui peut s'exprimer par le mot *socialisme*, repose nécessairement, comme le disait Lamennais, en oubliant alors son système du sens commun, sur ces deux bases : individualisme et communisme.

» Le socialisme, par l'individualisme, aura soin de respecter l'individu, sa liberté, son autonomie, sa propriété, qui est et n'est que le fruit de son travail, et tout ce qui sort de sa nature d'individu.

» Le socialisme, par le communisme rationnel et harmonique qui doit le compléter, aura grand soin de respecter les fonds communs par leur nature avec les instincts de communauté, d'association, d'aide réciproque, de solidarité, de secours mutuels, d'appui d'un frère sur un autre frère et sur tous les frères, de tout ce qui sort, en un mot, de sa nature d'homme social.

» Arrêtons-nous un peu sur ce communisme harmonique :

» Quatre conditions lui sont essentielles :

» 1° En religion, il doit être panthéistique; je développerai grandement cette idée par la suite, et je prie bien mes frères en démocratie de lire avec attention tout ce que je dois dire sur ce point capital. Le panthéisme seul donne, en religion, le Dieu véritable, le Dieu républicain : tout autre Dieu est un Dieu tyrannique et despotique, étranger au monde, un Pygmalion éternel, dont le domaine est l'esclavage éternel des créatures par constitution ; c'est le type de toutes les autocraties. L'athéisme vaudrait mieux que ce théisme autoritaire s'il ne biffait pas

d'un trait la chose la plus indispensable, la plus
métaphysiquement essentielle à tous les êtres,
c'est-à-dire la cause.

» 2° La seconde condition de mon communisme, c'est le démocratisme : quiconque n'admet pas la doctrine de l'égalité et de la fraternité
ne peut être mon disciple, oserai-je dire après
Jésus.

» 3° La troisième condition est la communauté des fonds fournis par la nature.

» 4° La quatrième est la propriété des fruits
produits par le travail, avec l'*alternisme* dans la
circulation de ces fruits. J'aime mieux ce mot
d'*alternisme* que celui d'*altruisme*; il implique
assez bien le *mutuellisme* en économie sociale,
et ouvre carrière à beaucoup d'autres idées importantes à côté de celle-là [1].

» C'est par ces quatre conditions que l'esprit
sage, que le judicieux critique jugera les divers
communismes, dont je ferai l'histoire. Si l'on
néglige quelqu'une de toutes ces bases, on fera

---

[1]. Le théologien vient d'exposer là des idées fécondes; ce
sera sur elles, comme je l'insinue dans le texte, que j'établirai mon historique des divers communismes, et que je baserai
mon tableau du communisme harmonique de l'avenir.

nécessairement fausse route, soit en s'égarant
à droite, soit en s'égarant à gauche; et, dans
les deux cas, on prouvera que l'on n'appartient
qu'à un des âges d'enfance de l'humanité qui
doivent précéder son âge mûr, et dans lesquels
toute vérité n'est encore qu'à demi comprise.

» On ne se maintiendra dans la ligne droite,
qui est la ligne du centre et le plus court chemin
à la vérité idéale, absolue dans le relatif, qu'en
gardant à la fois, dans la cité qu'on imaginera,
deux sommes de conditions qui paraissent contraires et qui ne le sont qu'en apparence, parce
qu'elles sont, à la fois, exigées par la nature, à
savoir une somme d'individualisme et une
somme de communisme qui, pour s'entendre
avec son frère l'individualisme, soit, à la fois,
panthéistique, démocratique, communautaire
des fonds, propriétariste et alterniste des fruits
dans son démocratisme.

» Il en est de notre humanité et de tous les
êtres sociaux comme de la cause universelle des
êtres, de cet absolu de la force, de la grâce et de
la vie, qu'on a appelé Dieu, Jéhovah, Allah,
Emmanuel, Brahma, Bouddah, Souayambhou,

et de tant d'autres noms, signifiant tous la force
absolue, la force éternelle, la force première, la
force racine de toutes les productions, sans laquelle on n'explique rien, et avec laquelle on
explique tout. Il y a à garder, dans la définition
de cette force, l'idée d'une autonomie qui la centralise en un moi, et d'une universalité qui la fait
commune à tous les êtres; elle se panthéise en
toute chose et s'unifie tout en se panthéisant. Ce
n'est plus le Dieu tyran, étranger à l'univers, qui
le gouverne en roi; ce n'est plus ce vieillard qui
règne en lui-même par delà les temps et les
espaces, contre lequel Proudhon a élevé son antithéisme, avec grande raison, parce qu'il damne
ou sauve à son bon plaisir, et parce qu'il est le
type des systèmes autoritaires en politique, et
de tout ce qu'on a appelé les légitimités et les
royautés. C'est le Dieu qu'on pourrait nommer
panthée, immanent en tous les êtres, leur donnant la force en soi, la force absolue, entretenant sans cesse en eux la vie, et la faisant durer
après la mort comme avant elle, nous rendant
de la sorte immortels, mais restant toujours,
après comme avant, notre ressort substantiel,

fondamental et permanent. C'est le Dieu de la démocratie qui est, en tous, l'élément primordial, constant et final des activités. C'est le Dieu de Jésus qui travaille sans cesse en toutes choses; *usque modo operatur pater, et ego*; c'est le Dieu de Paul qui opère en nous le vouloir et le faire, *et velle et perficere*, et en qui nous vivons, nous nous mouvons, nous sommes. C'est le Dieu qui ne commande point du dehors, mais qui commande du dedans et au dedans, par et avec notre conscience. C'est, en un mot, je l'ai dit, le Dieu de la démocratie, de l'universalité des êtres, se régissant eux-mêmes par sa vertu; c'est le Dieu république, devant lequel les Proudhon feront taire leur antithéisme, et qu'ils ne blasphémeront plus.

» Je reviens à mon socialisme composé sur ce type d'individualisme et de communisme bien pondérés.

» Pour cette pondération, il faut que chacun des éléments ait sa mesure. Cette mesure est simple, car elle est déterminée par la partie contraire qui lui sert de limite et lui fait équilibre. Par exemple, si le communisme établi ne détruit

point l'individualisme consistant dans la liberté
qu'a l'individu d'user des fruits de son travail,
si ce communisme n'est, au contraire, que l'application même et la mise en pratique de cet
individualisme, et si l'individualisme, loin de
détruire, de son côté, le communisme, ne fait
que le réaliser autant que la raison le conseillera
à des frères pour agir sagement, c'est-à-dire
pour user sagement des facultés qu'ils tiennent
de la nature comme individus, il y aura dans la
cité, en même temps, individualisme et communisme dans la juste mesure; et, par là, réalisation de l'idéal du socialisme. Les deux termes
que l'on voit se battre depuis le commencement
dans l'humanité seront enfin mis en équilibre,
et le calme se fera par le fait même des posées
contraires.

» Voilà la solution de tout le problème. Voilà
tout le socialisme découvert par la découverte
même des deux vérités mises par la nature le
plus près de nous, et y brillant du plus vif éclat,
l'une dans notre être particulier, l'autre dans
l'ensemble des êtres semblables à nous. L'une
prise seule, ne conduirait qu'à la sauvagerie

indisciplinée de l'égoïsme, l'autre, prise seule ne conduirait qu'à la discipline esclavagiste de la barbarie.

» De deux principes contraires résulte donc le socialisme, science pratique de l'homme social. Il résulte de l'individualisme et du communisme équilibrés. Qui ne le comprend, ne comprend rien à l'organisme de la cité et n'est pas encore le concitoyen des temps à venir que rêve l'homme d'espérance.

» Il exista, dans les origines de l'humanité, une tradition universelle sur la création de l'homme. Cette tradition disait, sous diverses figures, cette double vérité. Les pères transmettaient aux enfants, en différents langages, des narrations légendaires dans la forme, mais très philosophiques et très sérieuses pour le fond, qui se résumaient dans l'affirmation de l'individu et dans l'affirmation de la famille.

» Quelques fragments de ces narrations antiques ont été conservés jusqu'à nous. Tous les livres les plus vieux que possède le monde, et qu'il nomme partout, avec un égal respect, ses *livres sacrés*, en renferment quelques-uns, qui

s'accordent tous par le fond et par l'esprit. La
Chine, l'Inde, l'Egypte, la Perse, la Chaldée,
nous présentent quelques restes légendaires de
ces vieilles narrations. Mais il est parmi tous
ces vieux livres un livre mieux gardé que les
autres et dans lequel ces légendes conservent
un attrait qui n'a pas d'égal, malgré toutes les
transfigurations par lesquelles elles ont passé.
Ce livre est la Genèse des Sémites, attribuée au
grand législateur Moïse. Les premiers chapitres
de la Genèse renferment plusieurs de ces fragments, et son auteur a prouvé sa fidélité plus
que naïve à les compiler tels qu'il les trouvait
dans les traditions antiques, par la manière
même avec laquelle il les a réunis.

» Moïse, en effet, dans sa Genèse, n'a pas
même pris soin de faire les raccordements que
demandait la plus simple idée de l'art; il les a
mis l'un après l'autre sans dissimuler en rien la
brusquerie de leur accollement. Le premier chapitre insère d'abord un vieux tableau de la
création du monde en six jours, puis, sans sou-
dure calculée, un autre récit de la création de
l'homme et de la femme, très disparate avec le

premier : preuve évidente de la naïveté du com-
pilateur et de sa fidélité d'esprit à l'égard de ce
qu'il puisait dans les documents antérieurs. Il
n'a pas même ménagé les soudures, et ses col-
lages sont tellement maladroits que le plus
simple critique ne peut s'empêcher de les aper-
cevoir. Preuve évidente que porte sans cesse le
texte lui-même, transmis d'âge en âge, de la
pureté originelle des fragments compilés.

» Or, ces fragments de la plus antique des
légendes nous peignent l'humanité naissante à
la fois comme individu autonome et comme
famille, et comme renfermant dans sa nature
une double graine prédestinée à se développer
sans fin ; cette double graine est l'individualisme
et le communisme, premières vérités essentielles à la nature humaine et devant à jamais
fructifier dans cette nature.

» Comment l'être humain nous est-il peint?
L'absolu se recueille après avoir produit les
autres êtres qui composent l'univers, et dit :
« Faisons l'homme à notre image et à notre
ressemblance. » *Faciamus hominem ad imagi-
nem et similitudinem nostram.* Voilà l'homme

individualité. Il est à l'image et à la similitude de l'absolu. Il se possède lui-même. Il sera son maître. Il dira comme l'absolu : *Ego, moi.* Il verra la vérité comme l'absolu la voit, avec l'évidence de la raison et en sera certain. Voilà le premier élément de la société humaine qui va naître, c'est l'individu ; c'est l'individualisme qui est posé comme la première base de cette société.

Mais voici qu'aussitôt l'absolu se dit à lui-même : Il n'est pas bon que l'homme soit seul : faisons-lui un aide qui lui soit semblable. Il tire la compagne de l'homme, de l'homme lui-même, de sa chair et de ses os. Tous les individus qui vont résulter du premier auront une communauté pour origine. L'homme, voyant sa moitié, s'écrie : « Voilà l'os de mes os ! la chair de ma chair ! » tant l'identité primitive est intime et profonde ! Voilà le communisme naissant.

» N'oublions jamais ces deux germes de la nature humaine, aussi essentiels l'un que l'autre, aussi riches en développements futurs : individualisme, communisme.

» Ce double génératif de la cité a d'ailleurs une

cause première et unique, la vie primordiale de l'absolu, du dieu panthéistique dont j'ai parlé plus haut, qui travaille sans cesse dans sa pro- duction avec sa production elle-même. *Pater meus operatur usque modo, et ego operor,* disait Jésus avec tant de profondeur. *Mon père travaille sans cesse, et moi aussi.* « En lui, disait Paul, nous vivons, nous nous mouvons, nous sommes. » — Et nous avons cela de commun avec notre origine que nous sommes, par nature, les uns dans les autres comme il est lui-même, ce dieu panthéistique ou démocratique, tout en tous.

» Ainsi donc, n'oublions jamais que le *socia- lisme,* comme je le disais un jour à Lamennais et obtenais là-dessus son approbation, n'est autre que la science de l'*homme social,* et que cette science se compose de deux éléments qui sont l'in- dividualisme et le communisme, qui lui-même n'est harmonique qu'à la quadruple condition d'ê- tre panthéistique, démocratique, communautaire des fonds, propriétariste des fruits du travail et alterniste dans l'échange de ces mêmes fruits.

» Vous ne vous maintiendrez, ô législateurs des cités, dans la vérité de la nature humaine,

2

qu'on réservant, à la fois, pour les harmoniser ensemble, la liberté par l'individualisme et la solidarité par le communisme. »

Tel est le passage, que je voulais citer de mon théologien. Ce passage, ainsi que je l'ai dit, est riche en idées profondes, tellement riche que mon ouvrage tout entier ne sera que le développement de ces idées.

J'ai suffisamment établi la première base du socialisme dans les trois derniers volumes que j'ai publiés : les deux qui traitent de *la justice dans l'usage de la propriété*, et qui ont fait voir d'avance à mes lecteurs l'épanouissement même du *contrat économique des républiques de l'avenir*, lequel consistera dans l'abolition de l'intérêt du capital et de toute rente établie en conséquence d'un prêt de capitaux nature ou de capitaux argent, en d'autres termes d'instruments de travail, posent directement l'individualisme en fait de propriété et le font comprendre comme se résumant dans un mutuellisme ou alternisme qui laisse chacun maître et propriétaire du fruit de son travail, et réduit tous les contrats d'échange et de circulation des biens à *l'égal-échange*.

Le volume qui traite de *la justice dans l'exercice de la souveraineté*, et qui établit le *contrat
social des républiques de l'avenir*, pose encore
l'individualisme dans l'ordre politique, comme
devant servir de première base à l'organisation
de la cité : il fait voir qu'en toute matière sociale, la liberté de l'individu n'est conservée que
par le respect même de cette condition établie
dans la nature de l'homme par la force qui l'a
produite.

Il me reste maintenant à étudier la seconde
base de l'organisme de la cité, par conséquent
de mon socialisme, base qui est le communisme
lui-même. Si donc tous mes ouvrages publiés
jusqu'à présent ont eu pour objet l'*individualisme*, celui qui me reste à faire et que je commence en ce moment n'aura pour objet que le
communisme. Le problème sera de concilier, dans
mon perfectionnement social, ce qui jusqu'ici a
paru inconciliable. Ainsi l'on s'est plu à me reprocher mon panthéisme religieux en le prétendant
incompatible avec la personnalité de l'être produit, avec sa liberté, sa responsabilité, son immortalité dans laquelle le ressort permanent de

l'être absolu restera toujours le même par ce
panthéisme qui ne cessera jamais d'exister, la
substance absolue devant toujours rester le soutenant universel dans les âges de l'avenir comme
·dans ceux du passé et devant constituer, par son
éternelle immanence dans ses produits humains,
dans nos âmes, le fond substantiel de ces produits,
de ces âmes.

Relisez le reproche banal que m'a fait, à ce sujet, un de mes critiques, m'accusant « de ne
m'être pas mis là-dessus en règle avec la logique comme je m'y étais mis avec la morale. »
On me reprochera également de laisser subsister dans mes systèmes économique et social,
dans mon socialisme, une contradiction insolu-
ble entre mon *individualisme* et mon *communisme*, si je n'attaque bien explicitement la diffi-
culté pratique, et si je ne démontre avec évidence
la possibilité de la pénétration réciproque d'un
principe par l'autre.

C'est précisément vers la solution de ce grand
problème, dans ma conception de la cité, que je
vais maintenant courir. Je chercherai à démontrer que mon individualisme n'est pas inconci-

liable avec un communisme rationnel, dans une société bien organisée, que l'un est loin, très loin d'être négatif de l'autre, qu'enfin chacun des termes de mon organisation sociale, constituant tout mon socialisme n'est pas plus impossible à mettre en harmonie avec l'autre, que chacun des termes de mon théisme panthéistique, à savoir, d'une part, ma personnalité, mon moi, fait psychologique, et mon universalisme, comme principe et substance, ne sont impossibles à mettre en harmonie dans l'être universel éternellement doué par essence de son moi conscient, comme mon être particulier et temporel, est doué d'un moi commun à toutes ses parties.

Je traiterai donc dans cet ouvrage, qui va terminer la série de mes œuvres politiques et sociales, du communisme en tant que couronnement de l'individualisme et son perfectionnement; je ferai voir que si, d'une part, l'individualisme est seul admissible dans la circulation, et dans l'échange des fruits du travail, d'autre part, le communisme doit donner le mot de la solution du luxe et de la misère, et quant aux fonds matériels qui doivent rester communs par nécessité

do conformité avec la nature, et quant à la production qui doit être commune, pour devenir la
plus grande possible, et s'organiser avec sagesse,
et quant à la consommation qui doit se répartir
selon les prescriptions de la fraternité et de manière à réaliser pleinement la solidarité des
membres de la famille.

Pour arriver à faire toucher du doigt à mes
lecteurs le but que je viserai, quel ordre sui-
vrai-je ?

Je commencerai par établir mes principes :
Nécessité, pour réaliser le socialisme de la cité
humaine, du communisme comme floraison de
l'individualisme, et conditions d'harmonie de ce
communisme avec mon individualisme ; telle
sera ma première étude.

Je jetterai ensuite, dans une seconde étude,
une vue générale sur les communismes imparfaits, désordonnés et stériles du passé.

Je ferai apparaître enfin, dans une troisième
étude, qui donnera lieu à un second volume, mon

panorama du *communisme harmonique* des républiques de l'avenir.

Puissé-je réussir à intéresser et à instruire ef-
ficacement les citoyens qui doivent me lire.

———

DE LA SAGESSE DANS LA PRODUCTION
ET DE LA FRATERNITÉ DANS LA CONSOMMATION

PREMIÈRE PARTIE

PRINCIPES RATIONNELS
SUR LE COMMUNISME SOCIAL

CHAPITRE PREMIER.

IL EST DANS LA NATURE DE L'INDIVIDU DE S'AMÉLIORER EN SOCIÉTÉ.

Si je considère l'homme dans les diverses germinations qui forment son touffu, je trouve aussitôt qu'il a besoin, pour se développer, de s'établir dans des relations fixes avec ses frères. Comment arriverait-il, par exemple, à se faire une langue s'il était seul, et s'il persistait à vivre isolé ? Pour avoir seulement l'idée et le besoin de la parole, il faut être plusieurs, et entrer en relations de demandes et de réponses.

Voilà déjà un communisme indispensable. L'individu n'est poussé à inventer et à transmettre des idées que s'il a devant lui un ou plusieurs individus en qui se remue la pensée.

Ce que je dis de la langue, je le dois dire de toute science, de tout art, de toute invention. Quelle découverte aurait pu faire l'homme, s'il eût toujours été seul ? Il n'en aurait fait aucune, et serait resté éternellement sauvage, plus que sauvage, un sauvage idiot.

A la nature humaine il faut l'excitant, l'entraînement pour la mise en action de ses facultés. Ces facultés n'en sont pas moins propres à l'individu. C'est bien lui qui en est le possesseur et le propriétaire ; c'est lui aussi qui possède la force innée par laquelle elles produisent ; mais c'est du dehors que viennent les excitants qui entraînent cette force et qui la mettent en activité productrice.

Voilà donc qu'au premier début de mon étude je trouve qu'il faut un communisme pour lancer dans la carrière de tout progrès l'individualisme. Le concours des deux conditions se révèle, au premier abord, comme indispensable, pour déterminer une marche quelconque vers le développement de chacune d'elles : l'individu ne s'améliorera que par l'excitant que lui fournira la société ; et la société ne se développera que par l'amélioration des individus qui la composeront.

Voilà une évidence première qui crève les yeux de tout esprit, qui est même banale et naïve, au point qu'on ose à peine l'exprimer.

C'est la société qui, par un communisme nécessaire, sans lequel elle n'existerait pas, développe l'individu ; et c'est l'individu qui, en se développant, rend à la société, toujours de mieux en mieux, ce qu'il a reçu d'elle ; et de ce concours mutuel résulte tout progrès humain.

Un premier élan est pourtant nécessaire ; il faut une main, une force qui donne la première impulsion à la navette dont les allées et retours formeront les tissus du futur social. Cette force première est dans la nature de l'individu ; il y a là quelque chose dont on ne peut se passer, qui donne le branle et qui ne s'explique que par l'existence éternelle de l'être, attendu que rien ne peut naître de rien. Cette existence éternelle de l'être, on l'appellera comme on voudra ; mais elle est indispensable à la première conception des choses, et j'arrive par cette voie, comme par toutes les autres, à mon théisme panthéistique.

Je ne veux que jeter cet aperçu sur la cause première ; mon but, dans ce livre, est de la négliger en général et de m'en tenir aux simples chaînons.

Voyez ce qui se fait dans le monde réel des choses : l'individu s'améliore-t-il jamais dans un ordre ou dans un autre ordre, sans un travail en commun ? Prenez l'ordre des vertus comme celui des talents. Pourra-t-il se rendre propre au service de ses frères, se donner l'habitude de la

3

vertu, si l'occasion de s'y livrer ne lui est constamment présentée? Sera-ce dans l'isolement qu'il pourra contracter cette habitude? Il ne grandira qu'en s'élevant toujours et ne s'élèvera toujours que grâce à une sollicitation continuelle vers le mieux.

Voilà le fait qui est révélé chaque jour à mes observations. Ce fait se résume dans la nécessité d'un communisme pour l'amélioration de l'être. Si vous n'établissez un ensemble de relations sociales entre les individus, de quelque nature qu'elles soient, vous n'arriverez à aucune amélioration de ces individus. Par le froissement constant, au contraire, des individus plongés dans un milieu qui se renouvelle sans cesse, vous verrez ces individus devenir de plus en plus adroits à la fonction qui fait partie de leur destination, et se façonner d'eux-mêmes au jeu duquel résultera la progression du tout et des parties.

Il n'est pas un seul être qui s'améliore dans l'isolement. L'isolement, c'est le repos éternel : c'est la mort. La vie ne s'exerce que dans la communauté et par le communisme, qui réserve à chacun des membres la latitude libre convenable empêchant, d'une part, l'absorption, et facilitant, d'autre part, le mouvement. Car l'absorption dans la communauté redevient un esclavage qui engendre, à son tour, l'immobilité, et par l'immobilité, l'absence de la vie. Si les fraternités vous pressent tellement qu'elles vous empêchent d'agir, elles redeviennent pour vous des obstacles qui paralysent vos puissances et qui vous rétablissent dans l'isolement, dans l'étouffement qui est voisin de la mort. Mais si le communisme est bien organisé, s'il ne vous ôte pas la liberté d'action rationnelle, il ne fera que vous fournir tout à la fois l'exercice de la vertu et ouvrir la voie à son épanouissement.

Les extrêmes se touchent, dit-on souvent. Oui, rien n'est plus vrai ; la solitude d'un être a lieu de deux manières : elle a d'abord lieu par l'absence de toute camaraderie : mettez l'individu dans le vide, il sera dans une solitude qui l'immobilisera par sa stérilité même ; mettez-le dans un entassement de semblables qui ne feront que l'immobiliser, il sera dans un autre genre de solitude qui ne vaudra pas mieux que le premier. Les ténèbres palpables qui paralysent reproduisent également leur écrasement sous un poids trop lourd et par délaissement de tout contrepoids. Il n'y a d'état normal mettant à l'aise que l'équilibre parfait.

Or cet état, pour l'être intelligent, est une

balance d'individualisme et de communisme, dans laquelle il flotte entre l'enlèvement et la chute ; et se trouve à même d'exercer librement ses facultés, en les améliorant sans cesse.

Partout ailleurs c'est la mort par l'asphyxie du vide ou par l'asphyxie de l'écrasement.

CHAPITRE II.

Je n'ai pas peur de répondre oui et non tout
à la fois, à cette question captieuse.

Tous les biens sont communs par leur fonds
naturel, et, d'autre part, ils sont particuliers et
propres au travailleur qui les a produits, lorsqu'ils sont le produit d'un travail.

Il n'existe aucun bien dans l'univers qui soit
sous tous rapports et absolument commun par
sa nature. Tout bien peut être le fruit d'un travail et radicalement la propriété du travailleur;
mais aussi tout bien possède un fonds qui est
commun, et tout fruit du travail est susceptible
de devenir commun par convention des hommes
associés entre eux.

On va me dire : Est-ce que la lumière du soleil, l'eau de la mer, des lacs et des fleuves,

l'air que nous prenons à l'atmosphère en le respirant, la terre dans sa généralité, ne sont pas des biens communs par leur nature?

Ce raisonnement est solide et ne l'est pas tout à la fois.

Il est solide quand il s'agit du fond; il ne l'est pas quand il s'agit des fruits.

Il n'est pas vrai que la lumière, l'air, l'eau, le feu, la terre soient des biens communs sous tout rapport. Ils sont communs en tant que réservoir mis par la nature à la disposition du premier qui s'en servira, et ce premier occupant se rendra lui-même, par son travail, propriétaire de la partie qu'il aura travaillée et qu'il se sera appropriée par son travail.

Est-ce que le rayon de lumière, émissionné par l'astre, d'après le système de Newton, ondulé par la vibration éthérée, d'après le système d'Huyghens, de Descartes et de Malebranche, système qui obtient la victoire aujourd'hui, n'est pas approprié par l'œil qui s'en sert au moment même où il s'en sert? Certes le rayon qui prête à l'œil son aide pour faire les couleurs, pour polariser la lumière, pour nuancer à l'infini les objets, devient, au moment où l'œil en use, son unique propriété, tout empruntée qu'elle soit à l'ensemble des êtres. N'est-ce pas pour moi

seul que je vois ? Est-ce pour mon voisin ou pour
mes voisines ? Il en est de même de chacune de
nos aspirations et expirations, de chacune des
ondes sonores qui donnent à mes oreilles la sen-
sation des sons, tandis que mes poumons ou
mes oreilles ont la fonction de s'approprier ces
choses. Assurément, pendant que l'air composé d'oxygène et d'azote, est en voie de se dé-
composer sous l'action de mes organes et de
donner à mon sang veineux l'oxygène qui rendra ce sang artériel, cet air est mien. Il en est
de même de la partie d'eau dont je me sers,
après que mon travail l'a enlevée à la masse des
eaux, de même aussi du champ, *pendant que je*
le cultive.

Tous les biens de ce monde sont de la sorte.
Ils sont tous au premier qui met en eux de son
produit, et ils deviennent légitimement siens
par cette portion de lui-même ajoutée à leur
essence, lorsqu'ils n'étaient encore à personne.
quand il les a appropriés à sa personnalité. Mais
cette propriété ne dure que le temps même du
travail qui en est la cause. Cette cause cessant,
son effet cesse.

Celui qui a écrit : « Dieu a donné la terre aux
enfants des hommes, » a dit vrai en ce sens que
Dieu a mis la terre à la disposition de celui des

enfants des hommes, du fils de l'homme, qui
s'emparera le premier, par son travail, du morceau de terre qu'il pourra cultiver, si personne
ne montre sur ce morceau de terre, acte de
possession. Je ferai comprendre encore, en
son lieu, un autre sens qui a plus d'importance, et qui consiste à n'attribuer la propriété
que le temps de la durée du travail lui-même, le
titre seul, qui a vieilli dans les registres, n'ayant
qu'une valeur fictive, sans réalité.

C'est de ce principe que j'ai tiré cette conclusion quelque part, d'accord en cela avec mon
théologien, que celui qui laisse son champ sans
culture, cesse d'en être le propriétaire par le
fait même de la cessation de tout travail, con-
tinuant d'en attester la propriété.

Il n'y a, dans les biens naturels, aucun titre
sérieux qui leur donne le droit d'être possédés
soit en particulier, soit en commun, soit par des
individus, soit par des communes ou des communautés : le droit de ces biens à être possédés est
tout entier dans l'homme qui dit *moi* en disant :
cela est à moi, et il est impossible d'imaginer dans
l'homme autre chose que le travail comme engendrant un tel titre.

En vain fera-t-on une distinction entre la propriété territoriale et la propriété industrielle.

L'une et l'autre sont également industrielles dans leur acte. Qu'y a-t-il, dans un champ planté de vignes ou mis en labour, de plus que dans une pièce de drap tissée pour servir au vêtement? Dans la terre il y a l'élément naturel qui est à la nature, étant le produit de la nature ; il y a aussi l'ensemble de modifications qui lui ont été faites par le travail de la société et qui la rendent plus apte à être la propriété de l'individu. Mais dans la pièce de drap on trouve la même chose, à savoir l'élément naturel et l'élément social, ni plus ni moins, et ces deux éléments sont communs en ce sens qu'ils restent en tous les biens, se faisant toujours compensation chacun à chacun. Ce qui les rendra la propriété de tel ou tel individu ou de telle ou telle association, ce sera ce que l'individu ou l'association y mettront, en plus, avec leur travail particulier. Voyez là-dessus les discussions très longues auxquelles je me suis livré et auxquelles s'est livré mon théologien, dans mes deux volumes traitant *de l'usage de la propriété, et de l'égal-échange.* Oui, toutes les propriétés sont semblables puisqu'elles ont toutes, comme fondement, se faisant toujours équilibre à lui-même, un élément naturel et un élément social, et le travail seul de l'être qui en devient proprié-

3.

taire, vient s'y joindre pour les particulariser.

Il est donc inutile de chercher dans les espèces de biens, ceux qui auraient pour destination d'être possédés en commun. Aucuns ne sont destinés, par leur nature intrinsèque, à être possédés de cette manière plutôt qu'en particulier. Tous sont susceptibles de devenir propriété spéciale, et cela seulement par le travail. Mais il faut reconnaître qu'il y a un fonds dans les biens que ne saurait jamais s'approprier tel ou tel individu, telle ou telle collection d'individus, que pour le temps que le travail d'appropriation dure; en sorte qu'il sera naturel que, ce temps passé, le titre de propriété cesse d'exister par la reddition du fonds commun au service général; et alors la loi économique sera bonne lorsqu'elle passera ce bien à la société totale, et restituera les fruits qui naîtront dessus à qui elle le devra, en vertu d'une loi de justice et de fraternité. Les biens auront ainsi pour destinéé de rester, en suite de leur fonds commun, toujours en circulation. S'il se trouve qu'une considération de fraternité doive, par exemple, les faire attribuer à ceux qui sont restés les plus pauvres, sans qu'il y ait de leur faute, il sera du devoir de la fraternité, ou de l'état fraternel, de les attribuer à ces malheureux. Ils circuleront de la sorte sans cesse, et passeront toujours à ceux qui en auront le plus besoin. Ces biens seront le fonds d'assurance contre la misère, innocente de son malheur.

Mais les titres de propriété éternelle, et qui ont pour effet de rendre éternels dans leur possession des biens que le travail a délaissés, sont des titres faux, contraires à la justice naturelle, des titres d'intrus. Ce fut bien le travail qui les appropria d'abord légitimement, mais il ne se les appropria que pour le temps qu'il devait continuer de travailler ces biens et de prouver par une possession active, qu'ils étaient siens.

Un travail qui ne se prolonge pas ne produit son effet d'appropriation qu'au moment où il se fait ; un travail qui se prolonge et qui donne de la peine pour la conservation du bien, fait que ce bien continue d'être celui de son possesseur. Les titres de propriété reçus dans nos usages ne sont pas des titres vrais parce qu'ils ne donnent aucune peine, aucun travail engendrant propriété dans celui qui les possède. Il n'y a que le don qui puisse engendrer ces titres, et encore l'échange. J'ai traité de toutes ces choses dans mon ouvrage susnommé [1] : je ne dois pas y re-

1. *De la Justice dans l'usage de la propriété, ou le Contrat économique des républiques de l'avenir.*

venir. Ces titres mettent le possesseur dans les mêmes droits, ni plus grands, ni moindres, que le travail lui-même, mais ne donnent aucun droit à un intérêt, en vertu du prêt, pour le bien prêté, non plus qu'à des titres de propriété sans travail, puisque leur producteur lui-même n'en est propriétaire que pendant qu'il les travaille.

Je reviens à mon sujet. Non, aucun bien n'est, de sa nature, prédestiné à être possédé en commun. Le travail seul fera de ce bien la propriété de l'individu ou de l'association d'individus qui y mettront quelque chose d'eux-mêmes par le travail; voilà toute la règle; et il suit de cette règle que c'est toujours la communauté d'un bien quelconque qui est de droit naturel quant au fonds, tandis qu'elle ne l'est point quant aux fruits du travail; et, en ce qui est de ces fruits, c'est toujours la convention humaine qui les rendra communs. Ce qui est de droit naturel rigoureux, c'est la propriété résultant directement du travail dont ce bien est l'objet, ou résultant de l'échange ou de la donation que peut faire de ce bien à un autre celui qui en est, par son travail, le vrai propriétaire, et qui peut le transmettre à d'égales conditions que les siennes.

Mais si les biens, en tant que fruits, par eux-mêmes n'ont aucune nécessité à être l'objet d'une propriété commune, il ne faut pas oublier, non plus, qu'ils sont susceptibles tous d'être possédés de cette manière. Il suffit pour cela, c'est-à-dire pour établir une propriété commune, que plusieurs s'unissent, et conviennent de travailler ensemble ; dans ce cas, les biens seront naturellement, par suite de la convention, possédés en commun, quant aux fruits.

Ces possessions en commun sont souvent en usage ; elles l'ont été surtout dans certains pays et chez certains peuples. Il en fut de la sorte en Russie durant les siècles de formation de la société slave. On possédait alors par communes. Les communes possédaient au lieu des riches individus qui ont tout accaparé pour eux et pour leurs familles. Cet usage valait mieux que ce qui est. N'est-il pas évident que plus la propriété se particularise, et se restreint vers l'individu, plus elle s'égoïse et devient sujette à tous les inconvénients qui se résument, en résultat, dans la misère?

Mais il faut pourtant se garder d'un excès auquel pourrait conduire cette manière de juger : il est dans la nature humaine de mieux travailler sous le mobile de l'intérêt propre que sous le mobile d'un intérêt commun. Il importe donc de conserver ce mobile dans l'intérêt de la production.

Nous revenons toujours, par suite de cette considération, à la nécessité d'une pondération entre nos deux plateaux, celui de la propriété et celui du communisme. Le problème consiste à garder la juste mesure dans laquelle sera conservé l'intérêt particulier et l'intérêt général lui faisant équilibre.

CHAPITRE TROISIÈME.

L'ÉTABLISSEMENT DE LA CITÉ NE PEUT SE RÉALISER QUE PAR UN COMMUNISME PLUS OU MOINS COMPLET.

Considérons nos sociétés telles qu'elles sont arrivées à se fonder et à vivre.

N'est-ce pas par le communisme lui-même qu'elles ont réalisé ce qu'elles ont de perfection ?

Ainsi que l'a très bien analysé le père des économistes modernes, Adam Smith, n'est-ce pas par une division du travail, au moins commencée, que les nations sortent de l'état sauvage et de barbarie pure et que se fonde le premier degré de civilisation ? Et, d'autre part, n'est-ce pas aussi par un commencement de communisme que se fait cette division du travail?

Considérez vos villages, ô nations! n'y avez-vous pas un boucher qui tue les animaux et qui prépare la viande pour tous les autres habitants? N'y avez-vous pas un boulanger qui pétrit la pâte

et qui la fait cuire pour tout le monde ; et ainsi
de vos forgerons, de vos charpentiers , de tous
vos artisans. N'a-t-il pas fallu pour cela faire
cette réflexion : puisqu'il nous faut à chacun
du pain, de la viande, des outils, n'aurons-nous
pas avantage à convenir qu'un seul d'entre nous
qui aura prouvé son habileté dans la partie, emploie son temps à fabriquer du pain, à préparer
de la chair pour être mangée, et le reste? Celui-là
ne fera que cela, tous les jours, pour les besoins
de tout le monde, et chacun des autres emploiera son temps à faire autre chose à sa conve-
nance. Le temps se trouvera de la sorte occupé
par tous à des choses diverses; on y gagnera
beaucoup ; chaque artisan deviendra d'autant
plus habile qu'il ne fera toujours qu'une même
chose, et tous gagneront à ce partage des occu-
pations par métiers divers. Le temps se trouve-
rait en grande partie perdu, si chacun se voyait
obligé de se préparer lui-même tout ce dont il
a besoin, et les choses seraient, de plus, beaucoup moins .bien faites. Mettons-nous en ce
communisme, dans lequel chacun se chargera
d'une besogne pour tous les autres, et par suite
duquel tous profiteront de l'adresse de chacun.

Voilà un premier communisme sans lequel

la cité serait même impossible, et que, par là même, on retrouve dans toutes les cités.

Il en est de même dans les nations entières si on les considère par provinces, et dans les entreprises particulières, dans les manufactures, par exemple, dans les fabriques, dans les usines ; chacun y a sa fonction, on y exploite le produit qui est fourni avec le plus d'abondance et le plus naturellement par la contrée. Dans un lieu, on tissera le coton, parce que le coton y est produit avec abondance par la terre ; dans un autre lieu, on filera la laine, parce que le pays sera productif en moutons : et ainsi des autres choses. Il en sera de même dans une fabrique : l'un y sera directeur, un autre contre-maître, un autre comptable, un autre portefaix, un autre machiniste, un autre charretier, et ainsi de suite.

Tout cet organisme, soit des nations, soit des entreprises particulières n'est que du communisme, et repose sur le principe de la fraternité, en vertu duquel tous les membres mettent en commun leurs intérêts et leurs travaux pour le plus grand avantage de tous et de chacun.

La division du travail, dit Adam Smith, a pour avantage d'augmenter l'habileté de l'ouvrier, de gagner le temps qu'on perd ordinairement à passer d'un travail à un autre travail, et de faciliter les inventions des machines qui feront mieux et plus vite en chaque spécialité.

Voyez, par exemple, dit Adam Smith, ces enfants qui sont élevés dans le métier de forgeron et habitués à fabriquer des clous ; ils arrivent à en fabriquer jusqu'à 2,300 par jour en les faisant très bons et tous pareils, tandis qu'un ouvrier qui [n'en a pas l'habitude, n'en fabriquera dans le même temps que 200 à 300 mauvais, et qu'un forgeron, avec une pratique ordinaire de son état, mais qui ne serait pas réduit à ne faire que des clous, n'arrivera encore à en fabriquer que 800 à 1000.

Quant à l'invention des machines, elle tient aussi à d'autres causes : ce sont souvent les penseurs, les esprits réfléchis, profonds, les caractères aimant à creuser les problèmes, qui font les inventions des machines et des procédés nouveaux, propres à faciliter le travail et à produire beaucoup en peu de temps. Mais il est vrai aussi que la division du travail, en forçant l'esprit de l'ouvrier à se concentrer toujours sur le même point, et à revenir sur le même chapitre, rendra plus fréquente la chance d'une invention. Souvent c'est l'ouvrier manœuvre lui-même qui la fera comme par hasard. Il y en a des milliers d'exemples. Pourtant, cette assertion

d'Adam Smith est plus contestable que les deux
autres, qui sont évidentes.

Or n'est-ce pas là un commencement de communisme?

Vous avez une lettre à faire porter par un
messager; si au lieu de la lui donner toute seule
à porter, vous lui en donnez un cent, il les portera
toutes aussi facilement qu'il aurait porté celle-là
seule; si donc toute une population se réunit
pour lui donner tous les paquets que cette population pourra fournir, ce sera encore un communisme qui aura rendu beaucoup plus fécond le
travail d'un seul, puisque le voyage qu'il n'aurait
fait que pour une commission se trouvera fait
pour toutes les commissions ensemble sans plus
de dépense et de peine. C'est sur ce principe que
les nations modernes ont organisé, par économie,
tant de services de messageries et de postes;
nouveau communisme qui multiplie les services
d'un seul coup par simple convention lorsque
l'isolement des individus les aurait bornés à une
seule unité.

Quand une caravane traverse une contrée,
quel avantage n'aura-t-elle pas à se partager la
besogne? L'un soignera les chevaux; l'autre fera
les déballages; un autre allumera le foyer et fera
cuire la soupe; un autre encore ira chercher

l'eau pour toute la troupe, et ainsi de suite. Le communisme qu'on établit entre soi, par la division de la besogne, devient d'une utilité énorme pour l'ensemble, et chacun des individus en tire un avantage inappréciable; le travail dépensé pour tous n'est pas beaucoup plus grand qu'il ne le serait pour chacun. Donc grande économie.

Les journaux sont des inventions qui rendent frappants les résultats heureux d'un communisme bien entendu, et il en est de même de la presse en général. On fait, en un temps court, des multitudes de tirages, dont profitent des foules. Le produit du travail de composition est accru presque subitement d'une manière indéfinie.

Un autre avantage de la division du travail consiste à donner à produire à chaque producteur ce qu'il produit le mieux et le plus vite. On n'emploiera plus à des travaux grossiers celui qui est propre à des travaux délicats. On donnera à faire à chacun ce qu'il est propre à faire et on fera ainsi que le temps précieux de l'un sera mis à profit, et que les aptitudes de chacun seront employées convenablement. Que de temps gagné, et, par suite, de produits!

Ce qu'on gagne en mettant à contribution l'aptitude personnelle de chacun, on le gagnera

encore en tirant de chaque contrée la production pour laquelle elle sera le plus propre. Qu'un
pays, comme certaines contrées de la France, soit
reconnu, par une expérience suffisamment
longue, être beaucoup plus propre à faire pousser la vigne et à produire du vin que tout autre,
ne sera-t-il pas naturel et n'y aura-t-il pas
beaucoup d'avantage pour l'humanité à ne lui
faire produire que des vignes et du vin, tandis
qu'on fera produire, sur les champs du pays
voisin, du blé, par exemple, ou toute autre cé-
réale, parce que la terre est beaucoup plus féconde en ces sortes de produits.

Si l'on adapte à la terre l'assollement que
l'expérience a reconnu être le meilleur, chaque
contrée produira pour les autres contrées ce
qu'elle donne en plus grande abondance et qualité; les contrées échangeront leurs produits les
uns contre les autres, et il résultera, pour toute
la nation ou pour toute l'humanité, une somme
plus grande de l'ensemble des meilleurs produits, par conséquent une plus grande richesse,
et chacun des membres de cette humanité, si riche grâce à la division du travail et à l'appréciation la plus avantageuse de chacun de ses
champs, aura beaucoup gagné au communisme
dans lequel elle se sera ainsi établie, puisque ce

sera lui qui aura été le moyen primitif de son enrichissement et de l'enrichissement général.

Comment arrive-t-on à produire à bon marché certaines choses, un livre, par exemple : par la mise en commun de beaucoup de métiers qui concourent à un même résultat en fabriquant chacun sa partie. L'un fabriquera le papier, un autre les caractères, un autre l'encre, un autre les presses, etc., et ce travail en commun finira par engendrer un résultat auquel des milliers auront concouru, et à l'engendrer avec d'autant moins de dépenses et avec d'autant plus grande abondance, qu'il y aura eu plus de métiers à concourir.

N'obtient-on pas, en s'unissant et faisant porter ses efforts sur un même point, ce qu'on n'aurait jamais obtenu seul? Cela est si naturel que l'instinct suffit pour l'inventer. Si on ne peut le faire à deux, on se mettra davantage, et l'on augmentera toujours le nombre jusqu'à ce qu'on réussisse.

Voyez un vaisseau. Il y a dans cette population une foule d'ouvriers de diverses espèces. Cependant le vaisseau marche comme un seul homme, parce que tous les efforts de ceux qui le conduisent, l'un en manœuvrant les voiles, l'autre en faisant aller les machines, et ainsi de tous, seront tournés vers un résultat commun.

Il est facile de comprendre que tous les exemples que je pourrais donner en quantité prodigieuse de la division du travail et de la combinaison des travaux entre eux, naissent du communisme et d'un communisme de production. Inutile de s'arrêter à le démontrer en détail ; ce serait perdre le temps inutilement ; il suffit d'appeler seulement sur cette remarque l'attention du lecteur ; et il jugera que plus la société progresse en civilisation, plus elle se plonge dans ce communisme de production, par la division du travail chez elle, et par la bonne entente dans la direction des divers travaux pour les faire courir au même but.

On a tort, grand tort assurément, de se tant effrayer du mot communisme ; il ne fait, jusque-là qu'exprimer la mesure d'un progrès social à tout moment donné, dans la manière de s'entendre et de s'organiser pour produire le plus possible avec le moins de temps et le moins de frais possible.

Mais, n'y a-t-il pas aussi, sans changer d'ordre de discussion, un communisme de consommation, ou du moins ne serait-il pas concevable qu'il s'en formât un qui ne serait, comme celui de production, que le résultat d'un progrès de la civilisation ?

D'abord il en existe un qui est naturel et qui ne tient en rien à l'organisation ni au progrès social, parce que les magasins auxquels tous puisent sont fournis par la nature : l'air dont j'ai déjà parlé, par exemple, est offert aux poumons de tous les hommes et de tous les animaux en égales proportions par l'atmosphère répandue également pour tous les habitants de la terre. Il en serait de même de l'eau, si parfois il ne fallait un travail d'individus pour la mettre à la disposition d'eux-mêmes et des autres. Le réservoir de l'air respirable est immense et se renouvelle par les lois physiques, à mesure qu'il se consomme. L'eau se renouvellerait de même, si tout animal était mis, par sa naissance et par sa nature, à portée de ce réservoir lui-même. Et la lumière du ciel, avec la chaleur, n'est-elle pas mise à la disposition de tous les yeux? Chacun en profite à sa fantaisie sans qu'elle soit jamais épuisée!... N'y a-t-il pas, par elle, une jouissance qui est pour tous en même temps? Par la lumière, chacun profite également et selon son besoin, des beautés de la nature; il n'y a ni plus ni moins dans la dispensation de cette richesse; et pour tout œil sain il n'y a point de pauvreté de lumière. C'est bien là une communauté des biens et un communisme de consommation qui n'a pas de limites.

Ce communisme est établi par la nature elle-même, et l'homme n'y peut toucher, à moins pourtant qu'en vous mettant dans les ténèbres des cachots, ou bien encore en vous privant, comme l'a dit Lamennais, le grand démocrate, d'aller tremper votre doigt dans l'eau de la mer et d'en laisser tomber une goutte dans l'eau de la marmite, où bouillonne votre soupe. Il n'y a guère, en effet, de jouissance naturelle dont la tyrannie humaine ne puisse nous priver malgré le vœu de la nature, qui a rempli l'univers de ces communismes de consommation.

Mais il y a aussi, dans les progrès qui engendrent les communismes de production que j'ai décrits, un communisme de consommation et d'usage qui est corrélatif à celui de production parce que l'un ne peut guère se produire sans l'autre.

Plus la science et l'industrie inventent et rendent, par là même, la production facile et abondante, plus elles mettent les produits à la disposition du grand nombre, plus on peut se les procurer facilement ; et n'est-ce pas un pas toujours plus ou moins grand dans le communisme ? Ce n'est pas, il est vrai, le communisme absolu, puisque les objets ne sont pas réduits à un usage discrétionnaire absolument gratuit; mais c'est un communisme commencé puisqu'ils sont rendus moins chers, et mis à la disposition d'un bien plus grand nombre.

Toujours, en effet, la consommation se met en équilibre avec la production. L'une pousse et active l'autre, comme l'affluence de l'eau courante en active le débit, et comme le débit en active l'affluence.

Supposons que les progrès de l'industrie parviennent à nous fournir à tous les objets de telle ou telle jouissance en abondance telle qu'ils ne coûteront plus que la peine de les prendre, ne sera-ce pas, dès lors, un vrai communisme qui s'établira sur ces objets? Et sera-t-il juste de crier contre l'abondance qui les aura mis à la disposition de tous?

Nous sommes sur la voie de pareils communismes. N'arrive-t-on pas dès maintenant à fournir, dans les villes, la lumière en telle quantité et de telle sorte que tous en profitent? Elle est fabriquée par de grandes usines qui la mettent à la disposition de tous les yeux. Crier contre un pareil résultat, serait crier contre le progrès lui-même, contre la civilisation, contre la science et contre l'industrie.

S'il arrivait que ces mêmes causes parvinssent à produire des effets semblables sur la nourriture, sur le logement, sur le vêtement, sur tous les besoins de la vie, pourrait-on s'en plaindre? Ce serait se plaindre de l'abondance des biens et des commodités de la vie. Ce serait se plaindre aussi de ce que cette abondance aurait fini par établir entre tous l'égalité dans la richesse et détruit la pauvreté du grand nombre pour répandre chez tous l'opulence.

Eh bien, déjà le progrès est tel dans certaines localités populeuses que le chauffage et l'éclairage, par exemple, sont mis de la sorte, à la disposition de tous, des plus pauvres comme des plus riches.

Déjà même, la circulation par les omnibus est poussée jusqu'à un point de facilité, qui approche de ce résultat. Ce sont là autant de pas vers le communisme, et ces pas ne sont autres que le perfectionnement lui-même des industries sociales.

On crie contre le communisme, et c'est précisément vers lui qu'on tend chaque jour; c'est lui qu'on vise de plus en plus dans nos sociétés.

Quand un village tout entier se procure le moyen d'éteindre les incendies dans son sein avec une pompe commune et une compagnie de pompiers, ne fait-il pas du communisme?

Quand il se donne une mairie, une école, une église, n'en fait-il pas encore?

Quand il se procure une machine à battre les grains, dont tous se serviront au besoin, que fait-il autre chose?

On ne peut pas seulement se procurer un moment de récréation et de plaisir, sans se mettre en communauté. Peut-on jouer tout seul au premier jeu venu? etc., etc., etc.

De grâce cessons de nous plaindre de nos conquêtes sur la nature et de notre propre enrichissement universel. On peut, on doit y pousser de plus en plus fort, on ne peut le maudire; ce serait maudire la science et l'industrie, ces grandes ouvrières de l'égalité et du bien-être pour tous.

Communistes, vous êtes les pionniers de ce progrès; poussez-y toujours c . . us aurez bien mérité de l'avenir. C'est l individualisme lui-même que vous appelez par là à son paradis terrestre, à son apothéose. Car n'est-ce pas l'individu qui savoure les délices que fabrique le progrès? N'est-ce pas lui qui se revêt des toisons d'or dont l'industrie fait chaque jour la conquête?

CHAPITRE QUATRIÈME

UNE CITÉ POURRAIT-ELLE ÉTABLIR CHEZ ELLE,
CONSTITUTIONNELLEMENT, LE COMMUNISME LE
PLUS COMPLET, PAR LEQUEL CHAQUE TRAVAILLEUR
METTRAIT EN COMMUN, [PAR AVANCE, TOUS LES
FRUITS DE SON TRAVAIL.

On peut faire, sur cette question, le raisonnement suivant :

D'après la théorie de l'individualisme, qui est
la mienne et que j'ai amplement soutenue, à la
suite de Proudhon, dans mon ouvrage *De la
Justice dans l'usage de la propriété, ou le Contrat
économique des républiques de l'avenir*, le travailleur est le seul vrai propriétaire des fruits
de son travail; ces fruits sont constitués sa
propriété exclusive par la nature elle-même.

Il peut donc en disposer comme il l'entend;
et le proudhonnisme le plus pur, le plus exagéré
même, ne peut pas ne pas accorder qu'une

4.

conséquence logique de son *an-archie* économique, c'est que le travailleur peut disposer à l'avance des fruits futurs de son travail, à titre de fruits éventuels. Il dira, comme l'ouvrier qui loue sa journée : je consens à ce que, si je produis durant la saison à venir des richesses, ces richesses soient employées de telle ou telle façon.

Or, ce droit posé, ne s'ensuit-il pas qu'une nation réunie en assemblée générale constituante, pourra légitimement, au nom de tous les travailleurs que représente cette assemblée, décréter la mise en commun de tous les fruits de son travail futur. Ce ne sera qu'une manière comme une autre d'user de son droit sur ses produits. Il plaira à chacun des ouvriers de mettre en commun la somme de ces produits; par là même, si on les suppose tous d'accord, il plaira à l'ensemble de la nation d'en agir ainsi; et le communisme ne serait-il pas, par ce moyen, l'application pure et simple du droit de chacun sur le fruit de son travail?

En soutenant votre individualisme, me dit-on, vous accordez ce droit lui-même, et par conséquent, vous devez accorder à la nation le droit de se constituer de la sorte *ex abrupto*, en communisme. Ce ne sera chez elle qu'un usage légitime de la liberté de chacun de ses membres, et le communisme naîtra, par ce biais, de votre individualisme lui-même.

Je réponds que je serai, en traitant cette question, plus individualiste et plus fédéraliste encore que Pi y Margall, l'ancien président de la république espagnole. Cet esprit puissant et à doctrine sérieuse, a écrit dans ses *Nationalités*, à propos du contrat d'unité fédérative que peuvent faire entre elles plusieurs nations, la page que je vais citer. Ce livre, qui est plein de principes en identité avec les miens, lève une question qui va, par la réponse que j'y ferai, servir à résoudre celle qui fait l'objet de ce chapitre.

« Mais il surgit sur ce point, dit-il, une autre question plus grave, par laquelle je mettrai fin à ce chapitre. « Si les confédérations, dit-on, reposent sur la seule volonté des peuples qui les constituent, il est indubitable que, quand ils le voudront, un ou plusieurs États pourront se séparer d'elles. Alors, elle a été injuste, la guerre de la Suisse contre le Sunderbund; injuste, en Amérique, celle des États du Nord contre les séparatistes. Ces confédérations sont donc fondées sur la force. »

» Les ennemis de la fédération reproduisent à qui mieux mieux cet argument pour représenter celle-ci comme exposée à la désagrégation des nations; et ils ne voient pas que c'est un sophisme. Les contrats s'appuient sur la volonté des contractants, et ne s'annulent ni ne se restreignent par celle de l'un d'entre eux. Formés par un mutuel consentement, ce n'est que par un dissentiment mutuel qu'ils se dissolvent, quand la fin, en vue de laquelle ils ont été faits, n'a pas été remplie, ou qu'ils sont affectés du vice qui les invalide. Il en est de même pour les confédérations, qui ne sont que des pactes d'alliance. Elles peuvent se dissoudre par le mutuel dissentiment des peuples qui les ont établies, et non par celui d'un ou de plusieurs d'entre eux. Elles sont ainsi dans leur droit quand elles mettent l'épée à la main contre les Etats qui, de leur volonté privée, tentent de se séparer. Car le premier et le plus important de leur devoir est de se soutenir elles-mêmes en maintenant unis les groupes confédérés. Le *primum esse* est la suprème obligation de tout être individuel ou collectif. Pourquoi, sinon pour leur propre existence, les confédérations auraient-elles à lutter? » (*Les Nationalités*, chap. XII, *Question importante : la Fédération.*)

Il y a, dans cette manière de répondre de Pi y Margall, un danger suprème qui est caché sous les fleurs, et qui consiste dans un autre sophisme qu'il substitue lui-même à ce qu'il appelle un sophisme. Non, le contrat fédératif, étant un simple accord d'alliance entre plusieurs nationalités, et ne trouvant rien d'obligatoire dans le droit naturel, ne suffit pas pour rendre impossible, en droit, la séparation de quelques-unes de ces nations, malgré le consentement des autres. Il y a bien, par le fait de l'alliance, un contrat synallagmatique qui ne peut être rompu, en règle ordinaire, que du consentement réciproque des parties contractantes; mais ce contrat n'en est-il pas moins susceptible d'être brisé par la simple volonté de l'une seulement des parties, pour de bonnes raisons? Or la seule raison d'un organisme nouveau auquel se serait résolue la partie intéressée à divorcer, peut suffire pour lui donner le droit de se séparer, malgré l'autre partie. Toute convention est assujettie à la loi de révocabilité de la part des peuples contractants, même lorsqu'il y a engagement pris par d'autres peuples en contrat bilatéral, s'il ne se mêle pas à la convention quelque condition de droit naturel inviolable dont la violation donnerait droit, par elle-même, à la partie qui veut maintenir l'union d'user de la force pour obliger l'autre à y rester fidèle. C'est ainsi que, dans la guerre de sécession d'Amérique, la véritable raison pour laquelle les Etats du Nord purent raisonnablement et licitement forcer les Etats du Sud, par une guerre violente, à rester dans l'unité fédérative, fut celle de l'esclavage. Pour la cause de la liberté d'un peuple, on peut toujours et même on doit voler à la défense de la partie attaquée dans ses droits, ou, si cette partie porte atteinte à la liberté de l'individu chez elle, on peut et l'on doit toujours l'attaquer pour la forcer de s'arrêter dans ses prétentions, devant les droits de liberté qui sont blessés par elle.

Pour le pur maintien de l'alliance, cela ne se peut. Si cela était possible, il s'ensuivrait que la manière d'être légitimiste de M. de Genoude, de M. de Lourdoueix et de la *Gazette de France*, serait bonne et inattaquable. Il n'en est point ainsi, attendu qu'une génération ne peut faire un contrat valide pour les générations qui viendront après elle. Elle seule peut s'engager, et si l'engagement peut l'obliger, du moins n'oblige-t-il qu'elle, et non point ses descendants : or, comme une nation est toujours composée de générations nouvelles qui n'ont point participé au contrat, cette partie est toujours libre d'opposer son refus au contrat.

Je parle de la condition seule de l'union convenue entre les parties, laquelle union est libre pour ceux qui ne l'ont pas encore signée. Si les pères peuvent soutenir qu'ils y restent engagés par le contrat synallagmatique, toute la nation jeune qui n'a dit là-dessus ni oui, ni non, restera toujours libre de ne pas consentir et de dire hautement : je me sépare.

Mais s'il pèse sur l'ensemble une obligation préalablement posée par la nature, comme celle-ci : Vous n'aurez pas chez vous d'esclavage ; il en sera autrement : la génération naissante sera aussi bien tenue à cette loi de la nature, qu'y seront tenus les pères eux-mêmes, et la partie qui veut le maintien de l'union pourra, pour cette raison, faire la guerre à l'autre partie. Les deux motifs, au reste, se mélangeront et le résultat de l'un profitera pour l'autre.

Voilà comment la partie du Nord, dans la guerre de la sécession, put dire à la partie du Sud : au plus fort! Vous nous resterez unis, vous n'aurez pas d'esclaves parce que la nature, en vous le défendant, nous donne le droit de voler au secours de la liberté personnelle de nos frères les nègres, et puisque cette raison se trouve, dans la circonstance, mêlée avec celle du maintien de l'union par la force, nous maintiendrons l'union par la force, non point sans

doute pour l'union en elle-même, mais pour l'a-
bolition de l'esclavage qui y est impliquée.

Quant au Sunderbund, je ne suis plus au cou-
rant de cette question et j'ignore s'il se mêlait
à la question de la séparation de la confédération un motif de droit naturel qui donnât à la
Suisse le droit de le maintenir, malgré lui, dans
l'unité. S'il en existait, le Sunderbund était dans
son tort, en se levant contre la partie de la fédération à laquelle il appartenait par contrat d'alliance, et cette dernière partie put le forcer par
la guerre à rester dans l'union pour cette obser-
vance même du droit naturel. Mais, s'il en fût
autrement, le Sunderbund fut dans son droit en
prétendant se séparer, et l'injustice de la guerre
fut du côté de la Suisse.

Ici il me semble qu'il me revient en souve-
nance qu'il s'agissait d'une cause religieuse.
Le Sunderbund se déclarait séparé, par la raison
qu'il était catholique en majorité et qu'il ne voulait pas rester en union avec des États protes-
tants. Mais la seule cause qui eût pu justifier ses
prétentions, eût été qu'on lui eût refusé sa liberté religieuse absolue, et qu'on l'eût gêné dans
la pratique de son catholicisme romain; en supposant qu'il en eût été ainsi, le droit naturel lui
donnait même le devoir de se séparer pour avoir

sa liberté religieuse, et la guerre qu'on lui fit fut injuste; mais en supposant que telles n'étaient pas les intentions de la Suisse, et qu'il en eût été autrement, c'est lui qui fut dans son tort; et la victoire qui suivit la lutte fut du côté du droit.

Cela dit sur la question pure de la fédération soulevée par Pi y Margall, et étant établi suffisamment par ma manière de lui répondre que je suis plus fédéraliste encore qu'il ne l'a jamais été, puisque je laisse aux fédérés, dans la confédération, comme je laisse aux citoyens, dans la cité, le droit perpétuel et constant du suffrage et de l'initiative soit pour défaire, soit pour modifier, soit pour confirmer ce qu'ils ont fait d'abord en se constituant. C'est, ai-je dit, la révolution établie en permanence, la révolution même des esprits constituée en fait, comme elle l'est en droit par la nature. Assurément, ce que j'ai soutenu sur la constitution des citoyens entre eux, je dois le soutenir et je le soutiens pour les confédérations des États. Je réserve avec soin l'individualisme des groupes grands et petits, par exemple, des communes, des régions, des États, comme je réserve l'individualisme des particuliers.

Je suis donc beaucoup plus, et surtout beaucoup plus logiquement, fédéraliste, que Pi y Mar-

5

gall, cette incarnation du fédéralisme lui-même.

J'aborde maintenant la question que je dois traiter directement dans ce chapitre.

Il s'agit de savoir si une cité pourrait se constituer *ex abrupto* en organisation communiste par un contrat qu'on ne peut refuser le droit de conclure à chacun des travailleurs, c'est-à-dire des citoyens, — car dans la République que je rêve, il n'y aura plus que des travailleurs pour citoyens — sur les fruits de son travail. Il en est propriétaire, c'est la première conséquence de mon individualisme : donc il peut les céder à la communauté et les constituer en biens communaux. Il suffit donc d'imaginer tout un ensemble d'ouvriers qui veuillent bien user ainsi de leurs propriétés, qui sont les fruits de leur travail, pour concevoir un communisme établi aussitôt dans toute la nation qu'on suppose.

Oui, sans doute ; mais il y a un nœud qui fait accroc et qui rend avec évidence la chose impossible.

Une génération ne peut engager, par un contrat constitutif, les droits naturels des générations suivantes. Autrement rien n'empêcherait qu'une nation ne fondât chez elle, à jamais, la légitimité d'une race de maîtres ou de rois. Ce ne serait plus, il est vrai, un droit naturel ni divin qui servirait de base à cette constitution traditionnelle; mais ce serait un droit national, et, dès là qu'on le considérerait comme fondé sur un contrat indissoluble, parce qu'il serait synallagmatique, et ne pourrait être rompu par une seule des parties qui, ici, ne seraient plus les parties contractantes elles-mêmes, mais qui seraient les générations issues des parties contractantes, lesquelles seraient mises légitimement, en place de ces parties et seraient engagées par leur propre engagement, ce droit national équivaudrait pleinement à tout droit solide, et ferait revivre, par le biais lui-même que prit M. de Genoude, cette légitimité nationale, sinon de droit divin, que cette école a brillamment et opiniâtrement défendue pendant tout le règne de Louis-Philippe en France.

Si vous dites le raisonnement bon pour justifier la constitution d'un communisme qui aurait été d'abord libre à son origine, et qui deviendrait nécessaire pour les générations suivantes, vous devrez le juger également bon pour démontrer la légitimité d'une constitution fédérale indissoluble autrement que par la volonté des deux parties à la fois, et également bon pour l'établissement d'une légitimité de royauté qui ne pourrait, non plus, être brisée que par le consentement de la famille royale d'une part, lequel n'aura jamais lieu, et non pas seulement par le peuple, qui est l'autre partie, ce qui conduirait à déclarer illégitimes toutes les révolutions par lesquelles les rois sont chassés, toutes les insurrections contre la tyrannie.

Oui, le raisonnement du fédéraliste Pi y Margall est une grande faiblesse dans le fédéralisme; et le fédéralisme vrai ne peut consister que dans un contrat que la minorité toute seule puisse briser quand elle le veut, en sorte que la partie la plus forte ne puisse, de son côté, faire la guerre pour maintenir l'union malgré la partie la plus faible.

Pi y Margall ajoute que la première loi de la nature est celle du *primum esse.* On se bat pour se conserver la vie; or la vie c'est ici la constitution signée par tous. Mais cette raison est très mauvaise, parce qu'elle est simplement la loi de la force. On peut avoir à se battre pour toute espèce de cause, aussi bien pour les mauvaises que pour les bonnes, et il n'y a que les bonnes qui engendrent le droit du *primum esse.* Celui qui s'est jeté dans une mauvaise cause n'a plus ce droit lui-même : il n'a plus le droit de la légitime défense. Il se défendra sans doute pour conserver sa vie, mais il n'en a point le droit radical ; son seul droit serait le devoir même qui lui incombe de se laisser mourir, car en se laissant mourir, il donnerait raison à la justice en mettant la force du côté du droit, et là se borne tout son *primum esse.* Dans le mal ne se remue que le mal, vous aurez beau y fouiller, vous n'y trouverez jamais le droit. Cette raison du *primum esse* est la raison mise en avant par toutes les tyrannies.

On pourra aller plus profondément encore et demander s'il n'est pas possible qu'un propriétaire lègue une propriété, qui est bien la sienne, avec une charge à perpétuité, et de telle manière que le bien légué conserve lui-même à tout jamais la servitude dont il est grevé. Oh ! je reprends immédiatement : oui et non tout ensemble. Oui si la servitude n'attaque aucun droit de l'homme, car, en ce cas, elle exprime un état passif de l'être matériel dans lequel son propriétaire le transmet et qui est indifférent. Mais si la servitude consiste à limiter les droits naturels d'un être qui a conscience de soi et qu'un autre être ne peut tyranniser sans outrepasser sa puissance, et entrer dans la carrière des invalidités, non. Alors la servitude sera, par elle-même et dans son origine, absolument nulle et portée contre le droit. Or, c'est ce qui arriverait dans les cas supposés, si une génération pouvait imposer les charges dont il s'agit aux générations qui viendront après elle.

Il est donc vrai que Pi y Margall n'est pas encore assez radicalement fédéraliste. Mais il est vrai aussi, pour revenir à la question qui fait l'objet direct de cette étude, que si une génération d'ouvriers se réunit et vote pour soi une constitution communiste, en s'appuyant sur le droit qu'a chacun sur les fruits de son travail, la constitution votée ne vaudra jamais pour les générations suivantes et pourra, à tout instant, être modifiée par celles-ci. Elle pourra d'abord toujours être révoquée par la partie naissante de la société, qui n'est tenue qu'aux obligations qu'elle contracte avec pleine connaissance de cause. Elle pourra même être révoquée par les individus eux-mêmes qui l'auront explicitement votée, attendu qu'il s'agit là d'un vœu sur lequel l'homme peut toujours revenir pourvu que les conditions dans lesquelles il vit changent elles-mêmes. Il ne peut sans doute violer son vœu sans raison ; mais aussitôt qu'il s'en introduit de bonnes, ces raisons lui donnent le droit, et même le devoir, de vivre désormais affranchi des obligations qu'il s'était imposées à lui-même. Il était compétent pour se les imposer au moment où il le fit, mais, cette compétence ne pourra s'étendre au delà de ce moment, puisque, dans les moments qui suivront, les conditions pourront être pour lui toutes différentes, et exiger qu'il agisse différemment, et contrairement à la chose promise.

N'ai-je pas dit cent fois qu'en toute matière, je ne suivrai que les règles de ma raison : quelle que soit la thèse dont il s'agisse, ma raison me parle de la sorte. Arrière tout le reste.

CHAPITRE CINQUIÈME.

JUSQU'OU PEUT ALLER LE DROIT DE CONSTITUTION SOCIALE, ET JUSQU'OU L'INDIVIDU PEUT-IL S'EN AFFRANCHIR?

J'ai poussé fort loin le droit de l'individualisme, dans les chapitres qui précèdent, puisque la manière radicale dont je l'ai compris m'a conduit jusqu'à trouver le fédéraliste espagnol Pi y Margall lui-même, trop peu fédéraliste encore et trop peu individualiste, en reconnaissant dans une fédération, comme celle de la Suisse et celle des Etats-Unis d'Amérique, la puissance de lier entre eux les individus et les Etats qui la composent jusqu'à leur ôter la liberté de faire scission quand les autres individus et les autres Etats veulent le maintien de l'union. Que la partie qui veut se séparer, soit la majorité, soit la minorité, n'ai-je pas craint de dire, elle en sera libre, et si on la contraint au maintien de l'union, ce ne sera qu'un simple triomphe de la force, ne pouvant constituer un droit. En vain Pi y Margall invoque-t-il contre cette thèse la vertu d'un contrat synallagmatique ne pouvant être brisé sans le consentement des deux contractants ; si je lui faisais cette concession, je concéderais tout, et dès lors la logique me conduirait tout droit à concéder le droit prétendu des légitimistes nationaux en la manière dont M. de Génoude et la *Gazette de France* furent toujours légitimistes, non point, il est vrai, par droit divin, mais par un *droit* national que les pères auraient créé, de manière à lier les générations suivantes.

En vain invoque-t-il encore le droit pour l'union fédérale du *primum esse*, ou de la vie ; car ce droit, si on le lui accordait, mènerait à la légitimation de tous les coups d'État qui auraient pour motif fondé — non pas simple prétexte — la défense de la vie sociale ou fédérale, en un moment critique.

Ne tergiversons pas : toutes ces raisons sont mauvaises, et justifieraient toutes les atrocités. L'assassin a droit à la vie aussi bien que sa victime, la victime aussi bien que son assassin. Les deux vies se regardent avec des droits égaux, qui ne donnent point le droit de mort, et qui se paralysent.

Mais il est bon que nous poussions plus loin la question. Poussons-la au plus profond par l'analyse de ce que peut, en droit, l'individu sur lui-même dans la confédération et dans la cité.

D'abord, l'individu a-t-il le droit du suicide? Non, il ne s'est point donné la vie ; il l'a reçue avec des obligations morales dont il doit s'acquitter envers lui-même et envers les autres : le jour où il sera délié de ces obligations morales, ce droit viendra, sans doute, mais ne viendra que dans un inconnu réservé à la nature universelle, et qui ne peut se prophétiser. Quand l'individu mourra, il sera libre. Il ne le sera point auparavant. Le bien à faire à ses frères pèsera sur lui jusque-là. C'est la condition à laquelle est attachée sa vie, et cette condition reste aussi longtemps que la nature le fait vivre. Le suicide serait la plus grande tache qu'il pût imprimer à son front : la plus difficile à laver dans son éternité. Ce serait la tache du lâche qui fuit devant l'heure critique du combat ; cette tache ne peut s'effacer que par une autre vie à ce destinée.

Or, dira-t-on, n'est-ce pas un suicide que l'acte par lequel vous vous échappez de la société qui est votre mère et qui, par tous les soins qu'elle vous a donnés, s'est constituée votre nourrice?

N'êtes-vous pas lié avec elle par les devoirs d'un fils, et quand finiront ces devoirs pour vous, si ce n'est quand vous aurez accompli votre carrière?

Ecoute-moi, lecteur, et comprends ce que je vais dire :

Si l'on t'enrôle dans une communauté et qu'on te fasse prêter serment d'y mourir, seras-tu forcé d'accomplir ton vœu, s'il a été formé librement? Non, tu ne peux créer des obligations pour toi-même par des vœux, ta puissance ne va pas jusque-là; tu dois rester dans les conditions que t'a faites la nature, et tu ne dois fidélité qu'à elle.

Mais, dis-tu, la société dans laquelle j'ai vécu, de laquelle j'ai reçu mon éducation, n'est-elle pas une mère que m'a donnée la nature, et conservé-je devant elle mon autonomie?

Oh! je veux bien raisonner sur cette base : oui, sans doute, tu as des devoirs à remplir envers cette mère; tu es un fils! Ne sois pas un fils ingrat en t'en affranchissant par une fuite dans la solitude. Mais la nature, en te faisant le fils de cette mère, qu'a-t-elle fait? Ce qu'elle fait, sans doute, envers tous les enfants par rapport à leurs pères! Ni plus ni moins, sans quoi chacun d'eux n'aurait jamais son autonomie. L'a-t-il dès le jour de sa naissance? Non; il ne l'a que le jour où il a assez reçu des auteurs de ses jours, pour n'avoir plus besoin d'eux. Oh! jusque-là, il est mineur, il ne peut disposer de lui-même. Mais il est destiné par la nature à devenir son maître un jour, à devenir, à son tour, ce que ses parents ont été; de ce jour, il est citoyen libre et ne doit plus d'obéissance proprement dite à son père; il ne lui doit plus que le spectre qui ne s'éteint jamais, pas même par la mort. Il devient son maître en volant comme l'oiseau de ses propres ailes; cette destinée est celle de tous les fils qui succèdent à tous les pères par la génération. A chacun son tour: les fils deviennent successivement ce que les pères ont fini par devenir, c'est-à-dire les maîtres de leurs actes; l'obéissance se limite alors et ne s'impose plus au delà de certaines bornes. Quelles sont ces bornes pour le citoyen par rapport à la patrie sa mère? Voilà la question.

Maintenant je dis que tout mon système individualiste n'existe et n'est fondé qu'à la condition que l'individu puisse toujours s'affranchir par lui-même des obligations positives créées pour lui par ses pères: sans quoi nous retomberions dans les conséquences absurdes de la légitimité de droit national que l'on ne peut admettre sans attenter à la raison.

La raison n'a ses droits qu'à la condition d'être indépendante au delà d'une limite. C'est la limite de sa compétence en tant qu'individuelle. Elle n'est rien, si au delà de cette limite elle n'est pas sa maîtresse. Oui, toujours elle peut appartenir ou ne pas appartenir à une société, à un contrat social, c'est la condition radicale de la révolution permanente qui est souvent son devoir, et toujours son droit. A cela pas de contrat qui tienne ; et si vous ne posez pas ce principe de l'indépendance individuelle, vous n'allez qu'à l'esclavage des natures, que soutenait Aristote. Il faut, de par la logique, ou cet esclavage indéfini, ou l'indépendance de chacun, naissant toujours à un moment donné de la vie.

Ce moment est celui qui correspond, dans tout être, au moment où l'oiseau ouvre ses ailes au grand air. Sans cela, il n'y aura jamais de liberté. Ce moment de l'affranchissement complet, le bon sens, la raison, la nature le proclament sans cesse pour chacun à mesure qu'il arrive.

Est-ce que la question n'est pas bien résolue?

Pour tout résumer, c'est la nature qui nous servira de règle : de tout ce qu'elle a fixé, l'individu ne pourra s'affranchir, mais il pourra s'affranchir de tout ce qu'aura fait l'homme. Toute association est le produit d'individus libres qui ne peuvent jamais obliger, par contrat, leur descendance. Voilà ce qui est et sera toujours positif; et ce sur quoi le droit de l'individu restera toujours de se soumettre ou non. Les fédérations, comme celles des Etats-Unis, resteront toujours dans cette classe de choses dépendantes de la volonté des hommes, et ce en quoi la volonté des générations suivantes devra toujours se soumettre, sera cela seulement qui sera imposé par la nature, et, par suite aussi, par la raison.

Si l'on ne pose cette règle, on se jettera nécessairement dans l'excès de l'autoritarisme avec l'esclavage, ou dans l'excès de l'anarchisme avec la dissolution sociale de la sauvagerie.

CHAPITRE SIXIÈME.

Lamennais, mon grand démocrate, quoique si éloigné de mon cartésianisme, écrivait ce qui suit :

« Vous êtes peuple ; sachez d'abord ce que c'est que le peuple.

» Il y a des hommes qui, sous le poids du jour, sans cesse exposés au soleil, à la pluie, au vent, à toutes les intempéries des saisons, labourent la terre, déposent dans son sein, avec la semence qui fructifiera, une portion de leur force et de leur vie et en obtiennent ainsi, à la sueur de leur front, la nourriture nécessaire à tous.

» Ces hommes-là sont des hommes du peuple.

» D'autres exploitent les forêts, les carrières, les mines ; descendent à d'immenses profondeurs dans les entrailles du sol, afin d'en extraire le sel, la houille, le minerai, tous les matériaux indispensables aux métiers, aux arts. Ceux-ci, comme les premiers, vieillissent dans un dur labeur pour procurer à tous, les choses dont ils ont besoin.

» Ce sont encore des hommes du peuple.

» D'autres fondent les métaux, les façonnent, leur donnent les formes qui les rendent propres à mille usages variés; d'autres travaillent le bois; d'autres tissent la laine, le lin, la soie, fabriquent les étoffes diverses; d'autres pourvoient de la même manière aux différentes nécessités qui dérivent ou de la nature directement ou de l'état social.

» Ce sont encore des hommes du peuple.

» Plusieurs, au milieu de périls continuels, parcourent les mers pour transporter d'une contrée à l'autre, ce qui est propre à chacune d'elles, ou luttent contre les flots et les tempêtes, sous les feux des tropiques comme au milieu des glaces polaires, soit pour augmenter par la pêche la masse commune des subsistances, soit pour arracher à l'Océan une multitude de productions utiles à la vie humaine.

» Ce sont encore des hommes du peuple.

» Et qui prend les armes pour la patrie, qui la défend, qui donne pour elle ses plus belles années, et ses veilles, et son sang? Qui se dévoue et meurt pour la sécurité des autres, pour leur assurer les tranquilles jouissances du foyer domestique, si ce n'est les enfants du peuple?

» Quelques-uns d'eux aussi, à travers mille obstacles, poussés, soutenus par leur génie, développent et perfectionnent les arts, les lettres, les sciences qui adoucissent les mœurs, civilisent les nations, les environnent de cette splendeur éclatante qu'on appelle la gloire, forment enfin une des sources, et la plus féconde, de la prospérité publique.

» Ainsi, en chaque pays, tous ceux qui fatiguent et qui peinent pour produire et répandre les productions, tous ceux dont l'action tourne au profit de la communauté entière, les classes les plus utiles à son bien-être, les plus indispensables à sa conservation, voilà le peuple. Otez un petit nombre de privilégiés ensevelis dans la pure jouissance, le peuple, c'est le genre humain.

» Sans le peuple, nulle prospérité, nul développement, nulle vie ; car point de vie sans travail, et le travail est partout la destinée du peuple.

» Qu'il disparût soudain, que deviendrait la société? Elle disparaîtrait avec lui. Il ne resterait que quelques rares individus dispersés sur le sol, qu'alors il leur faudrait bien cultiver de leurs mains. Pour vivre, ils seraient immédiatement obligés de se faire peuple.

» Or, dans la société, presque uniquement composée du peuple et qui ne subsiste que par le peuple, quelle est la condition du peuple? que fait-elle pour lui?

» Elle le condamne à lutter sans cesse contre des multitudes d'obstacles de tout genre qu'elle oppose à l'amélioration de son sort, au soulagement de ses maux; elle lui laisse à peine une petite portion du fruit de ses travaux, elle le traite comme le laboureur traite son cheval et son bœuf, et souvent moins bien; elle lui crée, sous des noms divers, une servitude sans terme et une misère sans espérance. » (*Le Livre du peuple*, II.)

Avez-vous quelque chose à répondre, hommes d'État? Et vous dites qu'il n'y a pas une question sociale !

Il n'y a que celle-là.

De question politique, y en aurait-il s'il n'y avait pas la question sociale? Supposez qu'un grand chef, un roi soit envoyé d'un empyrée à ce malheureux peuple, et qu'il le délivre de tous ses maux, qu'il le mette dans la vie facile d'un travail modéré, raisonnable, lequel ne serait plus que le moyen pour lui d'être heureux, parce qu'il

arracherait les travailleurs aux ennuis de l'oisiveté, et qu'il établirait ce nouvel ordre de choses
en condamnant à un travail semblable tous ceux
qui en seraient capables et qui nefont rien. Dites-
moi si le peuple, qui constitue l'immense majorité
de la nation, ne bénirait pas le monarque qui aurait, par un despotisme irrationnel, mais bienfai-
sant et égalitaire, réalisé un pareil prodige? Le
peuple demanderait-il encore quelque chose au
delà? N'aurait-il pas la réalisation même de tous
ses vœux? Oui, sans doute ; puisque l'inégalité
qui fait la source de la misère aurait disparu.

Il n'y a donc pas pour lui de question politique ; ou plutôt il n'y en a que parce que la question sociale s'y rattache. Il sait, le malheureux
peuple, que s'il ne conquiert ses droits politiques, il n'obtiendra rien, que si ce n'est la République qui règne, il sera toujours dans cette
infériorité qui le condamne à travailler toujours
et à ne point jouir de ses productions. Il comprend que c'est bien un communisme qui règne,
puisqu'il travaille pour les autres, puisqu'il produit à lui seul, pour la communauté, mais que
ce communisme n'est qu'un communisme de
production, à côté duquel n'existe pas un communisme de consommation qui serait l'accom-
plissement de la justice. Car il travaille pour

produire, et il produit ; donc il doit jouir du fruit de ses travaux. Il règne un communisme mais un communisme voleur, dans lequel le produit du travail va mettre dans l'aisance celui qui n'a pas travaillé. C'est le communisme mis à l'envers de ce qu'il devrait être pour être raisonnable ; car à qui le produit, si ce n'est au producteur?

De question religieuse et philosophique, il n'y en a pas, non plus, pour le peuple. Que lui importent toutes les spéculations scientifq ... e autres, s'il n'a pas ce qu'il lui faut pour subvenir à ses besoins? Que lui importe, s'il est dans la misère, que l'on soit ultramontain ou gallican? grec ou romain? protestant ou catholique? et le reste. Donnez-lui de quoi vivre sans trop de peine, c'est tout ce qu'il demande. Il fut des époques où tout le peuple était fanatique d'une idée, cela est vrai. Mais quelle est celle où ne se mêlait pas à son fanatisme quelque intérêt social? D'ailleurs ces époques sont loin de nous ; aujourd'hui le positif a pris le dessus ; il s'agit de vivre, voilà tout. La question sociale est donc seule vivante.

Et comment la résoudrons-nous? sera-ce par le communisme? On peut le soutenir, mais par quel communisme? Nous en avons constaté un dès le début, qui n'est qu'un résultat nécessaire des progrès dans la science et dans l'industrie;

celui-là fut conçu d'abord par Platon et indiqué
en principe par lui philosophant sur les capacités
des individus qui composent la société. Ce communisme, en effet, réside, comme première base,
dans la division du travail qu'a développée avec
un talent d'appréciation des détails qui a fait sa
célébrité, le fameux Adam Smith. J'ai cité quelques exemples, au commencement, de ce communisme rationnel, fait constant du développement de l'industrie et des arts. Adam Smith n'en a
pas été l'inventeur ; comment cela aurait-il pu
être ? Eût-il été possible que l'humanité existât
si longtemps sans avoir une idée aussi naturelle
que celle de l'association, de la division du travail, selon les capacités de chacun, et de la répartition des travaux entre les membres de l'association, selon ces capacités ? Le philosophe de
la Grèce y avait largement pensé, et avait dit, à
l'avance, en quelques phrases sociales, tout ce
qu'a développé Adam Smith dans son *Economie
politique*. Voici, par exemple, une assertion de
Platon qui dit tout cela en germe : « Nous ne
naissons pas tous, fait dire à Socrate, livre II,
l'auteur de la *République*, avec les mêmes talents ;
l'un a plus de dispositions pour faire une chose,
l'autre pour en faire une autre. » Puis il va même
jusqu'à assigner le ministère de chacun dans l'as-

sociation ; il distingue le cuisinier pour la préparation des aliments, l'architecte pour le logement, le tisserand pour le vêtement, etc. J'ai
eu soin de dire que ce premier germe est susceptible de développement, d'un grand progrès
même, et le communisme, conçu dans cette mesure et dans cette voie, pourra évidemment satisfaire, un jour, à beaucoup de besoins.

Je n'en dis pas davantage, sur ce point pour
le moment. J'irai progressivement moi-même,
en laissant se dérouler mon idéal. Naturellement,
j'arriverai à faire comprendre comment se ré-
soudra un jour la question de la misère qui est
la grande question sociale, la seule question en
définitive, car s'il n'y avait plus de misère d'un
côté, d'opulence de l'autre, est-ce que le monde
ne devrait pas être content ? Au moins tous les
gens sages et honnêtes le seraient, et que faudrait-il encore ?

CHAPITRE SEPTIÈME.

DES CONDITIONS ESSENTIELLES DU COMMUNISME
RATIONNEL, RÉALISABLE ET FÉCOND; EN D'AUTRES
TERMES, DE SA DOGMATIQUE.

L'imagination populaire s'est laissée saisir par
une manie très sotte depuis que l'athéisme a dé-
bordé sur elle. Cette manie consiste à crier contre les dogmes : aussitôt que ce terme ose se
montrer à vos lèvres, c'est fini ; elle vous crache
au nez, et vous plante là. Eh bien, quitte à passer devant elle pour être tout ce que je ne suis
pas, tout ce que je ne fus jamais et que je suis
encore moins depuis que j'ai dit mon adieu au
catholicisme romain, je me servirai de ce mot,
que je trouve aussi bon qu'un autre. Il vient du
grec et signifie un principe doctrinal qui sert de
règle parce qu'on y rattache ses idées, qu'il a
des conséquences pratiques, qu'il vous trace une

R.F.

ligne fixe, et qu'il vous sert de point de repère qui vous empêche de vous égarer.

On me comprendra mieux après mes développements, et quand j'aurai exposé ce que j'appellerai, quoi qu'on en pense et dise, ma dogmatique du communisme rationnel.

D'abord qu'ai-je à dire de la répulsion de nos athées du jour pour le mot *dogme ?* Je ne puis mieux répondre à cette répulsion qu'en le mettant à mon usage, comme un des meilleurs mots qui soient dans nos langues pour signifier ce qu'il désigne. Le mot dogme est tiré du grec *dogma,* qui signifie principe doctrinal posé comme axiome. S'il n'existait point de ces principes, ce serait donc qu'il n'y aurait pas de science au monde ; toute science n'est science susceptible et digne d'être enseignée qu'à la condition de reposer sur de pareils principes. Pourquoi la géométrie est elle une science sérieuse? Parce qu'elle n'est qu'un ensemble de déductions logiques d'un certain nombre d'axiomes de cette espèce. Et il en est ainsi de toute science sérieuse. La seule différence entre les sciences mathématiques et les autres sciences, c'est que l'évidence des principes axiomatiques sur lesquels reposent les mathématiques, est toujours claire aux yeux de la raison, tandis qu'il arrive plus ou moins

souvent que les autres sciences, toutes sérieuses
qu'elles soient, reposent sur des principes qui
ne sont pas absolument certains, n'étant pas absolument clairs, mais peuvent le devenir pour
celui qui les étudie bien, et sur des déductions de
ces principes, qui ne sont pas toujours, non plus,
d'une parfaite clarté, et, par conséquent, d'une
complète certitude.

Il y a donc, quand il s'agit d'une dogmatique
quelconque, à examiner si les dogmes qui la
composent sont vrais ou faux, bons ou mauvais,
certains ou douteux. Voilà toute la besogne à
poser devant soi, mais le mot lui-même est toujours bon à prendre, et, par conséquent, avant
de rejeter un dogme ou une dogmatique, il n'y a
qu'une conduite sage à tenir; étudier ce dogme
ou cette dogmatique et voir si elle est bonne ou
mauvaise. Mais la rejeter pour le nom seul qu'on
lui donne ! fi donc ! c'est la conduite des sots.

Pour moi, par exemple, j'ai rejeté la dogmatique de l'Église catholique romaine dans la plupart de ses dogmes ; je dis dans la plupart, car
n'y a-t-il pas quelque vérité, quelque chose de
bon dans le catalogue de ses enseignements ?
Certes je n'oserais soutenir qu'il ne s'y trouve
rien de bon, je crois, au contraire, qu'il peut
s'y trouver, dans le nombre, de grandes et pro-

fondes vérités, comme il doit s'en trouver dans
toute dogmatique, dans toute religion ; je me
réserve de les examiner en détail et de les juger. J'en ai déjà trouvé un grand nombre absolument condamnables au jugement de ma raison ; n'en parlons plus ; mais ce n'est pas un motif pour que je rejette d'un coup tout ce qui a
reçu le nom de dogmatique. Je traiterai tout cela
comme j'ai traité la religion catholique romaine,
j'en prendrai et j'en laisserai, selon les cas, voilà
tout : point de condamnation absolue *in globo*,
point d'acceptation complète à donner ; tout passera par mon examen. En me conduisant ainsi,
je serai certain d'être logique et d'agir conformément au sentiment de justice que je tiens de ma
nature et qui me régit.

Cela dit, pour me mettre au niveau de mon
siècle, j'exposerai toute la dogmatique essentielle de mon communisme ; ce communisme
en a une, comme tout ce qui est science sérieuse, puisque dire le contraire serait le relé-
guer, d'un seul coup, dans les puérilités qui manquent de toute base.

Cette dogmatique sera de trois espèces :

I. Elle concernera Dieu et le monde son produit, et, ainsi considérée, je l'appellerai la dogmatique *théologale* de mon communisme. Elle

correspond, sous ce premier rapport, à ce qu'on a appelé le décalogue de la première table.

II. Elle concernera la société, et je l'appellerai, ainsi considérée, la dogmatique *sociale* de mon communisme.

III. Elle concernera l'individu, et je la nommerai, sous ce dernier rapport, la dogmatique *individuelle*, ou la morale de la conscience.

La dogmatique de mon communisme correspondra, sous ces deux derniers rapports, à ce qu'on a nommé le décalogue de la seconde table.

Je vais étudier ces trois dogmatiques ou mieux ces trois parties de ma dogmatique dans les trois chapitres qui vont suivre.

« Les palais des rois, a dit l'abbé Grégoire, ne sont que des tanières à tyrans. » Ce que le peuple peut faire de mieux, c'est de n'en pas laisser une seule pierre debout. Mais les plus grosses pierres de ces palais sont les vieilles lois, et je le vois s'acharner à remettre en vigueur les anciennes mesures monarchiques de proscription contre les citoyens qui déplaisent, par exemple contre les membres de certaines associations tantôt congréganistes, tantôt internationalistes, tantôt socialistes, tantôt royalistes, etc. Qu'il démolisse donc toutes ces assises fondamentales de la tyrannie pour leur substituer celles

6.

de la liberté sans préférence! C'est ainsi qu'il
ne laissera pas pierre sur pierre des tanières
à tyrans.

CHAPITRE HUITIÈME.

La question qui se pose ici est celle de l'a-
théisme, du théisme autoritaire et du panthéisme,
qu'on pourrait aussi appeler le théisme communiste ou libéral.

I. L'*athéisme* pourra-t-il fournir au communisme de l'avenir quelque dogmatique rationnelle?

Je réponds avec l'assurance de la certitude car-
tésienne la plus formelle : non. L'athéisme n'explique rien : il n'est que la négation même de
la cause des choses ou de toute cause aux choses. Il n'est que la nuit, le vide, la plus insigni-
fiante des entités, puisqu'il est l'absence de toute
entité. L'athéisme n'explique pas ce qui est, ce
que nous voyons, ce que nous sommes, et pour-

tant nous sommes quelque chose, nous ne sommes pas rien. Comment existons-nous? Si vous dites que nous sommes éternels par le fond de notre être, je vous réponds aussitôt : Vous n'êtes pas athée, vous êtes panthéiste; vous admettez alors que le tout, qui est devant vous, et dont vous faites partie, est éternel; or un être éternel, c'est Dieu, c'est l'Absolu, c'est Jéhovah, c'est ce qui est. Il n'y a pas d'autre définition de Dieu : quiconque admet que tout ce qui est est éternel ne nie pas Dieu, il dit au contraire que tout est Dieu. C'est évidemment le panthéisme. C'est directement le contraire de l'athéisme. L'athéisme n'admet rien; le panthéisme admet tout dans l'éternité.

Si vous dites que vous avez commencé d'être, n'existant pas auparavant et n'étant pas éternel, vous supposez que vous avez été tiré du néant, vous sortez de l'athéisme en supposant une force assez puissante pour vous avoir créé de la sorte, et de plus vous n'expliquez rien, car est-ce expliquer quelque chose que de dire : Ce quelque chose a été tiré du néant? Est-ce que le néant peut produire quelque chose, ou bien est-ce qu'il existe une force assez puissante pour faire quelque chose de ou avec rien?

Pour nier Dieu, il faut dire que tout a com-

mencé, que rien n'est éternel; et dire que tout
a commencé, que rien n'est éternel, c'est dire
que rien n'existe, pas même vous; direz-vous
qu'il n'y a que le néant?

Vous n'avez donc rien à chercher dans l'a-
théisme, et mon communisme n'y pourra rien
trouver comme type de ce qu'il doit devenir lui-
même dans la société. C'est ce que je ferai voir
plus en détail et mieux encore dans mon traité
de l'*absolu*.

Ainsi donc, l'athéisme, c'est la nuit vide et
sombre qui n'explique rien, absolument rien,
et qui fait mieux encore que de ne rien expliquer, puisqu'il jette, du même coup, tous les
problèmes dans l'abîme du contradictoire et de
l'absurde.

Il me faut donc, de toute nécessité, renoncer
à cette ressource pour trouver quelque dogmatique à mon communisme de l'avenir, dernier
remède à la misère, dernière solution de la question sociale.

II. Est-ce au théisme autoritaire que je m'a-
dresserai? Ce théisme est celui auquel Proudhon
opposait son antithéisme; je l'ai déjà dit dans
mon *Introduction*, et tous les arguments dont
il l'accable ont leur valeur. Il est bien vrai que
le Dieu de ce théisme, étranger à l'univers, et

le gouvernant avec absolutisme, despotisme, autocratie, est devenu chez nous le modèle de la monarchie et du césarisme ; on en a même fait le môle constant leur servant de fondation. Ce théisme, d'ailleurs, n'explique pas mieux les choses que le sombre athéisme, et ne s'explique pas lui-même. Ce Dieu tyran qui nous régit de loin, du fond de son éternité, avec une verge de fer, en s'amusant à torturer nos âmes de supplices éternels pour des erreurs d'un jour, est sujet à tant de contradictions et de conséquences absurdes que la raison ne peut l'admettre. Il vous donne ou refuse les moyens de faire le bien, selon son caprice ; il sait que vous ferez votre malheur éternel, et il vous donne l'exis-tence ; il ne donne aux uns que la grâce suffisante qui ne suffit jamais ; il donne aux autres la grâce efficace qui réussit toujours ; et pourtant il n'est point responsable, dit-on, du sort de ses créatures. Il a d'ailleurs, fait les mondes par la vertu de sa parole, il ne les a pas produits, il les a tirés du rien absolu. Impossibilité claire pour la raison. Rien ne sort ni ne se tire de rien. Lucrèce le répé-tait avec raison après l'antique sagesse. Inutile de chercher, dans cet idéal contradictoire avec lui-même, la dogmatique de mon commu-nisme. C'est l'absurdité, voilà tout, non pas peut-être tout à fait aussi grande que celle de l'athéisme, parce qu'enfin une cause est donnée par cette hypothèse; mais cette cause implique un si grand nombre de oui et de non contraires qu'elle devient une nuit sombre autant que celle de l'athéisme, et je ne peux lui rien demander non plus.

III. Je m'adresse donc à la troisième hypothèse qui est celle du panthéisme, avec la réserve expresse, conforme à notre sentiment psychologique, existant en fait, du moi autonome, libre, responsable de ses actes et constituant pour lui le bien ou le mal par la conformité ou non conformité de ses actes libres au dictamen de sa conscience; avec la réserve, par conséquent, de la loi morale et d'une autre vie dans laquelle les états moraux seront constitués, non pas en vue d'une éternité immuable et incurable, ce qui est contradictoire avec l'idée de Dieu, mais conformément à la justice et à leurs natures diverses, en vue de la guérison des âmes. Voilà le panthéisme auquel je m'adresse et auquel je demande de poser l'exemplaire de ma dogmatique communiste des républiques de l'avenir.

Vous avez beau m'objecter que, si je mets ce panthéisme en règle avec la morale, je ne le mets pas en règle avec la logique, et qu'il est impossible de concilier cette doctrine avec la perpétuité de l'existence des âmes, avec la responsabilité des êtres, les rendant, à la mort, dignes de récompenses ou de peines ; je n'en crois pas moins à ces dogmes secondaires, que me démontrent le sentiment que j'ai de moi-même, ma propre psychologie, mon moi se jugeant lui-même responsable de ses actes. Et je me sens, dans cette persuasion, en conformité avec les plus sages philosophies de l'antiquité.

N'est-ce pas le même stoïcien qui professait, dans la *Pharsale*, le panthéisme en disant :

« *Jupiter est quodcumque vides, quocumque moveris*[1] ; »

et qui, le soir même, où il devait se donner la mort pour ne pas tomber entre les mains de César, lisait le traité de Platon sur l'immortalité de l'âme ? Oui, c'est le même républicain Caton, espèce de Blanqui, que les tribunaux romains avaient cinq fois condamné pour conspiration, mais aussi bon philosophe, celui-là, que bon républicain, puisque son panthéisme ne l'empêchait pas de croire à l'immortalité de son être, ce qui n'a pas lieu pour notre Blanqui, aussi grand que Caton par sa ténacité,

1. *Pharsale*, liv. IX. « Jupiter est tout ce que tu vois, partout où tu vas »

aussi bien que lui l'*impavidum ferient ruinæ*
d'Horace, mais pas au delà.

Si je ne faisais avec soin les réserves que
j'ai faites, que gagnerais-je de m'adresser à mon
panthéisme? Autant vaudrait, pour moi, rester
dans l'athéisme sombre, puisque la conséquence
pour le lendemain serait la même.

Le néant, dans les deux cas, n'est-il pas le
néant, et n'est-il pas toujours le néant, quelle
que soit la route qui y mène? Ou, si vous voulez,
avec Blanqui, de cette immortalité qui le condamnera éternellement à ce retour périodique au
Fort du Taureau, à ce jeu éternel d'un pantin qui
vit toujours pour recommencer toujours, n'est-ce
pas pire encore que le néant, puisque c'est l'éternité de l'ironie du mal au bien, de la force à la faiblesse, que la force éternise pour en faire éternellement son malheureux jouet? Votre dieu
aveugle ne vaut pas mieux que le dieu catholique; ce retour éternel des mêmes destinées,
vaut-il mieux qu'un enfer?

Mais avec mon panthéisme accompagné de
mes réserves, je n'ai plus le dieu tyran étranger
à l'univers, à l'égard duquel je me ferais, moi
aussi, antithéiste, avec Proudhon mon maître,
et auquel je ferais avec lui la guerre. Mon Dieu,
à moi, devient le dieu communiste. Il me fournit

7

le type ontologique de l'égalité, de la liberté, de
la fraternité civiques. Il est tout en tous. Il est,
dans tous les êtres en principe de vie, toujours
égal à lui-même, à la fois unique et varié à l'infini dans ses manifestations. Il est le ressort des
mouvements, l'explication des actions ; il constitue l'essence, la substance fondamentale de
tout ce qui est ; il est, à proprement parler, tout
ce qui est, et il restera toujours étant cela même ;
il continuera d'être toujours la vie éternelle des
choses. Il constituera leur immortalité comme il
constitua leur vie première. Aucune vie n'existe
qu'en vertu de sa vie. C'est le principe commun
et universel, et absolu, sur lequel s'appuient, de
concert, tous les relatifs ; il ne diffère pas d'eux
par le fond substantiel, la raison le conçoit par abs-
traction ; il est en eux, ce qui EST véritablement.

Le reste n'est qu'à demi, en la manière des
modalités supportées par la substance, et le reste, par là même, n'est pas dieu. Mais cela est
dieu, et cela est la substance Dieu commune
à tous les êtres, leur dieu égal en tous, leur dieu
républicain, démocratique et universel. Il a tiré
tout être de ce qu'il est ; il le constitue en même
temps qu'il le tire de soi-même, non de rien,
mais du tout fondamental. C'est vraiment le
dieu de la démocratie universelle.

Plus d'antithéisme. Pourquoi et comment y en aurait-il? Ce serait alors, l'être qui regimberait contre l'être, le tout qui regimberait contre le tout et contre sa partie. Ce serait la société, se constituant par le suffrage universel, qui se ferait la guerre à elle-même. Ce serait l'être qui détruirait l'être. Non, plus d'antithéisme avec mon panthéisme, puisque l'antithéisme ne serait plus qu'une contradiction renfermant elle-même la négation du non.

D'un autre côté, vous avez, avec ce panthéisme, la seule manière possible de rendre le théisme acceptable de la société lettrée qui envahit, à l'heure même où j'écris, les foules des villes et des champs. Entreprendrez-vous de faire entrer l'esprit de ces foules dans cette doctrine qui nie la lumière, et qui laisse dans le vide toute explication des phénomènes de la nature si pleins d'intelligence? Entreprendrez-vous de faire croire à tout ce monde qui ne peut s'empêcher d'adresser sa prière à une force supérieure, dans ses moments d'angoisse si fréquents pour elle, entreprendrez-vous de lui faire oublier, d'un coup, sa vieille invocation : Mon Dieu! et de lui faire perdre sa croyance à une justice intelligente qui est son plus précieux trésor, étant le trésor de son cœur?

Non, non ; vous n'y réussiriez pas, si vous l'entrepreniez, vous le savez bien, athées à qui je parle. Vous ne savez que trop que tous vos artistes de journal ne sont, comme vous l'a dit Proudhon, que des « blagueurs, » et vous n'avez pas la foi dans leurs blagues, parce que vous ne pouvez pas l'avoir.

Entreprendrez-vous aussi de déraciner dans les campagnes, cette persuasion profonde en la vérité d'une justice intelligente qui régit tous les mondes, et qui règne, en même temps, par elle-même.

Si tout meurt, en nous, quand notre corps meurt, où puiserez-vous le droit de nous faire des lois, des règles de morale? Dès lors le coupable et l'innocent rentrent dans l'égalité parfaite, et de quel droit prétendrez-vous établir une différence entre deux termes que la nature a faits pour se perdre dans un même néant?

Non, non. On ne vous croira jamais. Nous ne pouvons pas vous croire. Soyez justes; ce ne peut être en vain. Soyez injustes, et tremblez devant la mort.

Voilà quel sera toujours le langage et la réponse des champs et des cités, à vos arguments négatifs... Et vous ne réussirez jamais.

D'un autre côté encore, vous n'avez pas une

autre manière d'introduire dans le monde un
élément de raison, que celle par laquelle on se
le représente lui-même comme entraîné par son
principe intrinsèque vers un but harmonique.
Avec mon panthéisme, c'est le monde lui-même
qui est sa loi intelligente, il ne cède pas à une
fatalité aveugle ; il cède à son âme, immanente
en lui, et enveloppante, parce qu'elle est plus
grande que lui, étant sans mesure dans le temps
et dans l'espace, étant l'unité absolue supérieure
à l'un et à l'autre, et n'admettant ni avant ni après.
Cette âme est infinie, c'est-à-dire une et inva-
riablement la même, tout en étant dans chaque
être comme votre âme à vous est à chacun de
vos membres aussi bien qu'à votre cerveau.
Vous avez le principe un dans le tout. Vous
avez l'explication rationnelle des origines ; plus
de création de rien ; tout est éternel par le fond,
par la substance ; ce fond éternel qui a la propriété constante de se modifier en êtres particuliers, en germinations diverses, modifications
indéfinies quant à l'avenir et toujours définies
quant au passé. Toute modification commence ;
c'est essentiel à ce qui naît. Tout, par essence,
naît toujours de l'éternité du principe éternel.

Il y a là un mystère de conciliation du temps
avec l'éternité ; mais il faut nous arrêter à ce

point. L'excès du jour redeviendrait la nuit.
Gardons-nous de la nuit. Et pour l'éviter repo-
sons-nous dans ce mystère des mystères. Disons,
d'une part, avec Kant, le philosophe allemand :
La chose qui passe a nécessairement un début
qui dépend d'une volonté libre ; et, d'autre part,
l'éternel est nécessaire pour rendre raison de
l'être ; si des temps infinis étaient attribués au
passé, le passé aurait, dans ses annales, la réalisation de tout, et l'avenir n'aurait plus rien à
faire.

Mais patience ! attendons l'*absolu* qui portera
son défi à tous les athées, aussi bien aux athées
par affirmation d'un autoritarisme absurde en
Dieu et d'une distinction personnelle de Dieu
d'avec les lois de l'univers, qu'aux athées par une
négation absolue, plus absurde encore, de la
cause des êtres, éternelle en eux par la substance,
et subsistant éternellement en eux, par conséquent les rendant éternels par le fond sans les
rendre éternels par la forme, ce qui les explique
tous, avec leurs commencements et leurs du-
rées, dans leur présence actuelle et dans leur
immortalité.

Je dis plus encore ; je dis que le dieu panthéistique de mon communisme, lequel en sera le
modèle éternel, est nécessairement trine, c'est-

à-dire composé de trois forces radicales, desquelles dérivent toutes les forces de l'univers, en sorte
que le dogme chrétien de la trinité divine est essentiel au dogme panthéistique lui-même, et,
partant au communisme.

En effet, considérons l'universalité des êtres,
qu'y trouvons-nous? des forces. L'athée lui-même
ne peut s'en passer, et des forces qui sont nécessairement éternelles, attendu qu'elles sont
impossibles si elles sont créées, et que, dans
cette hypothèse, elles ne seraient plus des forces.

Or les forces radicales de ces forces sont tri-
ples, elles sont puissances brutes, physiques et
chimiques, ou père. Elles se résolvent, à ce
point de vue, dans l'éther, père des fluides im-
pondérables, qui sont l'électricité, la lumière, le
magnétisme, l'attraction et le reste. Elles sont,
en même temps, forces intellectuelles, ou raison,
ou intelligence; nous ne pouvons nier cette seconde série de forces, puisqu'elles sont en nous
et agissent dans notre conscience même; c'est
le fils qui éclaire. Enfin elles sont amour, chaleur, souffle de vie, c'est l'esprit, et les pouvons-
nous nier à ce troisième point de vue, puisque
c'est encore en nous-mêmes que se résume cette
troisième catégorie de forces, l'amour et la volonté. Les premières sont la puissance aveugle

des corps, c'est l'atome des athées qui n'est qu'une partie de la trinité; les secondes forment la puissance lumineuse de la raison, c'est le verbe qui éclaire tout homme venant en ce monde; les troisièmes sont la puissance amoureuse de l'esprit de vie qui complète le tout, dans ses forces, et qui est amour en nous-mêmes.

Voilà l'univers dans ses sources. C'est là le dieu panthée qui comprend tout, est force pure et pure attraction par le père, qui est l'éther; est force intelligente par le fils qui est pensée et verbe; est force amoureuse par l'esprit qui est vie.

J'ai trouvé ainsi mieux que Képler, qui n'avait découvert que les grandes lois des globes célestes, mieux que Newton qui n'avait trouvé qu'un coin de Dieu, l'attraction; j'ai trouvé Dieu tout entier, trouvé Dieu lui-même, et j'attendrai maintenant que les siècles passent avant qu'ils comprennent mon panthéisme.

J'ai trouvé le tout, j'ai trouvé Dieu dans la trinité chrétienne, qui en avait, dès l'origine, posé magnifiquement les bases dans le père, le fils et l'esprit. Je n'ai plus rien à chercher, puisque j'ai trouvé mon vrai Dieu, et que, le trouvant, j'ai trouvé le tout en trouvant mon Dieu-trine.

J'expliquerai tout cela mieux encore, j'espère, en traitant de l'absolu.

Voici donc la dogmatique de mon communisme et de mon républicanisme.

Article 1er. Le dieu panthéistique, ou communiste, qui explique tout; la génération indéfinie des êtres par la vertu éternelle de son essence.

Art. 2. Le dieu panthéistique qui s'efface devant la raison, à titre de type de l'autocratie monarchique, et qui demeure toujours le type rationnel de la démocratie pour la société, étant lui-même, par essence, la vertu éternelle et radicale de tout ce qui est.

Art. 3. Le dieu qui conserve les êtres qu'il produit en leur prêtant toujours la triple force d'être, de penser, de vouloir et d'agir, et, par ce moyen, les rend éternels, immortels et trines en substance comme il l'est lui-même.

Art. 4. Le dieu qui est la force, la substance et la vie de tout ce qui est, ce qui peut, en lui et dans sa génération, s'appeler la grâce de l'être, du penser, du vouloir et du faire, existant dans tous les êtres et les conduisant également toujours du bien au mieux, jamais au mal fixe.

Telle est cette dogmatique, elle consiste en quatre dogmes simples qui expliquent tout, donnent de tout la raison d'être, et présentent à tous

un idéal éternel, type constant de toute démocratie.

C'est par cette dogmatique que vous ferez des
citoyens qui marcheront droit dans la voie de la
justice et de la fraternité ; ils n'auront pas seulement pour garde-folies les lois qu'auront faites les hommes, ils auront pour mobiles l'amour
en soi de la justice et de la rectitude, vivant au
fond des choses par l'immanence même de l'absolu dans tous les êtres.

Oh ! craignez toujours les citoyens qui n'iraient
que par la crainte ! et peuplez vos cités d'hommes de cœur qui trouvent et voient dans les
harmonies universelles la règle de leur conduite,
parce qu'ils y découvrent, sans cesse présente, la
loi absolue du dieu panthéistique qui est tout en
tous.

CHAPITRE NEUVIÈME.

DOGMATIQUE SOCIALE DE MON COMMUNISME DE L'A-
VENIR, OU CONDITIONS SECONDAIRES DE SA DOG-
MATIQUE.

Cette dogmatique, que je pourrais appeler la
seconde table du décalogue, par comparaison
avec la première table, qui a été la dogmatique
théologale, devra porter sur l'organisme des
hommes en société, et fournir les règles de cet
organisme.

Je me servirai de mots nouveaux pour mettre
ces dogmes en formules, attendu que des mots
nouveaux peuvent seuls exprimer clairement et
exactement les pensées qui leur servent de bases, tous les vieux mots ayant toujours été dé-
tournés de leur sens étymologique par l'abus
qu'on en a fait.

Voici ces mots nouveaux :

Le premier est *universalisme* ; il s'applique à
tout ce qui sert de racine à la démocratie, mais

particulièrement aux fonds, dans l'ordre des biens.

Le second est *propriétarisme*; il s'applique à tout ce qui sert de racine aux droits de l'individu ; et en particulier aux fruits de son travail, dans le même ordre, qui est l'ordre économique.

Le troisième est *alternisme* ; il s'applique à l'usage de toutes les propriétés. Il implique la gratuité du prêt, et l'égal-échange de tous les services.

Ainsi : 1° *Universalisme* de tous les fonds démocratiques.

2° *Propriétarisme* de tous les biens produits.

3° *Alternisme* de toutes les propriétés.

Je reprends ces expressions et je les définis un peu plus longuement. J'ai le droit de les définir comme je vais le faire, puisque je suis le premier à en faire usage. On ne me renverra pas à un dictionnaire français, attendu que le dictionnaire qui les contiendrait n'existe point.

J'entends par *universalisme* un ensemble de dogmes qui obligera tout citoyen, tenant à les mettre en pratique, à prendre pour règle de sa conduite la volonté de tous ses égaux en toute question qui ne tiendra pas à une vérité rationnelle posée par la nature avant de l'être par les hommes de la cité à laquelle on appartient. C'est le sens le plus démocratique et le plus républicain que l'on puisse attribuer à cette expression.

Elle n'excepte aucun des frères de l'espèce humaine, aucun des plus faibles, aucun des plus forts ; elle n'excepte aucun objet de bienfaits ; et elle enveloppe, avant tout, dans le communisme, ce que la nature a rendu commun par sa destination première et par l'usage quotidien qu'elle en fait.

Cette partie consiste dans les forces universelles posées par la nature, l'air, l'eau, le feu, la lumière, la terre. Toutes ces choses sont communes par leur nature et doivent rester communes, quant au fond.

De quel droit l'un des humains se dirait-il propriétaire d'une étendue d'air, qu'il n'a pas encore absorbée dans ses poumons. C'est là le réservoir universel, qu'un titre, un morceau de papier, ne peut avoir la vertu d'approprier à l'un de nous.

De quel droit l'un des hommes, né comme nous de la femme, jeté par elle tout nu sur la terre, viendrait-il me dire qu'il est le propriétaire d'une étendue d'eau, d'une étendue de lumière, d'une quantité de chaleur, d'un champ de terre, qu'il n'a point assujetti par son travail, et qu'il ne continue pas de faire sien? Qu'y fera son titre, s'il nous en présente un?

Tous ces fonds n'appartiennent qu'à la nature, aussi longtemps que le travailleur ne les fait pas siens par son travail, ne leur imprime pas la qualité de produits et de fruits.

L'air que mes poumons décomposent est mien, est mon sang, ma vie, pendant que mes poumons le décomposent. Puis il rentre dans le réservoir commun de la nature. Il en est de même du champ que je cultive, pendant que je le cultive, mais, du moment où je l'abandonne, il rentre dans le magasin de la nature et est à tous : *terram dedit filiis hominum.*

Il faut donc annuler d'un trait, les titres de propriété tels qu'ils existent, et les changer en titres de propriété des produits. La propriété est un principe solide que j'ai établi dans mes deux volumes *Du contrat économique des républiques de l'avenir*. Mais il ne faut pas confondre : Je n'ai établi la propriété comme propriété, qu'en tant que propriété des fruits du travail. Le fonds est-il le fruit du travail? Oui, quand le travail se fait dessus et s'y attache ; mais du moment où ce travail n'existe plus et se détache lui-même du fonds, le fonds rentre dans la nature, et il n'y a propriété du fonds qu'autant que le travail sera prolongé, et la propriété ici s'enfuit avec le travail... Le titre n'est qu'un morceau de papier, témoin de l'ignorance ou des usurpations de nos pères.

A qui le fonds? A personne, puisque personne n'y a mis du sien; à tous puisque c'est l'œuvre de la nature donnée à tous.

Il en est de même de ce qu'il y a de fondamental dans tout instrument de travail. Il n'y a, dans l'instrument, de propriété de l'ouvrier que ce que le travail y a mis, et qui y est entretenu, propriété particulière, par le travail de l'ouvrier; ce qui s'y trouve mis par la nature et qui sert de fonds par le vœu de la nature, reste à la nature et continue d'être, par conséquent, la propriété commune de tous, et de tous absolument, de tous les membres de la famille humaine.

Voilà la justice. Les hommes l'ont faussée par accaparement. Ils se sont attribué des fonds d'usines, de métiers, de terre, des capitaux de toute espèce, en prenant pour prétexte cette raison que le travail les avait appropriés. Mais qu'y a-t-il de vrai en cela, comme justification du titre? Il y a cela de vrai que le travail de l'ouvrier, tant qu'il dure, produit son effet, et maintient la propriété de l'instrument; mais aussitôt que ce travail cesse, son effet cesse, et l'instrument abandonné devient commun.

Donc pour que l'instrument de travail continue d'être la propriété du capitaliste, il faut
qu'il continue d'être exploité ; du moment où
l'exploitation cesse, la propriété cesse, et la
communauté rentre dans ses droits.

Je passe à l'*alternisme*, c'est, ici, la question des
fruits.

J'entends par *alternisme*, l'égal-échange de
tous les services, la gratuité de tout crédit,
qui n'admet comme prix de tout ce qui est fait
pour le prochain, que la disposition à rendre le
même service à l'occasion, et s'il s'agit d'un
bien appréciable, la valeur de ce bien évalué
d'après la loi de l'égalité la plus rigoureuse.

Je me sers du mot alternisme afin d'embrasser
plus que le mutuellisme proudhonien, dans l'ordre économique tel que je l'ai exposé dans mes
volumes sur la *justice dans l'usage de la propriété*.
J'embrasse assurément ce mutuellisme de la justice dans l'acception de ce mot, mais en lui faisant signifier, par surcroît, l'empressement cha-
ritable à échanger avec les frères tous les services.
Le citoyen, en vertu de ce dogme social, ne se
contentera pas de prêter sans intérêt, il prêtera,
comme l'a dit Jésus, toutes les fois qu'il sera en
son pouvoir de prêter. Non seulement il prêtera
sans exiger rien en retour de son prêt, mais

encore il prêtera à quiconque lui demandera à
emprunter, et il n'aura pas la crainte de perdre
ce qui est à lui, par suite de la morale de
fraternité qui aura gain de cause dans les relations sociales. Il faudra du temps, sans doute,
pour le triomphe de cette morale, et cette morale
n'envahira pas la société humaine, sous l'influence
de l'athéisme ; elle ne l'envahira, comptez là-dessus, que sous l'influence du panthéisme que je
prêche. Mais ce théisme rationnel a reçu du principe panthéistique qui remplit l'univers le dernier
mot d'ordre ; c'est lui qui aura raison, et ce sera
grâce à lui que se réalisera mon alternisme.

Quand donc brillera le soleil, sous lequel tous
suivront les inspirations de l'amour fraternel?
Il faut que ce soleil brille à la fin. L'homme n'est
intelligence et amour que pour en arriver-là.

Pouvez-vous croire sérieusement, vous avec
qui je raisonne, que la société humaine doive
toujours rester composée d'individus ennemis
les uns des autres n'ayant en vue que de se voler
réciproquement? Pouvez-vous même croire qu'il
doive rester toujours dans son sein assez de mé-
chants pour y mettre le trouble et le désordre?
N'est-il pas à croire, au contraire, que cette société se civilisera, s'adoucira, se fera bonne, ne
cherchera plus, enfin, que le bien de tous, et que

l'égoïsme, le sombre égoïsme, qui ne vise qu'à son propre bien par tous les moyens possibles, puisse être attaché à la destinée de l'humanité? Vous ne pouvez pas le croire. Plus les temps vont, plus les voleurs et les assassins sont rares. La mode s'en passera; et il viendra, ce temps désiré, où tous seront bons, naïfs et ne croiront plus qu'à la bonté et à la sincérité chez les autres.

Ce sont là, au moins, nos vœux à nous, démocrates. Nous ne pouvons pas concevoir la société humaine autrement, nous ne pouvons imaginer, pour cette société, d'autre destinée finale, puisque nous la concevons comme un produit direct des lois de justice qui régissent l'univers. Telle est nécessairement la déduction absolue de mon panthéisme, qui ne voit en Dieu que les lois de justice universelles, qui gouvernent le monde.

Est-ce qu'il n'est pas éternellement vrai que le tout est plus grand que sa partie, que la ligne droite est le plus court chemin d'un point à un autre, que le centre est également distant de tous les points de la circonférence, et le reste. Voilà les lois de justice absolue qui gouvernent le monde, voilà Dieu. Ne faudra-t-il pas que ces lois triomphent aussi bien dans l'ordre politique et écono-

mique que dans tous les ordres? Ne faudra-t-il
pas que ces lois de justice soient enfin appliquées
à toute société?

Vous aviez autrefois, ô société humaine, des
palais qui n'étaient comme je vous le disais quelques pages plus haut, après le grand républicain
l'abbé Grégoire, que des repaires à tyrans. Vous
les détruisez peu à peu, et vous avez raison, jusqu'à ce qu'il n'en reste plus pierre sur pierre. Mais
n'en sera-t-il pas de même de vos anciennes lois et
coutumes? Ce sont là vos antiques palais, qu'il
faut détruire comme ceux de pierre et de mar-
bre, comme vos bastilles. Pensez-y bien. Il se
passera longtemps avant que vous ayez fait votre table rase de toutes les injustices. Mais ce
temps arrivera, et avec lui se lèvera l'aurore
des biens, l'âge d'or que nos légendes antiques
mettaient dans le passé, et que Saint-Simon,
mettait, avec tant de justesse, dans l'avenir.

Démolissez, démolissez, ô peuples, vos palais
des rois, brûlez, incendiez toutes ces merveilles
de votre passé hideux. Mais démolissez aussi
vos anciennes lois qui sont toutes entachées
d'injustice, sont toutes des chaînes autrement
gênantes pour les intelligences que ces bastilles.
C'est en les détruisant, que vous vous affranchi-
rez de vos véritables chaînes. Vous ne ferez l'air

libre autour de vos poumons qu'on le purifiant de toute cette vermine.

Et alors régnera peut-être enfin la fraternité, l'alternisme véritable entre les frères de la même famille.

Tant qu'on entretiendra la race des assassins et des voleurs, par la culture de la peine de mort et des peines sans réhabilitation comme le bagne et les galères perpétuelles, cette race continuera de se perpétuer et aussi longtemps qu'il y aura des rejetons de cette race dans la société humaine, il nous faudra, à nous hommes d'espérance, renoncer à voir s'épandre notre idéal de fraternité et de justice. Il faut en prendre notre parti, nous attendrons jusque-là l'âge d'or de la société humaine qui renferme, pourtant, dans ses arcanes la page future de notre panthéisme.

Notre seul espoir est dans la durée indéfinie du temps, qui amènera cet épanouissement.

Mais quoi qu'il en soit du laps nécessaire à l'exécution, j'ai exposé naïvement toute ma dogmatique communiste, dans l'ordre social ; c'est la justice et la fraternité ; dans ces deux mots sont compris tous les détails que ma théorie suppose.

Il me faudra donc, pour établir mon jugement sur les communismes du passé dont je vais faire

un précis rapide et qui ne seront, je le dis à l'a-
vance, qu'un assemblage confus d'idées incom-
plètes et désordonnées, comparer ces théories,
dont quelques-unes ont reçu des essais désespé-
rants d'application, avec mes deux dogmatiques
déjà posées en principe, ma dogmatique théologale, et ma dogmatique sociale, ma dogmatique théologale panthéistique et ma dogmatique
sociale de fraternité, que j'ai résumée dans le
mot alternisme, appliqué aux fruits et à leurs
échanges. Je l'ai suffisamment fait comprendre,
ce me semble, dans les phrases que je viens de
jeter sans ordre.

Il est encore une dogmatique, c'est la dogmatique individuelle, ou la morale de la conscience de l'individu. Celle-là, je la résume,
dans un mot commun, et mal interprété jusqu'à
présent. C'est le mot *probabilisme*. Oui, la morale individuelle de mes républicains futurs,
doit être *probabiliste*. C'est ce qui me reste à
étudier et à démontrer dans le chapitre suivant.

CHAPITRE DIXIÈME.

QUELLES SERONT LES CONDITIONS TERTIAIRES DE MON
COMMUNISME, EN D'AUTRES TERMES, QUELLE SERA
SA DOGMATIQUE INDIVIDUELLE, EXPRIMANT AVEC
JUSTESSE, LES DROITS DE LA CONSCIENCE DE CHA-
CUN. — PROBABILISME.

Je m'explique clairement dès le début.

On doit entendre par *probabilisme*, la seule
morale générale qui puisse être soutenue devant
le bon sens, sur le droit de la conscience vis-à-
vis d'elle-même.

Ce mot n'est pas nouveau ; il a été vulgarisé
par les jésuites, et par leurs ennemis, par les Es-
cobar et par les Pascal.

Bien que je sois aussi ennemi que possible
de l'esprit clérical et jésuitique en général, ainsi
que le prouve avec tant d'éclat mon passé ; bien
que je déteste cet esprit, qui est celui de l'autoritarisme, qui réduit l'homme à la nullité de ca-
davre, *perinde ac cadaver*, bien quoj'y retrouve,

dans la conduite sociale de ceux qu'on appelle
jésuites et qui le sont plus ou moins parfaitement, certains procédés que je ne déteste pas
moins, par exemple, celui de la restriction mentale, et de la fraude avec la conscience, quoique,
en définitive et somme toute, le jésuitisme avec
le cléricalisme soit resté la grande redoute du
vieux monarchisme, et que je fasse des vœux
pour son abolition complète dans la patrie, je
soutiendrai cependant le système de morale
connu sous le nom de *probabilisme*, comme four-
nissant la seule règle de morale libérale, qui
puisse établir fixement les véritables droits de la
conscience dans l'individu, par conséquent, la
seule morale républicaine de la liberté. C'est ce
que je vais démontrer avec assez de développement, en ce lieu même.

Pour être vraiment républicain et vraiment libéral, il faut d'abord laisser à la conscience individuelle autant de droits qu'elle en tient de la
raison et de la nature, dans l'appréciation de ce
qui est ou n'est pas devoir pour elle.

Si, comme le faisaient les gallicans jadis et
plus encore les jansénistes, on impose à la conscience l'obligation de suivre toujours, dans ses
déterminations, ce qu'on appelle le parti le plus
sûr, c'est-à-dire celui avec lequel on sera le mieux

en sûreté de conscience devant la loi positive ou
la loi naturelle, on induira l'individu moral dans
un réseau très étroit, on ne lui laissera aucune
latitude, on pourra l'accabler d'obligations et de
préceptes qui n'auront rien de certain, qui souvent n'auront d'appui que la superstition, et qui
seront seulement plus sûres comme résultat con-
scientiel, par la raison seule que de les suivre
n'exposera à aucune violation. On pourra même,
en serrant de plus en plus le nœud, aller jusqu'à
réduire la conscience à l'immobilité absolue du
fanatisme, au *perinde ac cadaver*, qui ne voit
plus, autour de lui, que des abîmes dans lesquels
il va se précipiter, s'il fait un pas. L'affreux état
de conscience du scrupuleux est au delà de la
porte de cette morale qui exige que l'on obéisse
toujours au parti le plus sûr. Est-ce là la liberté?
N'est-ce pas l'esclavage et l'asservissement de la
conscience? Celle-ci sera, dès lors, réduite à ne
plus rien faire par elle-même, à l'inaction que lui
prêchera toujours cette morale rigide ; loin d'être
libre, elle sera enfermée dans une prison, où la
liberté n'aura plus d'accès.

Telle serait la conséquence du système de nos
moralistes rigoristes qu'on a appelés les *tutioristes*, parce qu'ils entendaient obliger toute conscience à suivre toujours, parmi les partis qui lui

8

étaient ouverts, le plus sûr, le moins exposant
à se tromper pour la conscience, le moins sujet
à une violation.

Je raisonne de même à l'égard de ceux qu'on
a appelés les *probabilioristes*, c'est-à-dire de ceux
qui exigent que la conscience se conforme toujours au parti le plus probable. Il suffit, disaient
ces moralistes, qu'un précepte soit plus probable que son contraire, devant la conscience de
l'individu, pour que cette conscience soit obligée de le suivre et fasse un péché en ne le suivant pas.

Combien de lois sont nées de ce système de
morale, desquelles, sans ce système, il n'aurait
jamais été question. Il est peu de problèmes pratiques, en effet, où un parti ne soit plus probable
que le parti contraire; où le oui ou le non n'ait
plus de probabilité que le non ou le oui opposés;
et si l'on prétend qu'il y aura toujours criminalité pour la conscience à ne pas suivre le parti
le plus probable; et obligation, par là-même, à ne
point suivre celui qui l'est le moins, à tout instant, la règle de conscience du probabiliorisme,
lui tracera la route à suivre et le forcera d'agir
ou de ne pas agir. Que deviendra, dès lors, sa
liberté, son droit individuel? A tout moment, des
obligations vont surgir de ce système, qui est gal-

lican et janséniste, et nulle latitude ne restera à la liberté de la personne.

Les probabilistes, au contraire, n'étant ni tutioristes, ni probabilioristes, laisseront à la conscience la liberté de se déterminer pour le parti qu'elle préférera, soit pour un motif, soit pour un autre, aussitôt qu'il n'y aura pas certitude, ou obligation certaine de prendre tel ou tel parti, telle ou telle solution.

La probabilité, disent ces casuistes, pour la plupart jésuites ou ultramontains, n'est point une certitude; ce n'est encore qu'un doute, doute moins grand, il est vrai, mais toujours doute, et par conséquent, ce n'est pas une certitude. Il serait possible au fond, en rigueur, quoique non probable, que la loi se prononçât, si elle était mieux connue, dans le sens opposé. Cette loi est donc, à la rigueur et en soi, une loi inconnue. Ce n'est pas, au moins, une loi certaine ; donc elle ne peut obliger la conscience, et la conscience a le droit de lui résister en vertu même de sa liberté intérieure, qui est le premier occupant. C'est à elle, en ce cas, de se déterminer librement ; et en se déterminant soit pour un parti, soit pour l'autre, quoique moins probable et moins sûr, elle ne péchera point.

Ces sortes de moralistes, plus larges que les

autres, ajoutent ceci : Les motifs qui rendront
le parti en question plus ou moins probable, et
qui feront qu'il restera dans l'incertitude et dans
un douteux plus ou moins grand, pourront être
tirés ou de la chose en soi, de sa rationabilité, de
sa nature enfin, ou être tirés des autorités plus
ou moins imposantes, qui se prononceront en
sa faveur. L'un et l'autre étant compensés et
pesés, si la conscience juge qu'il ne ressort de
l'ensemble que de la probabilité et par conséquent du doute, elle fera ce qu'elle voudra.
Telle est sa liberté, sans quoi elle n'aurait aucun
droit.

Pour moi, j'ajoute que les motifs intrinsèques
sont toujours les plus forts; c'est la raison qui
le juge. Devant eux s'évanouissent ceux d'autorité, en général, quelque imposants qu'ils soient,
attendu qu'il n'y a pas de bizarreries dont l'autorité ne soit capable, tandis que la raison de
l'homme, à son état normal, juge toujours mieux.
Je considérerai donc, en ce qui me concerne,
bien plutôt les motifs intrinsèques et de raison;
je tiendrai même ordinairement les autorités
comme signifiant peu de chose, et n'ayant pas
grand poids; mais enfin chacun a sa conscience
et chacun doit la suivre : si, tout posé par l'individu, le parti à prendre est simplement pro-

bable, c'est à la conscience elle-même d'user de son droit de premier maître de la place et d'agir à sa fantaisie; elle est, en effet, le premier occupant, puisqu'elle jouit par nature de son droit de détermination et de choix, toutes les fois que la certitude d'une loi obligatoire ne se pose pas devant elle. Il y a doute, dans le cas supposé, puisqu'il n'y a que de la probabilité, donc c'est à la conscience à user de son droit.

Les probabilistes, les jésuites surtout, mettent pourtant une exception à ce droit de la conscience de prendre le parti qui lui plaira le mieux, lorsqu'il ne s'agit que d'opinions plus ou moins probables; cette exception consiste à limiter ce droit lorsqu'il s'agit des intérêts d'un tiers, ou d'une conséquence odieuse, par exemple d'une condamnation par le juge. Bien que, dans ce cas, la loi fut supposée incertaine, quoique plus ou moins probable, comme il s'agit, d'autre part, d'un intérêt du prochain, qui peut être grave, la conscience est obligée, par le devoir de charité, de prendre le parti, non pas qu'elle pourrait prendre, en vertu de son droit, devant la considération de probabilité, mais le parti le plus avantageux au prochain qui est en cause. La loi de la charité, dans ce cas, l'emporte sur tout et suffit pour motiver la nécessité de con-

science d'un acquittement. C'est en vertu de cette
règle que l'on répète partout dans le monde, en
parlant du devoir d'un juré : Il vaut mieux
s'exposer à acquitter un coupable qu'à condamner un innocent.

Voilà ce qu'on a nommé le probabilisme et
ce que notre grand pamphlétaire janséniste
Pascal, réussit, à force d'esprit, à dépopulariser
par ses *Provinciales*, en appuyant avec adresse
sur certains abus qu'on en pouvait faire. Mais
le génie du pamphlet ne pouvait rien, en définitive, contre le génie de la liberté de la conscience, et de son droit, et Pascal est resté vaincu
par le bon sens des grands moralistes et de la
postérité sérieuse et sage qui ne se paie pas de
finesses. Il restera avec son esprit, sur ce terrain,
le grand terrassé de l'avenir.

Je n'aime pas les jésuites en robe longue, je
les aime encore moins en robe courte, mais faut-
il pour cela, leur donner tort quand ils ont raison? Non, je ne leur donnerai tort que quand
ils auront tort. En voici un exemple.

Qu'entend le peuple par le mot jésuite? Ce
mot, qui est devenu une injure, rappelle aussitôt la *restriction mentale*, une manière adroite de
se tirer d'affaire, dans les cas embarrassants, pour
ne pas mentir tout simplement et sans droit.

Eh bien, sur ce point, je pense autrement que sur le probabilisme. Je n'admets point ces supercheries de paroles. Je préfère que l'on fasse carrément le mensonge quand on ne peut pas l'éviter. Rappelez-vous le charmant épisode de la sœur Simplice et de Javert dans *les Misérables* de Victor Hugo. Cette sainte fille, qui n'avait jamais menti, mentit deux fois pour sauver le père Madeleine (Jean Valjean), et son mensonge, dit l'auteur, lui sera compté dans le paradis. Mais la règle générale doit être celle de Jésus : « Oui, oui, non, non. »

Cependant il est certains cas où une sorte de restriction mentale devient simplement une manière polie de répondre : par exemple, quand un domestique répond à celui qui frappe à la porte : « Mon maître n'y est pas, » quoiqu'il soit présent, il fait une restriction mentale ; il entend dire au visiteur : « Il n'y est pas pour vous. » Cela est plus poli que de dire brutalement la vérité complète : « Il y est, mais ne veut pas vous recevoir. » Si l'on proscrivait ces manières de parler des usages du monde, on rendrait la pratique de la vie et de la langue impossible. Ce sont encore là des manières de faire un jésuitisme, dont tout le monde fait usage sans aucun scrupule.

C'est au reste à peu près là les seuls cas où

la restriction mentale me semble permise. Dans
tous les autres, il vaut mieux mentir tout droit
comme la sœur Simplice, quand il s'agit de faire
ce qu'on appelle un mensonge officieux nécessaire. Il peut arriver qu'un tel mensonge soit
non seulement permis, mais un devoir.

Je voudrais expliquer ma pensée sur le probabilisme par des exemples de cas de conscience,
comme le font les casuistes. Je m'en tiendrai,
pour ainsi dire, à un seul dans lequel je montrerai l'importance du probabilisme.

Je suppose un juge qui a une sentence à
rendre contre un individu qui est accusé d'avoir,
sous un gouvernement monarchique, crié : *Vive
la République!* Ce cri est un cri factieux qui,
d'après la doctrine de celui qui règne, mérite
une forte peine, soit prison, soit amende ; la doctrine régnante étant celle du droit divin, et la doctrine de celui qui a crié : *Vive la République!*
étant, au contraire, celle de la souveraineté du
peuple, pour l'accusé, c'était proclamer le triomphe de l'ordre et du droit que de crier : *Vive la
République!* pour le gouvernement régnant,
c'était demander la perturbation sociale.

L'avocat de l'accusé a fait valoir, pour son
client, la théorie républicaine du suffrage universel ; il a appelé à son secours tous les motifs qui

militent en faveur de la République, du gouvernement de tous par tous; et il a invoqué les autorités qui l'appuient, il a cité les Bellarmin, les Suarez, les Melchior Cano, les Fénelon, en disant que son client pouvait avoir été dans la bonne foi.

L'avocat du gouvernement a invoqué la théorie contraire, la théorie du *droit divin*; il a cité, comme autorités, les Pascal, les Bossuet et tous les grands gallicans de nos derniers siècles. Quelle masse énorme de grands hommes n'avait-il pas contre lui, ce grand coupable, quels raisonnements tirés de la raison même? Ne mérite-t-il pas la plus grosse peine?

Le juge doit prononcer sa sentence. C'est le cas même posé par Grégoire de Valence, qui a été cité dans nos assemblées.

Que fera-t-il?

S'il n'est pas probabiliste, et qu'il soit probabilioriste, ou tutioriste, il n'acquittera pas l'accusé. A titre de probabilioriste, il trouvera, dans l'atmosphère de droit divin où il respire, que tout milite contre lui, et, à titre de tutioriste, qu'il n'y a aucun danger à priver la société d'un de ses membres pour le salut de cette société même qui est le *suprema lex*. Il est bon, en tout cas, dira-t-il, après le grand-prêtre dans le jugement de Jésus, qu'un seul homme périsse pour le salut du peuple.

Mais, s'il est probabiliste, il acquittera l'accusé, car il dira : les deux théories sont appuyées sur des raisons très fortes, à peu près également fortes, et l'une et l'autre a pour elle des autorités qui se valent pour le moins ; qui luttera d'importance avec un Pascal, avec un Bossuet et avec toute l'armée des théologiens gallicans ? Mais qui luttera aussi avec un Bellarmin, avec un Suarez, avec un Melchior Cano, avec un Fénelon ? La théorie du *droit divin* est assurément respectable et très digne d'être soutenue, mais celle du suffrage universel ne l'est pas moins. L'accusé a pu être dans la bonne foi, selon cette théorie, et, dans ce cas, ce serait, pour un juge, condamner un innocent, ce serait faire un martyr. Je ne dois, comme juge, obéir qu'à la certitude. Une loi naturelle incertaine et douteuse ne me suffit pas pour motiver une sentence aussi grave. Dans une pareille incertitude, j'acquitte.

L'accusé est acquitté pour avoir crié : *Vive la République!* voilà l'effet du probabilisme, dont Grégoire de Valence disait qu'en pareil cas le juge pouvait, selon sa manière de raisonner, rendre la sentence dans le sens favorable à l'accusé aussi bien que dans l'autre sens, auquel se

rattache pourtant tout l'ordre du gouvernement
régnant. Tout juge gallican, en face d'un pareil
accusé, qui s'est insurgé, de la sorte, contre le
droit divin, le condamnera sans aucun scrupule à
la peine la plus sévère, à moins qu'il ne soit probabiliste. Le probabilisme seul pourra sauver
le prétendu coupable. Et combien, en pareil cas,
n'ont pas été sauvés, s'il y a eu parmi les juges
des probabilistes !

Il en sera de même du juge probabiliste qui
rendra sa sentence contre celui qui, sous une
république aura crié : Vive le roi ! Son probabilisme pourra faire acquitter l'accusé par la raison contraire, d'autant plus que la raison de
l'indulgence milite encore ici pour l'acquittement. C'est d'abord la réponse à laquelle le
probabilisme du juge le porte, attendu que pour
condamner il faudrait qu'il y eût certitude, tandis que pour acquitter il suffit qu'il n'y ait pas
certitude, bien qu'il y ait probabilité contre
l'accusé.

N'est-ce pas là le raisonnement que doit tenir
tout juré qui acquitte dans les cas douteux ? et
ce raisonnement qui lui fait dire : S'il est coupable, j'aurai acquitté un coupable, voilà tout,
cela vaut mieux que de condamner un innocent,
n'est-ce pas un raisonnement de probabiliste?

et tout juré, en pareil cas, ne doit-il pas l'être ?

Pourquoi parlerais-je de ces ruses de langage, de ces jeux de mots, tels que *Gallus* signifiant en latin : Un Français et un coq, que l'on pourra prendre dans un sens ou dans l'autre selon le besoin. Ce sont là des puérilités dont ne s'occupent jamais les gens sages.

Que celui qui hérite d'une grande fortune par suite du meurtre d'un riche, fût-il son père, ressente, en même temps, de la douleur et de la joie, de la douleur du meurtre, et de la joie de l'héritage, n'est-ce pas naturel, et qui l'en blâmera ? Que l'on complique le cas par des subtilités, cela est permis à l'esprit : la morale sera toujours la même.

Qu'un homme dans la nécessité extrême puisse prendre sur le prochain sans lui demander permission, pour satisfaire son besoin, tous les moralistes le disent. Que l'on puisse faire de même pour ses frères lorsqu'ils sont dans la même nécessité; qui osera dire non ? Cependant il peut suivre d'un tel principe toute une révolution sociale. Eh bien ! répond le jésuite Busenbaüm, qu'importe ? la chose est permise, on peut la faire, ce n'est pas la considération des conséquences qui doit vous arrêter; eh, dites-moi donc, légistes, ce que vous avez à répondre à Busenbaüm : lui et les autres, je le sais, ont été poussés par la logique à de grandes hardiesses et ces hardiesses sont précisément des hardiesses socialistes. Qu'importe, s'ils n'ont été que logiques, et si leur probabilisme a souvent fait d'eux de grands socialistes, ou de grands communistes?

Ce que je puis dire, c'est que le probabilisme est d'un très grand secours à l'égard de certaines hardiesses doctrinales; surtout en socialisme, et en matière d'insurrection contre la tyrannie. N'est-ce pas un probabiliste qui a prétendu légitimer le tyrannicide? J'ose avouer que je le dis à sa gloire.

Mais qu'importent toutes les joutes de l'esprit, où l'on se perd dans les hypothèses, et où le prix est donné au plus subtil. Ne nous suffit-il pas de savoir que le bon sens, la bonne foi, la droiture de l'âme seront toujours avec Jésus lorsqu'il disait à tous : Votre discours sera oui, oui; non, non? Ce qui est de plus vient du mauvais.

CHAPITRE ONZIÈME.

DU COMMUNISME DANS LA PRODUCTION, DANS LA CONSOMMATION ET DANS L'ÉCHANGE.

Il n'existe, ce me semble, que trois objets sur lesquels puisse s'exercer le communisme : ce sont la production, l'échange ou la circulation, et la consommation.

Avant de traiter du communisme dans la production et du communisme dans la consommation, au point de vue où je suis forcé de me placer à présent, je dois éliminer d'abord le terrain de la circulation et de l'échange.

Il est contradictoire, en effet, de poser la question de communisme dans l'échange. Si vous supposez l'échange, vous supposez la propriété soit individuelle, soit associationniste, comme serait celle d'une commune, c'est-à-dire la propriété des personnes individuelles ou la propriété des personnes morales, des groupes.

Il est impossible d'échanger quelque chose sans que ce quelque chose appartienne à celui qui le livre et n'appartienne point à celui qui le reçoit. Quand vous échangez, vous échangez ce qui est vôtre contre ce qui est mien ou nôtre ; et vous observez nécessairement, si vous êtes juste, la loi d'égalité qui est la seule loi essentielle à l'échange.

C'est ce qu'ont fait observer tous les grands hommes de tous les temps, de toute théologie et de toute morale.

Si la propriété est commune entre les parties, on n'échange pas, on n'a pas lieu d'échanger, et il n'y a pas lieu, non plus, d'estimer, de pondérer les valeurs entre elles. Ce principe est si clair en théorie et l'application en est si nécessaire en pratique qu'il ne viendra jamais à l'esprit d'échanger ses biens contre ceux des autres, si tous les biens sont communs. On n'échange pas ce qu'on a contre ce qu'on a ; on échange toujours ce qu'on n'a pas, et dont on a besoin, afin de se le procurer, au moyen de ce qu'on a de trop et de ce dont on peut se passer.

Donc si vous supposez une société véritablement établie sur le pied d'une communauté absolue, il ne se fera plus d'échanges dans cette société, et, par suite, plus de circulation. La communauté possédera toujours tout pour l'usage de tous, et la vie économique sociale aura, d'un seul coup, disparu avec le besoin des échanges.

Une société dans de telles conditions est-elle possible ? Il me semble clair qu'il faut répondre non. Une société dans laquelle il ne se ferait aucun échange entre ses membres, soit en estimant les prix des choses en monnaie, soit, au moins, en prenant les choses en nature, serait une société morte ou près de mourir.

Il faut donc nous bien garder de ces deux suppositions : Que le communisme puisse porter sur le terrain des échanges, et que la société puisse se passer d'échanges.

La société a besoin d'échanges, c'est une condition de vie pour elle, et le besoin d'échanger les biens, entre ses membres, suppose que le communisme ne peut pas prétendre s'établir chez elle, au point de la priver de ce besoin qui est aussi nécessaire à sa nutrition que le sont à la vie de nos corps la circulation perpétuelle de nos aliments, et l'activité de notre liquide nourricier.

On peut concevoir un couvent, comme ceux du christianisme ou ceux du bouddhisme, dans lequel des administrateurs souverains distribueraient entre tous les membres les produits des membres de la communauté, et dans lequel ces produits seraient engendrés par un travail régulièrement ordonné par des chefs; mais est-ce là une société d'êtres humains? Vous n'y avez plus la vie, dont la liberté de mouvement pour chaque membre est la plus importante condition. Pour éviter les dangers de la misère, vous vous jetez dans les horreurs de la tyrannie et de l'esclavage.

N'oublions pas que je tiens plus encore à la liberté qu'à toutes les autres conditions. Sans la liberté que procure ce que j'ai entendu par l'individualisme, point de vitalité, point de joie du corps ni de l'âme. Autant vaut la tombe.

Puis s'il est interdit, s'il est même contradictoire en soi, d'imaginer le communisme dans l'échange et la circulation, il n'en est pas de même de la production et de la consommation.

Ici le communisme redevient d'abord nécessaire pour s'affranchir des obstacles à la liberté, condition première du travail producteur; ces obstacles consistent toujours dans la tyrannie, dans le règne d'un maître qui s'y est pris de manière à se faire assez d'amis pour enchaîner la masse sociale, tout le monde ; et ces obstacles sont de très lourds fardeaux qu'on n'est pas, en général, assez fort à soi seul, pour lever ;

or n'est-il pas naturel qu'on s'unisse et qu'on mette en commun ses efforts pour faire, à plusieurs, ce qu'on n'aurait pu faire tout seul? Il faut l'association et par conséquent la mise en commun des forces sociales, ou le communisme, pour s'affranchir d'une pesante tyrannie qui vous écrase et qui vous paralyse dans vos travaux du corps, de l'intelligence et du cœur. C'est alors la révolution qui devient nécessaire, la révolution violente par les armes, s'il n'y a pas moyen de faire autrement, et la révolution ne se fait pas avec un soldat; elle ne se fait qu'avec beaucoup de soldats; ce qui revient à dire par une communauté d'efforts, et par conséquent par le communisme. Tout revient toujours à ce cas extrême; la masse est trop lourde à soulever pour un seul; unissons-nous, ayons recours aux coups d'épaules de nos frères, mettons nos forces en commun, et nous réussirons peut-être.

Écoutez Lamennais; celui-là, mes amis, était un grand socialiste, mais il avait soin de ne prendre du communisme que ce qui était possible et réalisable, étant conforme à la nature humaine. Lamennais n'était point un spécialiste; or les universalistes seuls conçoivent les grandes pensées vraiment applicables dans la pratique; ils ont la vue juste, par là même qu'ils l'ont grande. Ils sont les seuls philosophes qui ne se trompent pas, parce qu'ils ont les aperçus généraux entre lesquels on ne s'égare point. Où l'on s'égare, c'est dans les fouillis des spécialités et des détails.

Ecoutez donc, ô peuples, ce que vous disait Lamennais, lorsqu'il vous prêchait les communismes de la liberté contre la tyrannie, de la production contre la stérilité, de la consommation contre l'égoïsme.

« Lorsqu'un arbre est seul, il est battu des vents et dépouillé de ses feuilles ; et ses branches, au lieu de s'élever, s'abaissent comme si elles cherchaient la terre.

» Lorsqu'une plante est seule, ne trouvant point d'abri contre l'ardeur du soleil, elle languit et se dessèche, et meurt.

» Lorsque l'homme est seul, le vent de la puissance le couche vers la terre, et l'ardeur de la convoitise des grands de ce monde absorbe la sève qui le nourrit.

» Ne soyez point comme la plante et l'arbre qui sont seuls ; mais unissez-vous les uns aux autres ; et appuyez-vous, et abritez-vous mutuellement.

» Tandis que vous serez désunis et que chacun ne pensera qu'à soi, vous n'avez rien à espérer que souffrance et malheur, et oppression.

» Qu'y a-t-il de plus faible que le passereau et de plus désarmé que l'hirondelle? Cependant quand paraît l'oiseau de proie, les hirondelles et les passereaux parviennent à le chasser, en se rassemblant autour de lui et le poursuivant tous ensemble.

» Prenez exemple sur le passereau et sur l'hirondelle...

» Celui qui se sépare de ses frères, la crainte le suit quand il marche, s'assoit près de lui quand il repose et ne le quitte pas même durant son sommeil.

» Donc si l'on vous demande : Combien êtes-vous? Répondez : nous sommes un, car nos frères, c'est nous, et nous, c'est nos frères.

» Dieu n'a fait ni petits, ni grands, ni maîtres, ni esclaves, ni rois, ni sujets; il a fait tous les hommes égaux.

» Mais entre les hommes, quelques-uns ont plus de force ou de corps ou d'esprit, ou de volonté, et ce sont ceux-là qui cherchent à s'assujettir les autres, lorsque l'orgueil ou la convoitise étouffe en eux l'amour de leurs frères.

» Et Dieu savait qu'il en serait ainsi, et c'est pourquoi il a commandé aux hommes de s'aimer, afin qu'ils fussent unis, et que les faibles

9.

ne tombassent point sous l'oppression des forts.

» Car celui qui est plus fort qu'un seul sera moins fort que deux, et celui qui est plus fort que deux sera moins fort que quatre; et ainsi les faibles ne craindront rien, lorsque, s'aidant les uns les autres, ils seront unis véritablement.

» Un homme voyageait dans la montagne, et il arriva en un lieu où un gros rocher ayant roulé sur le chemin le remplissait tout entier; et hors du chemin il n'y avait point d'autre issue, ni à gauche, ni à droite.

» Or cet homme, voyant qu'il ne pouvait continuer son voyage à cause du rocher, essaya de le mouvoir pour se faire un passage, et il se fatigua beaucoup à ce travail, et tous ses efforts furent vains.

» Ce que voyant, il s'assit plein de tristesse et dit : Que sera-ce de moi lorsque la nuit viendra et me surprendra dans cette solitude, sans nourriture, sans abri, sans aucune défense, à l'heure où les bêtes féroces sortent pour chercher leur proie?

» Et comme il était absorbé dans cette pensée, un autre voyageur survint, et celui-ci ayant fait ce qu'avait fait le premier et s'étant trouvé aussi impuissant à remuer le rocher, s'assit en silence et baissa la tête.

» Et après celui-ci, il en vint plusieurs autres, et chacun ne put mouvoir le rocher, et leur crainte à tous était grande.

» Enfin l'un d'eux dit aux autres : Mes frères, prions notre père qui est dans les cieux; peut-être qu'il aura pitié de nous dans cette détresse.

» Et cette parole fut écoutée, et ils prièrent, de cœur, le père qui est dans les cieux.

» Et quand ils eurent prié, celui qui avait dit : Prions, dit encore : Mes frères, ce qu'aucun de nous n'a pu faire seul, qui sait si nous ne le ferons pas tous ensemble ? et ils se levèrent, et tous ensemble ils poussèrent le rocher, et le rocher céda, et ils poursuivirent leur route en paix.

» Le voyageur, c'est l'homme ; le voyage, c'est la vie ; le rocher, ce sont les misères qu'il rencontre à chaque pas sur sa route.

» Aucun homme ne saurait rouler seul ce rocher ; mais Dieu en a mesuré le poids, de manière qu'il n'arrête jamais ceux qui voyagent ensemble. » (*Paroles d'un croyant*, VII.)

« Au printemps, lorsque tout se ranime, il sort de l'herbe un bruit qui s'élève comme un long murmure.

» Ce bruit, formé de tant de bruits qu'on ne les pourrait compter, est la voix d'un nombre innombrable de petites créatures imperceptibles.

» Seule aucune d'elles ne serait entendue ; toutes ensemble elles se font entendre.

» Vous êtes aussi cachés sous l'herbe ; pourquoi n'en sort-il aucune voix ?

» Quand on veut passer une rivière rapide, on se forme en une longue file sur deux rangs, et rapprochés de la sorte, ceux qui n'auraient pu, isolés des autres, résister à la force des eaux, la surmontent sans peine.

» Faites ainsi, et vous romprez le cours de l'iniquité qui vous emporte lorsque vous êtes seuls et vous jette brisés sur la rive. » (*Ibid.* XII.)

« Les oiseaux du ciel et les insectes mêmes s'assemblent pour faire en commun ce qu'aucun d'eux ne pourrait faire seul. » (*Ibid.* XX.)

Ecoutez encore l'homme d'amour, vous invitant au communisme de consommation.

« L'amour repose au fond des âmes pures comme une goutte de rosée dans le calice d'une fleur.

» Oh ! si vous saviez ce que c'est qu'aimer !

» Vous dites que vous aimez, et beaucoup de vos frères manquent de pain pour soutenir leur vie, de vêtements pour couvrir leurs membres nus, d'un toit pour s'abriter, d'une poignée de paille pour dormir dessus, tandis que vous avez toutes choses en abondance.

» Vous dites que vous aimez, et il y a, en grand nombre, des malades qui languissent, privés de secours, sur leur pauvre couche, des malheureux qui pleurent sans que personne pleure avec eux, des petits enfants qui s'en vont, tout transis de froid et de porte en porte demander aux riches une miette de leur table et qui ne l'obtiennent pas.

» Vous dites que vous aimez vos frères : Eh ! que feriez-vous donc si vous les haïssiez ?

» Et moi je vous dis : Quiconque, le pouvant, ne soulage pas son frère qui souffre, est l'ennemi de son frère ; et quiconque, le pouvant, ne nourrit pas son frère qui a faim, est un meurtrier. » (*Ibid.* xv.)

Je suis interdit par de tels accents ! Quelle logique, et quelle éloquence valent la logique et l'éloquence du cœur ? . . . .

. . . .

Mais si, me reposant, et raisonnant à froid, je me demande : N'y aurait-il pas un autre communisme relatif à la production, lequel serait obligatoire, par cela même qu'il sortirait de la nature des biens possédés, des objets mêmes de toute propriété, soit individuelle, soit collectiviste!

Et je réponds : Oui, ce communisme existe, et il est de droit universel.

N'ai-je pas toujours distingué, dans mes discussions sur l'individualisme, les produits du travail et le fonds qui a servi d'instrument radical à ces produits? La propriété, ai-je dit, est ce qui est rendu propriété par le travail; or qui donc est rendu propriété par le travail? Est-ce le fonds lui-même, ou bien est-ce le fruit?

Il suffit d'un instant de réflexion pour répondre : c'est le fruit, le fruit seul. Ce n'est pas le fonds. Le fonds est à la nature, et à son principe universel, au dieu Panthée; c'est donc à tout être, aux collectivités entières, aux catégories d'êtres, auxquelles ce Dieu principe des choses, le donne et le transmet. Il passe d'individu à individu, de propriétaire à propriétaire, sans cesser d'être un bien commun. Il en est ainsi de la terre et de tout fonds substantiel. Le propriétaire, soit individu, soit collection, dès lors que ce n'est pas la collection totale, n'est propriétaire que des produits obtenus par le travail sur le fonds. Le fonds reste à tous : *Terram dedit filiis hominum.*

Donc les titres de propriété, qui attribuent plus

que les produits du travail à des propriétaires quelconques, sont des titres menteurs qui n'ont point de valeur devant la nature et la raison. Donc il ne doit point en exister de tels dans les législations.

Cette pensée, qui indique un grand communisme, va faire l'objet en partie du chapitre suivant.

CHAPITRE DOUZIÈME.

DU COMMUNISME DANS LA LÉGISLATION. — LE COMMUNISME DU FONDS ET CELUI DES PRODUITS.

Toute loi est un communisme, aussitôt qu'elle est donnée comme obligatoire pour tous les citoyens. Nous sommes donc dans les états sociaux du présent, pleins de communisme, puisque nous sommes pleins de lois. Nous en avons même beaucoup trop, et par suite, nous avons trop de communisme. C'est précisément la multitude de nos lois, qui fait que nous ne sommes pas dans l'état que j'ai qualifié, d'après Proudhon, d'an-archique; et nous aurons beaucoup de peine à arriver à cet état qui sera celui de la liberté dont mon individualisme est et sera toujours la base.

Mais il faudra, malgré tout, que l'on se donne, dans l'avenir, une législation, et partant un communisme sous ce rapport, comme j'ai vu qu'on devra en avoir un de production et de consommation. Il s'agira seulement de pondérer tellement bien ce communisme avec l'individualisme de mon an-archie, qu'il ne présente aux citoyens rien de gênant, et qu'il leur soit très utile. Avec ces deux conditions il sera bien pondéré.

Je dis qu'il faut que mon communisme, sans gêner la liberté, présente de très grandes utilités. Faudra-t-il en effet, composer les nations qui formeront les républiques de l'avenir, de citoyens lâches, paresseux, mous, inactifs, improductifs et le reste? Si j'entendais les composer de pareilles nullités, je serais un bien mauvais instituteur des nations. J'entends, au contraire, qu'il sera fait de ces nations des agglomérations de citoyens actifs, travailleurs, puissants à produire, et, par là même, forts au travail soit des mains, soit de l'esprit, soit du sentiment. C'est avec des citoyens formés à ces vertus que nos républiques de l'avenir seront de grandes républiques, se faisant respecter par leur force productive en tout genre, et devenant, à mesure que les premières parvenues donneront l'exemple aux autres, des États pleins de dignité, se faisant respecter autant qu'ils respecteront les États qui les imiteront. On arrivera, de la sorte, à faire un genre humain digne de lui-même, et méritant de s'appeler la population reine de la création.

Or, ce sera précisément au communisme de la législation que je demanderai de faire cette grande œuvre.

I. Le vice originel est celui de l'oisiveté. En le disant, je ne suis pas nouveau. N'est-ce pas un adage aussi vieux que le monde que *l'oisiveté est la mère de tous les vices!*

Or, comment se fait-il qu'il y ait, dans les codes humains, des lois pénales contre presque tous les crimes et contre les vices qui en sont les générateurs, et qu'il n'y en ait point contre l'oisiveté qui avoue être, par un proverbe, la mère de tous?

Il y a, dans ce problème, quelque chose de mystérieux, et d'à peu près inexplicable. Pourtant, le fait est universel : vous ne trouvez pas un code qui punisse l'oisiveté, chose à tout le moins étrange.

Je ne proposerai pas à mes républiques idéales de l'avenir, d'instituer contre les oisifs, une peine formelle et positive, bien qu'il y eût dans la nature du délit, des raisons en abondance, tant sociales que particulières, qui militeraient pour l'établissement d'une telle peine. Je m'adresserai cependant au communisme, et j'aurai par lui la solution de ce problème.

Je voudrais qu'il fît de tous les citoyens des cités de l'avenir, des travailleurs, et je voudrais, en même temps, qu'il en vînt à bout, sans gêner la liberté de personne, et en respectant toujours l'individualisme.

Or, il existe un moyen, par le communisme, de réaliser cette tâche, et un moyen scientifique.

Etrange idée, allez-vous dire ; voyons le moyen pourtant, avant de le condamner.

C'est la statistique qui est la science que j'invoque, lisez-moi bien.

J.-J. Rousseau avait imaginé, dans son *Emile*, une idée pratique excellente, à laquelle tous les sages ont applaudi et qui, pourtant n'a point été appliquée, sauf par quelques aristocrates : le roi Louis XVI est un de ces aristocrates. Rousseau avait eu l'idée de faire apprendre à tous les citoyens et à toutes les citoyennes, quel que fût leur rang, un métier manuel, utile, qui pût, au besoin, leur servir de ressource pour gagner leur vie. Louis XVI, qui eût été digne d'un meilleur sort, s'il n'avait pas été un aristocrate, et s'il lui eût été donné de comprendre vraiment la démocratie, avait appris, selon cette donnée, le

métier de forgeron et de serrurier ; et il conti-
nuait, dans sa cour, d'exercer ce métier avec
assez d'adresse. Il reste de lui des coffres et des
serrures, qui sont encore des modèles de bonne
exécution.

L'idée était si juste, si utile et si bonne, qu'on
n'y a fait aucune objection sérieuse.

Je commencerais par remettre cette idée en
pied, ce qui signifie pour moi, en honneur, premier point.

Ensuite, j'exigerais par les lois, qu'il fût tenu,
dans toutes les communes de la grande fédération républicaine, une statistique exacte sur laquelle chaque individu fût inscrit, non seulement
comme citoyen ainsi qu'on le fait déjà, mais
comme exerçant soit un métier industriel, soit
un art, soit une science, soit toute autre occupa-
tion. Chacun resterait toujours libre dans son
choix ; mais chacun devrait choisir : de cette
manière la liberté du travail serait respectée,
condition à laquelle je tiendrais avant tout. Mais,
le choix fait, la statistique en serait faite, avec
beaucoup d'autres attributions qui seraient déterminées par les savants statisticiens, et registre
en serait sans cesse tenu par l'administration
des communes. A chaque détermination quinquennale, par exemple, la répartition serait faite

toujours sur le même principe, et chaque liste servirait à démontrer les changements, toujours libres, survenus dans la répartition des métiers, des arts, des professions, etc.

Ce n'est pas tout, il y aurait, dans ces listes, celle des oisifs qui n'auraient aucun métier ni art, et qui se feraient inscrire comme vivant de leur bien, lequel ne serait plus composé, d'après mon système de l'abolition de l'intérêt du capital, que des capitaux économisés. Cette liste serait donc celle des oisifs, et elle serait traitée autrement que les autres : elle serait affichée en public, dans la commune même, et resterait, pendant les années assignées, soit cinq, si la période était quinquennale, exposée à la lecture de tous les citoyens.

Voilà quelle serait la seule peine de l'oisiveté. Vous verriez si, au bout d'un demi-siècle de cette pratique, un changement énorme ne se ferait pas dans les mœurs en faveur du travail et de l'activité du travail, sans pourtant jamais gêner personne dans sa liberté.

C'est ainsi que j'allierais, sur ce terrain, le communisme avec l'individualisme.

Les républicains de l'avenir se composeront, grâce à ce procédé, de grands citoyens, tous travailleurs, soit de l'industrie, soit de la science, soit de la morale et de la religion : et vous verrez, vous tous qui serez témoins de ces grandes choses, le monde se transformer, par enchantement, sous la baguette magique de mes institutions communistes.

II. Le communisme de la législation sera plus radical. N'ai-je pas dit, en établissant mon individualisme, que ce dont le travailleur devient propriétaire, et ce qu'il transmet ensuite, à bon droit, à ses représentants, par donations, ce sont les produits de son travail, par conséquent les fruits de ses exploitations. Il y a bien, dans tous les instruments transmis de la sorte, une part qui est incontestablement appropriée, c'est celle qui se détache et qui est susceptible de circulation. Il y en a aussi une qui ne se détache pas de l'instrument, et qui pourtant est bien l'objet de la propriété, c'est le fonds immobile de l'instrument lui-même. Mais quel est le signe qui est la preuve de la propriété. Ce signe n'est que d'une espèce : c'est la conservation de l'objet par le travail employé à l'exploiter, à le conserver, à prouver, en un mot, qu'il est à soi. Je n'en demanderais pas davantage pour démonstration de la propriété; mais je voudrais, au moins, que ce signe fût exigé pour que la propriété fût établie. Un titre, simple contrat remontant à des temps indéfinis, ne suffirait pas, ne prouverait rien. Si vous ne vous donnez aucune peine pour prouver que vous êtes le propriétaire, vous perdez votre propriété, la propriété n'étant constatée que par les résultats du travail mis dessus.

Donc tout bien fonds qui sera abandonné par son propriétaire, sera confisqué après le temps déterminé par la loi. Les fruits appartiendront à celui qui les aura produits, et à partir de la cessation suffisante de cette production, le fonds rentrera dans la catégorie des biens vacants.

Que fera-t-on de ces biens? Un très petit nombre les abandonneront, sans doute. Cependant comme il faudra travailler soi-même, quelque peu, pour les conserver, il s'en trouvera peut-être qui les abandonneront. On en fera un magasin commun, qui sera, chaque année, distribué aux pauvres de la nation, disposés et bien outillés pour les exploiter.

Je viens d'expliquer comment j'empêcherai dans la terre de ma république l'oisiveté, et comment il ne restera jamais, dans la patrie, de terrains incultes, de maisons vacantes, d'usines sans être exploitées, etc., en un mot, d'instruments de travail qui ne soient employés au travail. Mais il y aura des exceptions à cette règle, par suite de la négligence et de l'oisiveté de

certains propriétaires ; et chaque fois que le cas
se présentera, la loi infligera la confiscation
immédiate ; ce sera la peine de la paresse. Il n'y
aura point d'autre moyen de rester propriétaire
d'un fonds quelconque que celui de l'exploiter.
Voulez-vous conserver cette qualité, prouvez
que vous en êtes véritablement revêtu, en mettant votre instrument à profit.

Point d'instrument de travail sans travailleurs.
Voilà la règle et sa preuve. Le fonds passera
ainsi, de main en main, s'il n'est pas exploité.

Tous seront inscrits comme travailleurs. Les
vivant de leurs capitaux les dépenseront, puisqu'ils ne pourront les prêter à intérêt, et ceux
qui les possèdent par titre seulement, sans les
exploiter par le travail en seront aussitôt privés par l'attribution qui en sera faite aux plus
pauvres des inscrits comme exerçant tel ou tel
métier. Les échanges se feront, d'ailleurs, librement entre les métiers et les fonds qui serviront
à les exercer.

III. Si vous ajoutez à ces deux communismes,
qui sont le communisme réel et universel des
fonds, et le communisme personnel de la loi qui
détermine le genre de travail choisi par chacun,
cet autre communisme de législation qui décla-
rera que toute propriété de capitaux doit être

10

ou exploitée par son propriétaire, comme titre
unique de sa propriété, ou prêtée gratuitement
à un autre qui l'exploite, qui indemnisera le prê-
teur par l'équivalent de l'emprunt; vous aurez
à peu près toute ma législation, qui s'appellera
communiste-individualiste.

Voilà en résumé tout mon code économique
des républiques de l'avenir.

Il n'y aura pas d'autre collectivisme que celui-
là. La propriété de la commune n'est qu'une
propriété ordinaire. Le communisme n'est lui-
même qu'autant qu'il est vraiment universel.

J'imagine une législation qui est bien radicalement transformatrice de ce qui est. Mais je sou-
haite à mes lecteurs de la comprendre comme
Fénelon souhaitait aux siens de comprendre son
utopie du gouvernement de Salente.

J'en traiterai et l'expliquerai dans tous ses
détails lorsque j'entamerai ma troisième partie,
qui portera ce titre : *Le Communisme harmonique des républiques de l'avenir.*

Auparavant, je vais parcourir avec pleine indépendance de pensée les communismes imparfaits et désordonnés du passé.

DE LA SAGESSE DANS LA PRODUCTION
ET DE LA FRATERNITÉ DANS LA CONSOMMATION

DEUXIÈME PARTIE

LES COMMUNISMES IMPARFAITS

ET DÉSORDONNÉS DU PASSÉ.

CHAPITRE PREMIER.

L'ORDRE QUE JE SUIVRAI.

Il est, dans l'historique que j'ai à faire, un ordre qui m'est indiqué par la nature sociale telle qu'elle s'est développée dans l'histoire du monde, je dois suivre cet ordre, puisque je m'assujettis toujours, en toute chose, à la raison et à la nature.

En deux mots je puis le résumer : la marche du monde, dans son passé, est réglée par les civilisations qui se sont succédé les unes aux autres ; or, toujours une civilisation a progressé sur celle qui s'était réalisée avant elle, en vertu de la loi du progrès qui n'a pu se tromper, puisqu'elle était une loi de la nature et de la raison intrinsèque.

On a pu souvent se perdre et s'égarer en analysant cette marche des choses ; souvent on ne l'a pas comprise ; mais le progrès n'en était pas

10.

moins, en elle, établi d'une manière constante par une force qui est la force fatale et libre du monde lui-même, et qui s'exprime philosophiquement par le mot panthéisme disant, à la fois, très savamment, par sa double étymologie, la force du tout et la force de la centralisation universelle en un moi intelligent qui est Dieu, puisque le mot *panthéisme* signifie, en même temps, par les deux racines grecques dont il est tiré, le *tout* et *Dieu*.

Oui, le tout est intelligent ; il se centralise dans une intelligence, qui est l'intelligence même des choses ; et la loi de développement de ce tout est celle du progrès, que révèlent, depuis l'origine des sociétés humaines, les grandes cosmogonies, de celle de la Genèse des Sémites, la plus belle de toutes, jusqu'à celles des Hindous, très belles aussi et à celles des sauvages qui ne sont pas, non plus, sans beauté dans leur naïveté originelle.

Je ne pourrai pas, dans l'historique que j'ai à faire, suivre absolument toutes les civilisations du passé, lesquelles se succèdent les unes aux autres comme des échelons qui doivent nous élever, par degrés, jusqu'à une perfection sociale destinée à fermer glorieusement nos aventures de cette terre, avant que nous recommencions un nouveau cycle d'aventures supérieures dans les mondes futurs. Je suis obligé par mon plan, qui doit être celui d'un résumé très concis, que suffit à dessiner d'avance l'étendue d'un volume, de négliger toutes les civilisations peu importantes en elles-mêmes, et de m'en tenir aux grands points de repère. Mais enfin, je dois aussi en dire assez, sur chacune de ces grandes civilisations historiques, pour ouvrir la voie large à l'esprit vers le but auquel j'entends le mener, afin qu'il ait, pour y marcher, ses coudées franches.

C'est un fait curieux pour le philosophe socialiste, que toutes les civilisations aboutissent clairement à un communisme quelconque, qui n'est point parfait n'étant jamais l'idéal qui, selon moi, sera celui de l'avenir, mais qui en approche toujours de plus en plus. Il reste, sans doute, toujours quelque desiderat à rêver dans ces communismes, et toujours aussi beaucoup de choses désordonnées à en éliminer; mais enfin, ce sont toujours des communismes que produisent les rêveries des grands hommes, comme remèdes censés définitifs aux misères sociales : la question sociale demeurera toujours en face de la misère et de l'opulence, deux extrèmes dont cette question propose sans cesse des solutions, et qui existant sans cesse, appellent sans cesse des essais de rêves nouveaux pour les résoudre. Il faut bien avouer que la question sociale ne sera vidée que le jour où la misère et l'excès de richesse auront disparu et auront fait place à une médiocrité à peu près universelle et suffisante pour le bien-être de tous. L'un persistant, l'autre persiste. Mais je suis convaincu, pour moi, que ni l'un ni l'autre ne persisteront absolument toujours. S'il en était autrement, la sagesse définitive de mon dieu Panthée serait un vain mot, et le monde ne serait que le jeu inexplicable d'une puissance plus inexplicable encore.

Je me résume quant à l'ordre que je vais suivre.

Je vais prendre les grandes civilisations de l'histoire humaine, les plus connues, les unes après les autres, montrer comment elles aboutissent à un communisme, et en quoi ce communisme est toujours imparfait et désordonné en quelqu'un de ses points.

J'ai posé, dans mes chapitres des dogmatiques théologales et sociales des communismes, trois conditions auxquelles je reviendrai et qui me serviront, en général, de mesures pour juger ces communismes, dont celui des républiques de l'avenir sera l'idéal et la réalisation. Ces conditions sont :

Le panthéisme immortaliste et purgatoriste ;

Le démocratisme universaliste ;

Et l'économisme alterniste.

Revoyez les chapitres viii et ix de ma première partie.

Je vais commencer par une revue rapide, au point de vue communiste, de la civilisation sémitique, une des plus antiques et des mieux connues que nous aient conservées la mémoire des hommes et leurs documents historiques. C'est Moïse qui est le grand homme de cette civilisation, et qui en est le parfait représentant. J'entends par Moïse l'auteur de la Genèse et des livres qui la suivent [1].

Je continuerai par une revue semblable de la civilisation grecque, dont Platon est le plus grand homme.

Et je terminerai ce coup d'œil sur les grandes civilisations, par un aperçu de la civilisation chrétienne, dont le Christ Jésus est la merveille

1. Je n'entre pas ici dans les questions de l'authenticité des cinq livres du Pentateuque. Ces questions m'ont toujours paru petites. Ces livres existent, il leur faut bien un auteur. Ils sont inscrits sous le nom de Moïse ; que cet auteur s'appelle Moïse ou autrement, peu nous importe.

ainsi que le dit et le dira longtemps à toute oreille le mot christianisme.

Mais après avoir jeté ces grands tracés de l'histoire antique, j'étudierai, en détail, tous les communismes qui en sont sortis comme des enfants, soit en s'en rapprochant, soit en s'en éloignant plus ou moins.

Et après ces préliminaires je présenterai, pour finir, en un panorama le communisme harmonique de l'avenir. Ce panorama sera l'objet de mon second volume et de ma dernière partie.

CHAPITRE DEUXIÈME.

LE COMMUNISME DE LA CIVILISATION SÉMITIQUE — MOÏSE.

Moïse est le génie oriental qui représente la civilisation sémitique, et l'on peut déjà juger par ce que j'ai dit de son communisme dans la première partie de mon ouvrage *De la justice dans l'usage de la propriété*, en traitant des systèmes économiques du passé, et dans la seconde partie du même ouvrage en traitant explicitement et directement de *l'usure dans le prêt*, que ce communisme mosaïque fut un des plus savants de tous ceux qui existèrent jamais, et, sans aucun doute, le plus audacieux et le plus profond.

Je dois le considérer, dans mon historique, sous de nouveaux points de vue, et en montrer à la fois les perfections et les imperfections. Ce système produit par la civilisation la plus antique qui

nous soit bien connue, je veux dire la civilisation
des Sémites et des Hébreux en particulier, est
assurément un des plus beaux des communismes du passé, mais il n'en doit pas moins être
classé parmi les communismes imparfaits et
désordonnés auxquels il manquait quelques-unes
des conditions essentielles. Il conservait assez
de l'individualisme nécessaire, en rejetant les
intérêts des capitaux prêtés, en exigeant, dans
l'échange, le respect de la propriété particulière
des fruits du travail et en la soumettant à la loi
de l'égalité rigoureuse : « Vous ne prêterez point
à usure, » point capital de la plus grande importance assurément, dont j'ai dû faire la base
même de mon mutuellisme. Mais là ne réside
pas le tout qui importe.

Y avait-il, dans ce communisme, le panthéisme
complet que j'ai décrit, avec les réserves de
l'immortalité des âmes, de leur responsabilité
morale, et de leur purgabilité dans la vie ou
dans les vies futures? On n'a pas oublié que ces
conditions forment les premières bases de la
dogmatique du grand communisme de mes
rêves. J'étudierai ensuite s'il présentait véritablement celles de la dogmatique sociale que j'ai
appelée le démocratisme universaliste, et l'alternisme économique.

D'abord, je trouve dans les plus anciennes traditions des Sémites, relatées par Moïse, cette belle définition de Dieu: « Je suis Jéhovah, je suis celui qui est, a été et sera », définition sublime, la plus panthéistique qui ait été jamais conçue et formulée. Cela ne signifie-t-il pas: je suis tout ce qui est, c'est-à-dire tout, car ce qui est, a été et sera, c'est l'univers, c'est l'ensemble des êtres. Le tout n'est-il pas ce qui a été, est et sera? donc Jéhovah est le *tout*. Il ne dit pas, d'ailleurs, le simple mot: *ce qui est*, il dit: *celui qui est*, et cela est plus profond, car le mot *celui* indique un *moi* universel qui se centralise dans le tout, qui est, en même temps, le tout et sa pensée centralisatrice. Il est le *moi* principe qui fait le tout et qui résulte du tout, il est Jéhovah. Jamais ne se fit plus profonde affirmation panthéistique.

Mais si vous étudiez bien les livres de Moïse, ce dieu panthée qui est, en même temps, « tout ce qui est, et celui qui est, » et qui devrait, en se développant, devenir le dieu démocratique que j'ai décrit en son lieu, puisqu'il est « tout ce qui est » ne se montre ensuite que sous la forme d'un dieu aristocratique, extérieur au monde, existant seul en lui-même, commandant à toutes choses, sans être dans ces choses et ces choses mêmes, faisant des miracles, se fai-

sant, comme l'a dit Thiers, « bateleur et riche
en tours pour attirer la foule; » « cette notion
des miracles qui est de trop », dit encore Thiers,
dans l'idée de dieu, Moïse n'a pas oublié de
l'attribuer à son grand « Jéhovah ». Cela con-
venait au dieu tyran, étranger à l'univers, an-
thropomorphique, qui n'a plus rien du dieu
panthéistique, Jéhovah, il n'est plus ce qu'il est
après que Moïse l'a détaillé de la sorte. Moïse
lui a retiré ce qu'il avait de beau, il l'a anthropo-
morphisé; il l'a détruit, il n'est plus le grand
tout, le principe éternel et universel des formes,
le dieu vraiment démocratique.

Si donc, Moïse par un mot sublime, nous
donne le vrai dieu, il nous le retire aussitôt; et
sa donnée n'est qu'à demi la donnée panthéistique ; toutes ses narrations, au contraire, vont
remettre à sa place le dieu qui deviendra le type
de toutes les tyrannies, contre lequel un jour
s'élèvera l'antithéisme proudhonien.

Je trouve, dans le communisme de Moïse, une
autre lacune non moins importante : la dogmatique radicale de ce communisme, ai-je dit, ne
doit pas être seulement panthéistique afin d'être
démocratique, il faut encore que son panthéisme
soit immortaliste et purgatoriste. C'est la condition par laquelle il se maintiendra individualiste

fondamentalement. Qu'est-ce qu'un individualisme qui serait destiné à cesser d'être à la mort?
Qu'aurait-il de solide? Aujourd'hui l'individu serait forcé de dire : je suis *moi*, mais je ne le serai
plus demain. Je ne suis *moi* que pour une vie de
passage, je suis dans l'éternité comme si je
n'étais pas dans le temps. Je ne suis rien. Qu'est-
ce que n'être rien? pas d'individualisme solide,
comme celui de mon philosophe Descartes, s'il
n'est immortel.

Or, Moïse ne dit rien, dans ses livres, de l'immortalité des âmes. Il ne parle à son peuple que
des biens de la terre. Lacune énorme dans sa
dogmatique théologale. Son panthéisme n'est
pas encore celui de mon communisme. Cette
raison seule suffirait pour que je le déclarasse
insuffisant.

Une autre condition qui lui manque encore,
et qui doit lui manquer par là même, c'est que,
passant sous silence l'autre vie, il doit se taire
aussi sur le travail purgatif des fautes commises
pendant celle-ci. Point d'éternité des peines,
ai-je dit; ce dogme est injurieux pour Dieu et ne
peut s'expliquer avec l'idée de justice et de bonté
qu'on doit s'en faire; mais pour sauvegarder les
exigences de la justice, il faut qu'une différence
existe, dans l'éternité, entre le coupable et l'inno-

cent; il faut, par conséquent, des états divers selon la qualité de la vie présente, et, par suite encore, une vie purgative des coupables. Voilà ce qui manque donc évidemment encore à la dogmatique du communisme sémitique de Moïse, tout panthéiste qu'il soit dans son germe.

Je passe à la dogmatique sociale du communisme de la civilisation sémitique: je trouve que cette dogmatique est bien démocratique dans ses grandes théories. « Vous n'aurez pas d'autre loi que ma loi, dit Moïse à son peuple, et si vous êtes fidèles à observer la loi, il n'y aura point de pauvres parmi vous. » Quoi de plus démocratique au monde, et même de plus socialiste? mais j'ai demandé que le démocratisme de cette dogmatique sociale, soit *universaliste*. Qu'est-ce à dire? J'aurais pu dire aussi bien cosmopolite et humanitaire.

Or, Moïse le limite à son peuple. Est-ce que son peuple hébreu compose toutes les nations de la terre? et qu'adresse-t-il aux autres nations, à toutes ces nations d'incirconcis, vouées par lui à l'anathème, si ce n'est des malédictions, parmi lesquelles apparaissent pourtant quelques remords de tant de vengeances, quelques aromes de justice et de miséricorde, quelques tièdes haleines comme détachées d'un foyer de colères.

Non, le démocratisme de Moïse n'est point universaliste; il est borné à son « peuple de Dieu. »

Nouvelle et grande lacune.

Enfin la troisième condition que j'ai exigée, c'est l'alternisme économiste.

Oh ! sur celle-là, je n'ai à donner à ce grand communisme que des éloges. Aucun des communismes de l'antiquité n'a proscrit, avec autant de rigueur, le vol des fruits du travail, fait au travailleur au nom du prêt des capitaux, du prêt des maisons, et du prêt des terres. Aucun n'a condamné avec cette force les profits de l'usurier pris sur le travail des autres en vertu du prêt que ces autres font à l'ouvrier de l'instrument de travail. C'est là que le socialisme de Moïse est pur, complet, sans défaut.

Mais n'ai-je pas trouvé assez de motifs déjà, de le rejeter parmi les communismes imparfaits et désordonnés du passé, qui ne peuvent servir de type parfait à mon communisme des républiques de l'avenir ?

CHAPITRE TROISIÈME.

LE COMMUNISME DE LA CIVILISATION GRECQUE. — PLATON.

Platon est le premier philosophe qui ait rêvé, construit, et même essayé de réaliser dans la pratique, une organisation vraiment communiste applicable au gouvernement des peuples, aux profanes, et non plus seulement aux initiés aux mystères, comme l'avaient tenté Pythagore dans son *Institut de Crotone*, et, avant lui, les sages du sacerdoce en Egypte. C'est dans sa *République*, ouvrage de sa jeunesse, qu'on peut lire et étudier cette organisation sociale. Mais il n'abandonna point, en vieillissant, ses théories communistes, car ce fut dans sa vieillesse qu'il composa son fameux livre des *Lois*, et dans ce livre on ne voit pas sans admiration le grand philosophe rêver de nouveau avec beaucoup de poésie, de conviction et d'enthousiasme, son système communiste.

Jamais, dans la suite des âges, ne parut un apôtre aussi brillant et aussi convaincu d'un communisme aussi radical et aussi complet. Il est admirable de voir le prince des philosophes donner, dans l'exposé de ses théories, la liberté la plus grande à sa pensée. On parle de libres penseurs, voilà la libre pensée par excellence. Il ne recule devant aucun des préjugés du monde ; il admet, comme le reste, tout ce qu'il sait qu'on pourra, dans la suite des temps, traiter de honteux et d'immonde, lui le plus moral des hommes par sa doctrine théistique et par sa pratique. On sait qu'il garda le célibat par philosophie pure jusqu'à la plus grande vieillesse. Jamais divin génie ne m'a paru plus beau que celui-là dans ses plus énormes excentricités.

Voici le résumé de son communisme. La majesté du philosophe me donnera l'audace de dire presque tout ; j'aurai soin de me maintenir caché sous un pan de son manteau.

LA RÉPUBLIQUE PLATONICIENNE.

CLASSES : Cette cité est divisée en quatre classes : les magistrats qui sont les sages et auxquels

s'adjoignent les sages non magistrats; les guerriers; les artisans; les laboureurs et commer-
çants; les esclaves.

Comment se fait-il que le grand philosophe
ait admis les esclaves dans sa république? mystère qui ne se comprend que par l'état du monde
de son temps, dans lequel l'économie sociale
n'était comprise qu'avec des travailleurs par
nature dont tous les autres mangeaient les produits et qui, en retour, étaient au moins logés
et entretenus par leurs maîtres comme des propriétés de ces maîtres qui ne s'appartenaient pas
à eux-mêmes, ni eux, ni les fruits de leurs travaux. Aristote pose la théorie de cet état social
et n'en comprend pas d'autre. L'esclave, d'après
lui, naît esclave et doit mourir esclave. Platon
ne pousse pas aussi loin sa théorie de l'esclavage; il accorde que tous les hommes sont frères
et qu'ils peuvent passer d'une classe dans une
autre. On pourrait citer beaucoup d'apologues de
Platon qui proclament l'égalité primordiale des
hommes entre eux, sens philosophique que ne
professa jamais Aristote. L'un fermait les classes,
comme le brahmanisme dans les Indes, et l'autre
les laissait ouvertes. Mais il n'en admettait pas
moins, pour le moment où il écrivait, la classe
des esclaves. Faute énorme commise par la rai-

son philosophique et que Jésus ne devait pas commettre, que n'avait pas commise, non plus, le grand législateur Moïse, tout en lui faisant aussi quelques concessions coupables.

FEMMES : Les femmes sont communes; mais que signifie cette communauté des femmes de la république de Platon ? Est-ce quelque chose qui ressemble à la prostitution et au libertinage qui se pratique sous nos yeux, dans nos grandes villes ? Oh ! non, certes, le génie de Platon, à la morale si éthérée, de la beauté absolue, n'a pas commis cette faute d'admettre, dans la cité de ses rêves, cette prostitution. La communauté des femmes y est alliée à une monogamie très rigoureuse, dans laquelle l'adultère est inflexiblement proscrit, tant du côté de l'homme que du côté de la femme. Cette communauté n'est qu'une réglementation des ménages qui consiste en ceci :

Chaque homme et chaque femme, après une année de cohabitation, tirent au sort, et le sort, rendu intelligent par les magistrats qui le président — ainsi Platon permet la tricherie, pour assortir les ménages — donne, pour l'année suivante, à chacun son épouse, et à chacune son époux, et ainsi de suite chaque année. Ce n'est donc pas la vraie communauté des femmes, qui sup-

poserait leur esclavage, c'est le mariage des
oiseaux. Car les oiseaux sont monogames de
cette manière ; ils ont entre eux leurs femelles
communes d'après la même méthode, et cette
méthode est pour eux la méthode de la nature.

Il en est ainsi, du moins, très formellement,
d'après l'organisation platonique, dans la classe
des guerriers ; et, dans cette classe surtout, la
femme est tellement en égalité avec l'homme,
qu'elle est guerrière aussi. Elle reçoit la même
éducation que l'homme ; elle n'est donc pas as-
servie. Elle n'est qu'une compagne appelée à la
même dignité et aux mêmes emplois.

ENFANTS : Les enfants sont les enfants de la
patrie et non de la famille. Ils sont, à leur naissance, enlevés à leurs père et mère et déposés
dans un bâtiment spécial qu'on pourrait appeler
la *nourricerie*. Ils sont élevés là sans connaître
les auteurs de leurs jours, et sont tous frères par
là même.

Ici le génie s'insurge contre la nature et contre la raison. Il détruit la famille pour la patrie. La famille est de la nature, plus encore
que la patrie ; il devrait la conserver. Il est vrai
qu'il va à cet excès pour annihiler complétement
l'égoïsme ; mais il faut laisser à la nature ce
qu'elle a mis d'égoïsme dans le cœur humain,

surtout d'égoïsme de la famille. C'est un trait de mon individualisme, qui doit rester toujours.

TERRES : Les terres sont partagées périodiquement entre les mariages des laboureurs, et inaliénables. Cette mesure communiste paraît empruntée au communisme mosaïque.

CONSOMMATION : Repas communs; éducation commune; vêtements uniformes; habitations semblables.

CITÉ: La cité est fixée à cinq mille quatre cents mariages. Les magistrats encouragent ou arrêtent la population selon qu'il en est besoin. Ce sont les vieillards qui avertissent; et les encouragements à pulluler sont fournis ou retirés par la distribution des honneurs. Il y a des cas où l'avortement est permis; il est obligatoire pour les femmes de plus de quarante ans. On sacrifiera les enfants trop faibles ou disgraciés.

Le génie de Platon, est allé à cet excès, qui suppose que le cœur fait toute abnégation devant l'intelligence; le christianisme garde toujours le sentiment pour ligne de direction.

Voilà l'idéal que rêvait le génie de Platon dans sa jeunesse au moment, dans le siècle brillant de Périclès, où tous les grands hommes de la Grèce, s'occupaient de socialisme et où beaucoup d'eux, les Solon, les Minos, les Lycurgue, etc., avaient déjà mis en application leurs conceptions, par des organisations et des législations pratiques.

Et, voici ce qu'il écrivait encore dans son traité des *Lois*, lorsque, devenu vieillard, on lui envoyait, de toutes parts, des ambassadeurs pour lui demander des législations.

« L'Etat plus parfait, est celui dans lequel on pratique, à la lettre, l'antique adage pythagoricien : que *tout soit réellement commun entre amis*. Quelque jour que cela arrive ou doive arriver, que les femmes, les enfants et les biens soient communs ; qu'on mette tout le soin imaginable à faire disparaître d'entre les hommes jusqu'au nom de propriété, afin que soient communes, autant que cela sera possible, même les choses que la nature a données à l'homme en propriété comme les yeux, les mains, les oreilles, au point que tous les citoyens croient voir, travailler, entendre en commun, et approuvent ou blâment tous les mêmes choses, et que leurs peines et leurs plaisirs soient tout à fait partagés. En un mot, partout où les lois se proposent de faire l'Etat parfaitement *un*, là est le *summum* de la vertu politique et les lois ne peuvent avoir une meilleure direction. Cet Etat est la demeure des

dieux ou des fils des dieux et le séjour du plus
parfait bonheur. »

D'après le livre des *Lois*, le territoire est par-
tagé par lots égaux entre les cultivateurs; chacun garde le sien sans pouvoir l'augmenter; à
des époques déterminées on procède à un nouveau partage. Les métaux précieux sont prohi-
bés; les familles peuvent acquérir des richesses
mobilières seulement et jusqu'à concurrence
d'une valeur quadruple de leur lot de terre. Trois
magistrats suprêmes sont annuels et élus par le
suffrage universel. Chaque homme peut choisir
sa femme dans toute classe; aucune fille n'a de
dot. Les poètes sont tolérés, mais à la condition
qu'ils ne corrompront pas la population par des
chants licencieux. La pêche et la chasse aux oiseaux sont prohibées, parce qu'elles habituent
à une lâche cruauté, etc. Un bon code, d'après
Platon, n'est qu'un traité de morale.

Il dit de l'éducation : « Nous n'estimons d'éducation que celle qui peut donner au corps et à
l'âme toute la perfection dont ils sont susceptibles... Nous réunirons les enfants de trois ans
à six ans et les laisserons libres sans leur pres-
crire aucun jeu; après cet âge, les jeux seront
réglés. Nos lois auront une égale action sur l'un
et l'autre sexe. Les femmes ont une si grande

influence sur les hommes que ce sont elles qui déterminent leur caractère. Partout où elles sont accoutumées à une vie molle et somptueuse, vous pouvez dire que les hommes sont corrompus et amollis. Les exercices journaliers des élèves seront les lettres, les sciences, les nombres, l'administration publique et domestique, les arts que nécessite la guerre, la gymnastique, etc. Avant la puberté, les filles courront nues; de l'âge nubile à leur mariage, elles auront un habit léger, mais décent. »

Parmi les peuples qui demandèrent à Platon de leur donner des lois, on compte les Arcadiens, les Thébains, les Cyrénéens, les Crétois, les Éléens, les Pyrrhéniens et les Syracusains. Il leur dit : « Voulez-vous établir chez vous l'égalité? » Ils répondirent que « cela ne se pouvait. » « En ce cas, reprit-il, cherchez un autre législateur, et bâtissez vos villes pour que des despotes viennent les asservir ou les détruire. » Les Syracusains furent plus sages, et il essaya avec eux; mais les deux Denys et Dion rendirent ses tentatives inutiles.

Platon disait de son rêve : « Que m'importe que cette république existe ou doive exister un jour? Ce qui est certain, c'est que « le sage ne consentira jamais à en gouverner d'autre. »

Le grand communisme de Platon est un centre autour duquel gravitent la plupart des systèmes sociaux, qui sont nés dans notre Europe ancienne sous la culture de la simple raison et de la libre pensée. Platon est, en effet, un pivot qui représente toute la sagesse religieuse, politique et sociale qui l'avait précédé. Il exprime, par ses études, tout le passé de la Grèce, tous les efforts qu'avaient faits ses législateurs pour l'amélioration des régimes humains; et, d'un autre côté, il sert de point de départ à tous les efforts que fera, après lui, la philosophie religieuse, politique et sociale. N'est-ce pas de son grand rêve sorti tout ensemble, des essais des Solon, des Minos, des Lycurgue, des Phaléas de Chalcédoine, des Pythagore, de tous les sages antiques, et surtout des rêveries bienveillantes de son cerveau le plus inventif de tous au service du beau, que vont maintenant s'élever toutes les utopies de la libre pensée?

Après Platon, l'idée mère de son socialisme ne meurt pas. Elle pousse çà et là des rejetons qui prennent vie et qui font souche.

Mais je ne peux m'arrêter sur ces détails; il me faudrait, pour cela, faire un ouvrage à part. Je dois seulement juger ce communisme de Platon comme j'ai jugé celui de Moïse.

Y trouve-t-on la dogmatique théologale que
je suis convenu avec moi-même, de chercher
dans les communismes, comme règle de conformité avec la raison?

1° Le panthéisme comme je l'entends, c'est-
à-dire immortaliste et purgatoriste, est-il dans
la philosophie de Platon?

D'abord le panthéisme y est quoique sans
assez de développements. Oui, le théisme de
Platon n'est, au fond, qu'un panthéisme, et voilà
ce qui explique pourquoi la doctrine stoïcienne
qui était clairement panthéistique, resta toujours en harmonie avec celle de Platon. Les
platoniciens et les stoïciens finirent même par
former, dans la civilisation romaine, ainsi
que je vais le dire, une seule et même école
de sage philosophie. La beauté absolue du grand
Platon, cette trinité qu'il rêve dans les hauteurs
de l'éternel et dont la nôtre, qui n'est que son
image temporelle, consiste dans l'âme avec ses
deux ailes, l'intelligence et l'amour, reçues pour
s'élever à cette trinité infinie : Qu'est-ce autre
chose que la définition même du Dieu panthéistique? Lisez tous Platon, comprenez-le, et vous
le jugerez avec moi comme ayant été le plus
grand des panthéistes.

Mais il n'oublie pas, dans son dieu panthée,

la centralisation en ce moi universel, qui devient, en même temps, le type de l'individualisme, comme son universalité est le type du démocratisme.

Il n'oublie pas, non plus, comme l'a fait Moïse, l'immortalité de l'âme créée : c'est lui qui est resté le grand génie des croyants à la survivance de nos âmes. C'est lui qui a imaginé, sous toutes les formes les plus ravissantes, les peines et les récompenses dans l'autre vie. Tout lecteur garde en sa mémoire, les grands apologues platoniques du Tartare, des Champs-Elysées, de Her l'Arménien, des esprits au char de feu, etc.

Mais il met pourtant, dans ces apologues, une dogmatique qui n'est pas conforme à la raison : le philosophe y trouve une place pour des incurables, qui sont, d'après son rêve, toujours des tyrans, et qui ne sont jamais guéris. C'est l'éternité des peines pour les plus grands coupables. Erreur, grande erreur, contre Dieu, bien plus que contre l'homme ! et qui n'est pas démocratique, attendu qu'en démocratie, aucune peine ne peut être éternelle, parce que toutes par essence sont des médicamentations en vue de la guérison.

Ce qui vient d'être dit fait comprendre, avec plusieurs des remarques déjà faites au cours de mon analyse, comment le communisme de la civilisation grecque et du grand Platon n'a pas le démocratisme universaliste que j'exige. Ce n'est qu'un démocratisme limité, quand il ne doit pas l'être; il devrait conduire à l'universalité complète des égalités sans briser les inégalités nécessaires aux harmonies. La persistance de l'esclavage est au nombre des conditions platoniciennes qui sont négatives de ces égalités, en cette vie, comme l'incurabilité des grands criminels dans l'autre.

L'alternisme n'est pas dans Platon comme dans Moïse; il condamne pourtant aussi l'usure, mais il n'en tire pas, avec la même clarté, les conséquences en faveur des fruits du travail comme propriété du travailleur; ne serait-ce que par l'admission de l'esclavage dans sa république.

Je suis pressé d'avancer dans mon voyage, qui commence à se montrer devant moi comme devant être long, trop long peut-être pour satisfaire assez tous mes lecteurs.

Ma conclusion est que le communisme de Platon n'est pas complet; mais qu'il y manque d'importantes conditions de perfection, qu'aura, j'espère, celui de l'avenir.

CHAPITRE QUATRIÈME.

LE COMMUNISME DE LA CIVILISATION CHRÉTIENNE. — JÉSUS.

Je vais un peu modifier ma méthode ordinaire en m'occupant de ce communisme. Au lieu de l'exposer d'abord dans ses traits les plus caractéristiques comme je viens de le faire pour celui de Platon, je vais, à brûle-pourpoint, le faire passer par mon examen. Quand on saura s'il renferme ou non

1° La dogmatique théologale que j'ai reconnue nécessaire au communisme rationnel, à savoir un panthéisme démocratique, avec réserve de la liberté des *moi* de ce qu'on a appelé la création, liberté nécessaire à mon individualisme ; la responsabilité de ces *moi* par là même et leur immortalité purgative, liberté, responsabilité et immortalité qui sont également essentielles à la solidité du même individualisme,

2° La dogmatique sociale que j'ai jugée devoir renfermer le démocratisme universaliste pour être vraiment communiste, et l'*alternisme* pour être à la fois communiste et individualiste dans la mesure harmonique,

On aura suffisamment compris ce qu'a été, en soi, le communisme chrétien se résumant dans Jésus son grand homme, comme celui de la civilisation sémitique s'était résumé dans Moïse, et celui de la civilisation grecque dans Platon.

Je vais donc immédiatement me poser ces deux questions : I. Que penser de la dogmatique théologale du communisme chrétien? II. Que penser de sa dogmatique sociale?

I. Que penser de la dogmatique théologale du communisme chrétien?

1° Cette dogmatique est-elle panthéistique?

Réponse : Ce n'est pas moi qui vais répondre, c'est Jésus lui-même suivi de ses disciples.

Jésus est « le Fils de l'homme ; » c'est ce qu'il répète sans cesse, c'est ainsi qu'à toute page il se qualifie ; il est donc le type de l'homme, de l'humanité. Cependant il se dit Dieu, et toujours en ayant soin de conserver son titre de « Fils de l'homme. » Pourrait-on professer un panthéisme plus énergique et plus profond ?

« Ne croyez-vous pas, dit-il, que je suis dans le Père et que le Père est en moi?... » « Le Père demeurant en moi, fait lui-même les œuvres. » (*Jean*. xiv, 10 et s.) « Le Père travaille sans cesse, et moi, comme lui, je travaille... » (*Jean*. v.) « Comme le Père a la vie en lui-même, ainsi il lui a donné le pouvoir de porter jugement parce qu'il est le Fils de l'homme... » (*Ibid*.) « Moi et mon Père, dit-il, formellement, nous sommes une même chose. » Et n'oublions pas qu'il est le Fils de l'homme. » On veut le lapider parce qu'il a dit : « Je suis le Fils de Dieu, je suis Dieu. » Il répond par Moïse qui a dit aux hommes : « Vous êtes des dieux, » et moi je ne pourrais pas dire : « Je suis le Fils de Dieu ! » « Le Père est en moi, (Fils de l'homme) et moi dans le Père. » (*Jean*. x.)

Cette doctrine panthéistique est l'âme même de tous les évangiles.

Et cette doctrine n'est-elle pas reproduite, avec la même énergie, par tous les disciples, par exemple lorsque Paul dit si fermement : « Tout est de Dieu. » *Omnia autem ex Deo*. (*Cor*. xi, 12.) « Le même Dieu opère tout en tous. » *Idem vero Deus operatur omnia in omnibus*. (*Cor*. xii, 13.) « C'est Dieu qui opère en vous et le vouloir et le faire selon la bonne volonté, » (du produisant et du produit, de l'activant et de l'activé, de la cause et de l'effet, qui sont, au fond une seule et même chose); fût-il jamais plus hardi et plus profond panthéisme ? *Deus est enim qui operatur in vobis et velle et perficere pro bona voluntate.* (*Phil.* II, 1.) « En lui nous vivons, nous nous mouvons, nous sommes : » *in ipso vivimus, et novemur et sumus.* (*Act.* XVII, 28.)

Tous les disciples parlent de même, et, après eux, les Pères de l'Eglise, Augustin en tête. Ce dernier a paru même à quelques esprits, tels que Jansénius, pour le suivre, et des critiques modernes, pour le critiquer, tomber dans le fatalisme : c'était lui supposer un excès de panthéisme.

Jésus disait et faisait lui-même bien autre chose en fait de communisme panthéistique. Quelques heures avant sa mort, que fait-il? Il prend du pain et dit à ses disciples en s'identifiant avec le Père : « Ceci est mon corps, mangez-en tous : » il prend une coupe, et dit aux convives : « Ceci est mon sang, buvez-en tous. » L'âme du monde parlerait-elle avec plus d'accent? toute la matière est son corps, tout breuvage est son sang, communiez avec elle par la matière servant d'entremise entre les âmes ; communier de la sorte n'est-ce pas mettre en pratique le panthéisme le plus exubérant? On est par le

pain et le vin, le corps et le sang les uns des
autres. Jésus avait dit en annonçant ce grand
symbole : « C'est l'esprit qui vivifie, la chair ne
sert de rien ; les paroles que je vous dis sont esprit et vie. » C'est donc par l'esprit que le Dieu de
l'univers et le Fils de l'homme sont tout en tous,
et les apparences sensibles, par lesquelles ils
sont frères, ne sont, par le fond et la substance,
que de l'esprit.

Nous devons être, selon la dogmatique chrétienne, *consommés en un, consummati in unum.*
Où trouverez-vous jamais un tel panthéisme?

2° Ce panthéisme est-il démocratique? J'en ai
dit assez, dès le début de ce livre, pour établir
que tout panthéisme est démocratique, et qu'il
n'y a même que le dieu panthéistique qui soit
le dieu démocrate et qui puisse être le type religieux de la vraie république, antithèse de ce dieu
despotique étranger au monde, de ce roman cos-
mique conçu par le théisme royaliste des sup-
pôts de la monarchie. Le dieu de mes conceptions est le seul *universel*, comme est
universelle en politique la vraie souveraineté.

Celui de Jésus est le véritable dieu démocratique. C'est lui qui dit par la bouche du fils de
l'homme : « Venez à moi vous tous qui êtes
chargés et accablés de fardeaux, je vous récon-
forterai. »   12

C'est lui qui dit à tous : « Ne veuillez point
être appelés rabbi ; car vous n'avez qu'un maître
qui est le principe, et vous êtes tous frères. Le
plus grand parmi vous sera votre serviteur.
Scribes et pharisiens hypocrites, guides aveugles,
vous payez les dîmes, et vous négligez la
justice et la miséricorde. — Vous filtrez le mou-
cheron et vous avalez le chameau... vous
nettoyez les dehors de la coupe, et au dedans
vous êtes pleins de rapines et d'immondices.
Pharisien aveugle, nettoie d'abord le dedans
pour que le dehors devienne pur... sépulcres
blanchis, qui êtes beaux au dehors, et qui au
dedans n'êtes pleins que de pourriture et des
ossements des morts, vous paraissez justes
devant 'les hommes, et au dedans vous êtes
pleins d'hypocrisie et d'iniquité. Serpents, race
de vipères, vous remplissez la mesure... et toi,
peuple, j'ai voulu rassembler tes fils, comme la
poule ses poussins, et tu ne l'as pas voulu. »

C'est lui encore qui, parlant par la bouche du
fils de l'homme, s'appliquait ces paroles d'Isaïe,
à Nazareth même, qui était sa patrie : « L'esprit
du Seigneur est sur moi, c'est pourquoi il m'a
oint, il m'a envoyé pour évangéliser les pauvres, pour guérir les cœurs brisés, pour annon-
cer aux prisonniers la délivrance et aux aveu-

gles la vue, pour mettre en liberté les esclaves, pour prêcher l'année salutaire du Seigneur et le jour de la liquidation. »

N'est-ce pas lui, enfin, qui, par la bouche du même fils de l'homme, faisait peur aux riches égoïstes en les représentant à sa gauche, dans la vie de l'avenir, pour n'avoir pas été, en pratique, communistes dans celle-ci : « J'ai eu faim, leur dira-t-il, et vous ne m'avez pas donné à manger ; j'ai eu soif, et vous ne m'avez pas donné à boire ; j'étais sans asile, et vous ne m'avez pas accueilli ; nu et vous ne m'avez pas couvert ; malade et en prison, et vous ne m'avez pas visité... Alors eux lui répondront, disant : Quand est-ce que nous vous avons vu, ayant faim ou soif, ou sans asile, ou nu, ou malade, ou en prison, et que nous ne vous avons pas assisté ? Mais il leur répondra: « En vérité je vous le dis : chaque fois que vous ne l'avez point fait à l'un des petits du peuple, à moi, non plus, vous ne l'avez point fait. » (MAT. XXV.)

Laquelle ne pourrais-je pas citer de ces éloquentes sorties évangéliques? (*Mat.* XXIV, *Luc.* XXI, *Marc.* XIII.)

Et pourquoi n'ajouterai-je pas la parole significative par laquelle le livre *des actes des apôtres* décrit en quelques mots énergiques, la manière naïve et littérale dont les premiers chrétiens entendaient ce communisme évangélique? « Ils vendaient, est-il dit, leurs possessions et leurs biens, et les distribuaient entre tous selon le besoin de chacun, *prout cuique opus erat* (ACT. II, 45.)

Pardon, démocrates! je suis ému, en pensant à l'homme pauvre que vous avez appelé « le Rabagas du Golgotha... » Pour cette injure, je ne vous condamnerais ni à l'amende, ni à la prison, mais je vous condamnerais à la honte indéfinie de votre parole même jusqu'à ce que vous l'eussiez effacée par le repentir! Je vous dirais: à genoux devant cette majesté populaire! et si vous étiez de vrais démocrates, vous n'oseriez pas vous relever de cette posture.

3° Ce panthéisme est-il *autonomiste* dans l'individu?

Oui, ce que je viens de citer le prouve déjà. Les individualités sont responsables; les unes font le bien, les autres font le mal, et chacune répond du bien ou du mal qu'elle a fait. C'est une réserve formellement posée dans le panthéisme de Jésus, et malgré son panthéisme. On verra là de la contradiction; Jésus ne recule pas devant cette apparence; il la méprise et

n'en poursuit pas moins sa marche. S'il ne me
fallait pas abréger, j'en citerais bien d'autres et
dans cette voie je n'en finirais plus. On le sait
assez, c'est inutile.

4° Ce panthéisme est-il *immortaliste?* Même
réponse. Jésus n'a-t-il pas dit aussi très formellement : « Les enfants de ce siècle épousent et
sont épousés; mais ceux qui seront du siècle
futur et de la résurrection des morts, ne se
marieront, ni ne prendront des épouses; car ils
ne pourront plus mourir; ils seront semblables
aux anges; ils seront les enfants de Dieu étant les
enfants de la résurrection. Et que les morts res-
suscitent, Moïse vous l'a montré en disant: le
Dieu d'Abraham, le Dieu d'Isaac, le Dieu de
Jacob; or Dieu n'est pas le Dieu des morts, mais
bien de ceux qui vivent, et tous vivent devant
lui [1]. » (*Luc.* xx, 35 et s.) Encore un panthéisme

---

[1]. Jésus fait là un raisonnement qui n'est pas du tout rigoureux comme prouvant l'opinion de Moïse en faveur de la
vie d'outre-tombe et qui n'est pas d'accord avec ce que j'ai dit
du défaut d'affirmation, chez Moïse, de cette dogmatique importante. Aussi Jésus termine-t-il sa phrase, par une réflexion
panthéistique qui détruit, en partie, l'affirmation que semble
impliquer d'abord le raisonnement. « Tous vivent devant lui »
en quelque état que l'on soit, on vit toujours devant l'éternel
devant lequel on a vécu en un moment quelconque. Ce mot
rend obscure la pensée de Jésus mon maître, et m'a toujours
empêché de tirer de cette émission évangélique un sens affir-
matif absolu. Je n'y vois qu'une induction favorable.

12.

universel dans la conclusion de cette réponse.

Ces enfants de la résurrection, n'useront plus
du mariage des sens, parce que leurs corps
seront devenus spirituels, selon l'expression de
Paul : Les voluptés des sens auront cédé la place
aux voluptés des esprits, voluptés qui dépassent
celles des sens comme la lumière du jour dépasse
celles de la nuit. Nos amours de la terre ont
des efflorescences que Lamartine a merveil-
leusement décrites dans les deux strophes
suivantes, peu connues du public quoiqu'elles
appartiennent au sublime chant d'amour intitulé
Le Lac, parce qu'il les avait supprimées dans les
publications premières de ses méditations, à la
prière de sa mère.

L'amante a terminé son chant par le vers panthéistique qui suit :

> L'homme n'a pas de port, le temps n'a pas de rive,
> Il coule et nous passons :

Puis le barde, qui est l'amant lui-même, répond :

> Elle se tut. Nos cœurs, nos yeux se rencontrèrent,
> Des mots entrecoupés s'échappaient dans les airs,
> Et, dans un long transport, nos âmes s'envolèrent
> Dans un autre univers...

> Nous ne pouvions parler ; nos âmes, affaiblies,
> Succombaient sous le poids de leur félicité ;

Nos cœurs battaient ensemble, et nos bouches, unies,
Disaient : éternité!

Ces efflorescences ineffables de l'amour terrestre ne sont qu'un frêle prélude aux amours des
esprits que nous promet l'immortalité spirituelle
et panthéistique de la doctrine de Jésus et de
son apôtre.

II. Que penser de la dogmatique sociale du
communisme chrétien?

Cette dogmatique doit comporter, d'après ce
que j'ai posé en principe au chapitre neuvième
de la première partie, l'universalisme au sens
que je l'ai défini, et l'alternisme au même
sens.

1° L'universalisme est-il impliqué dans la
dogmatique sociale de la civilisation chrétienne?
est-il, au moins, compris dans la dogmatique
évangélique?

Jésus va, lui-même, encore nous répondre
directement.

N'est-ce pas lui qui a posé la souveraineté de
l'assemblée, lorsqu'il a dit : « Si mon frère se
trompe, soumettez la question à l'assemblée ; et
s'il n'écoute pas l'assemblée, qu'il soit pour
vous comme un païen et un publicain » c'est-à-

dire comme un homme qui ne fait plus partie de
votre association. (*Mat.* xviii, 17.)

Jésus cite encore les prophètes qui ont dit, en
parlant des hommes : « Ils pourront tous recevoir l'enseignement, » et il dit lui-même aux
siens : « Allez et enseignez toutes les nations. »
N'est-ce pas là l'instruction universelle?

2° En est-il de même de l'*alternisme?*

Ai-je besoin de répéter cette parole profonde
que j'ai développée si longuement dans mon
ouvrage *de la justice dans l'usage de la propriété*
et qui doit servir de base à tout mon socialisme:
« Prêtez sans rien attendre en retour, » cette parole constitue le communisme lui-même de Jésus
allié à l'individualisme, puisqu'elle ramène toute
propriété à ce qui est le produit du travail.

Jésus, d'ailleurs ne qualifie-t-il pas, en toute
occasion, les richesses « d'injustes » et de « mam-
mone d'iniquité » parce que, selon les usages économiques du monde, les richesses existantes
sont fondées sur l'intérêt des capitaux prêtés, nature ou argent, et non sur le travail.

On reproche parfois au christianisme de mettre la femme au.. pieds de l'homme. Quoi de
plus injuste? L'Evangile n'est que favorable à
la femme. Il la met en pleine réciprocité avec
l'homme, et voilà pourquoi il établit la mono-

gamie, tout en admettant le divorce, des deux
côtés, pour les motifs les plus graves, du moins
selon l'interprétation de la plus grande partie
des communions chrétiennes, et selon le sens
rationnel du texte de saint Matthieu : *Nisi ob
fornicationem.* Tout cela n'empêche pas qu'il
existe une supériorité matérielle et morale de
l'homme sur la femme; mais l'Evangile n'en
tient pas compte sous le rapport des droits.

Je m'arrête là, dans mon appréciation du
communisme de Jésus. La vérité que je suis
forcé de proclamer hautement, c'est que ce communisme, considéré dans ses conditions primordiales et les plus essentielles, ne manque
pas de beaucoup pour être parfait. Il se présente
à ma pensée comme le plus rationnel des communismes que m'aient présenté les diverses civilisations que j'ai eu l'occasion d'étudier jusqu'à présent. C'est par lui que se réalise le mieux,
somme toute, l'alliance de l'individualisme et
du communisme : par la suppression de l'usure
et de tous les intérêts du capital, de la rente,
des loyers, des fermages, l'individualisme travailleur jouit du fruit total de ses travaux; par
une communauté universelle qui a son exemplaire et son type dans le dieu panthéistique
qu'il professe, il couronne dignement, au moyen

de l'association, cet individualisme, en le rendant beaucoup plus fort et lui donnant la vertu
de production qu'il n'aurait jamais par lui-même ;
par son communisme de consommation qui a
pour ressort la fraternité, l'amour des frères les
uns pour les autres, il élève la société à une solidarité de famille qui est le ressort radical de
sa vie.

Quelle différence les distinctions théologiques
pourront-elles jamais fonder solidement entre le
devoir de charité, d'amour, et le devoir de justice ? Certes, je ne suis pas ennemi de la distinction : c'est à la justice d'avoir le pas de devant ; mais en définitive, qu'importe que je doive
être condamné pour ne pas avoir aimé mon frère,
ou pour lui avoir refusé ce que je lui devais par
justice, puisque je serai pour les deux motifs
également condamné? Oui, puisque je dois mettre
en commun les fruits de mon travail, par fraternité, puisque je ne peux comprendre que je
sois exempt de criminalité en ne donnant pas à
celui qui souffre, quoique en rigueur je ne lui
fusse pas redevable, en justice exacte, de ce que
je lui refuse, je dois considérer ma position devant lui comme me conduisant au même abîme.
Oui je dois à mes frères qui souffrent, ainsi que
me l'a dit Lamennais, de partager avec eux mes

fruits, et je serai aussi coupable, en ne le faisant pas, que « si je les haïssais ». Je dois donc partager avec eux lorsqu'ils souffrent, voilà le seul raisonnement chrétien; donc je suis tenu par la loi de l'amour, d'après l'Evangile, à mettre en commun ce que je pourrais garder si personne ne souffrait, mais que je ne puis garder dès là qu'on souffre à mes côtés. Voilà tout ce qu'il me faut : et n'est-ce pas là l'obligation clairement posée du communisme de consommation par fraternité? Entre communisme et communisme je ne distinguerai point, si je suis, en disciple fidèle, mon Evangile. N'est-ce pas ce que firent les premiers chrétiens dans leur société naissante? Je l'ai déjà dit, ils mirent tout en commun par amour, or, l'amour est un devoir comme la justice. Rattachons-nous donc à ce communisme de l'amour. C'est ainsi seulement que nous serons de vrais adeptes de la bonne nouvelle dans notre société ; il n'y aura plus d'égoïsme, et ce sera par le communisme que nous la couronnerons dignement.

Il y aurait, sans doute, en scrutant les détails, dans le communisme de l'Evangile, des points faibles sur lesquels la part de l'individualisme lui-même aurait quelque chose à redemander pour elle, et par lesquels ce communisme mériterait encore la qualification d'imparfait et de désordonné. Mais enfin ce communisme, tel que je le trouve dans les enseignements de Jésus, est déjà ce que j'ai rencontré de plus beau.

Voilà où l'étude de l'Evangile conduit ma bonne foi.

Mais hélas ! l'Eglise va venir, l'Eglise catholique, l'Eglise romaine surtout et c'est elle qui va défaire le bon et organiser le mal. Cette Eglise de Rome, avec son pape qui se dit infaillible, va s'élever contre le panthéisme de la philosophie. Elle va trembler de peur devant les Platon et les Zénon. Platon va devenir, pour elle, le père de toutes les hérésies, et Zénon aussi quoique dans une mesure proportionnelle à la moindre étendue de son génie. On va faire de Jésus un Dieu, fils de vierge comme les Krischna, les Bouddha, les Brahma, les Zoroastre des Indiens, et comme les fils des Jupiter et des Vénus du paganisme.

L'Eglise romaine surtout a peur du grand dieu panthéistique qui est la seule explication rationnelle des harmonies de l'univers ; elle craint les philosophes et les anathématise. L'Eglise grecque, avec ses grands hommes, garde pourtant un peu mieux la tendance philosophique ; les pères de cette Eglise sont, en général, panthéistes. Ceux de l'Eglise latine le sont beaucoup moins, à part saint Augustin qui, par sa doctrine de la grâce, et par tous ses problèmes profonds sur la souveraine domination des lois de l'éternité sur le monde, ou de l'absolu sur le relatif, conserve et développe, avec tant de puissance, le grand panthéisme des origines.

Mais une cause de déchéance doctrinale profonde reste dans toute la catholicité; c'est la papauté avec son prétendu droit de définir les dogmes. Tout se perd sous cette pernicieuse influence qui tend à l'amoindrissement de la divinité d'une part, par sa particularisation, et à l'effacement de l'humanité d'autre part, par une absorption incompréhensible dans la divinité. L'Église neutralise les deux éléments l'un par l'autre, et elle gâte tout. C'est Rome qui fait le mal en se prétendant l'interprète de l'Evangile du Christ ; tout, sous sa loi, devient confus, tout disparaît devant la raison, dont elle rejette même la compétence, et cela se passe durant dix-huit siècles au nom même de Jésus.

On arrive ainsi jusqu'au *Syllabus* et au concile du Vatican, qui mettront le comble à l'abomination de la désolation dans le lieu saint. Au sein du chaos qui se produira à la fin, on ne distinguera plus même entre les églises, toutes perdront leurs souvenirs, tout glorieux que fussent quelques-uns. L'Eglise gallicane, par exemple, qui avait été la gloire de notre France a été mise en oubli. Un orateur de grand talent qui avait montré sa force philosophique au nom de la papauté dans Notre-Dame de Paris à la place même qu'avait si brillamment occupée notre Lacordaire, le P. Hyacinthe, après quelque temps de séduction, est rentré dans la nature en se mariant, et a rétabli cette glorieuse Eglise gallicane, sous la liberté que devait donner la République, et qu'elle n'a guère donnée qu'à lui seul.

Ce n'est pas assez; ce n'est rien encore que ce petit retour de tolérance pour les anciens droits d'une Eglise nationale. Il nous faut ces droits pour toutes les Eglises, dans la liberté, et dans la protection de la liberté pour chacune d'elles. J'ai dit, dans mon *Contrat social*, que se fera un jour la séparation parfaite des Eglises et des Etats, et cela jusqu'à ce point que l'Etat ne subventionne aucun culte, mais laisse seulement les fidèles de chacun d'entre eux, se cotiser pour subvenir aux frais de leur Eglise. Mais cela veut-il dire que les divers cultes pourront se dévorer les uns les autres : et que, dans chacun d'eux, on pourra piller, voler, assassiner, mettre le désordre? Non, assurément, les

fidèles de tout culte sont citoyens avant d'être
fidèles, parce qu'ils sont hommes, et l'Etat leur
doit, à tous de protéger leur liberté au point, de
vue religieux comme à tous les autres points
de vue. C'est là la mission du communisme de
l'Etat et de la politique ou des communes lois
de la patrie. La communauté protégera donc
tous les cultes, en ce sens qu'elle leur garantira
à tous la liberté pleine et pacifique ; car les protéger tous de la sorte, ce n'est point les abandonner, c'est les mettre à couvert sous les ailes
d'un panthéisme pratique qui constitue le communisme même de l'Etat. C'est une protection
générale qui revient à une position d'égalité
indifférente devant les religions.

Le communisme de l'Etat n'en délaisse aucune, mais il leur prête à toutes son atmosphère
de liberté, dans laquelle toutes déploieront plus
ou moins leur feuillage, selon leur vertu propre.
Cela ne fait point que l'Etat soit athée ; cela fait
qu'il soit panthéiste : il donnera une protection
générale à toutes les religions, parce que toutes
s'appuieront sur le Dieu commun de l'univers,
sur le dieu panthée dont les lois absolues sont
la vie des choses visibles et des choses invi-
sibles.

Il est, au moins, de toute justice que, pour

marcher à cette protection panthéistique, et
avant que l'on puisse y arriver, la France commence par rétablir dans sa pleine liberté civique, son ancienne Eglise gallicane que M. Hyacinthe Loyson se donne la gloire de ressusciter
en ce moment dans Paris et à laquelle il prête
les richesses de son éloquence.

CHAPITRE CINQUIÈME.

Je viens d'étudier, d'une manière aussi générale que possible, les trois grandes civilisations du vieux monde, au point de vue des trois grands communismes panthéistiques que ces civilisations ont engendrés. L'histoire humaine en présentera-t-elle d'autres?

Il est possible, il est même certain, que les États, plus ou moins sauvages, des autres nations, étrangères au développement de notre humanité lettrée, ont aussi engendré des communismes sociaux. On pourrait citer en exemple, celui de Manco-Capac, réformateur religieux et social du Pérou au XIIIᵉ siècle, et fondateur de la dynastie pacifique des Incas qui fut si cruellement détruite par les Espagnols. Les terres, dans ce communisme, étaient divisées en trois lots : l'un qui était attribué aux prêtres

222 LES COMMUNISMES IMPARFAITS DU PASSÉ.

du soleil, l'autre qui était attribué à l'Etat, et
le troisième qui était attribué au peuple. L'E-
tat garantissait, à tous, le travail selon sa capacité, l'éducation commune, le loisir durant la
vieillesse et tout ce qui était nécessaire et suffisant pour empêcher la misère chez les uns,
l'opulence chez les autres. On ne voyait, dit-on,
dans ce pays, avant l'invasion des Espagnols,
ni misérables ni criminels.

On a cité une constitution à peu près semblable chez les Iroquois.

C'est notre Europe, civilisée à sa manière,
qui a détruit ces merveilles, paraît-il du moins,
dans le XVIᵉ siècle.

Mais on peut douter de la véracité complète
de ces faits étrangers à notre vieux monde;
l'histoire en est trop peu certaine, et trop peu
claire. Je ne m'y arrêterai pas, d'autant plus
qu'il reste trop de sauvagerie dans ces nations
pour qu'elles puissent servir de modèle aux
nôtres, chez lesquelles la raison humaine s'est
amplement développée et auxquelles seules
s'applique le rêve, si rêve il y a, que nous avons
conçu pour les républiques de l'avenir. N'y eût-
il qu'une seule condition qui manquât, celle de
l'organisation politique qui était monarchique
et non républicaine, c'en serait assez pour

nous empêcher d'en faire une étude sérieuse.

Il n'y a donc, au moins dans le vieux monde, théâtre des merveilles de la raison de l'homme, consignées dans l'histoire connue, que les trois grands communismes que je viens de constater, à titre de sources. Si l'on en considérait d'autres, on verrait aussitôt que ceux-là se ratta- cheraient à l'une des trois origines signalées. Celui, par exemple, de la civilisation égyptienne se rallierait, par sa naissance, à celui que j'ai qualifié de communisme propre à la civilisation sémitique.

Voilà donc la vraie souche à trois branches de tous les communismes : le communisme sé- mitique, le communisme grec, et le commu- nisme chrétien.

De ce trépied vont maintenant sortir, par re- jetons et rameaux divers, à caractères spéciaux, mais se rattachant toujours à l'une de ces trois racines, toutes les organisations sociales com- munistes que l'histoire du monde lettré va nous présenter.

Je vois cependant, au point de vue chro- nologique, se dessiner à grands traits cinq fa- milles de générations provenant de l'un ou de l'autre de ces communismes.

Ces familles sont :

I. Les communismes propres à l'histoire romaine.

II. Les communismes propres à l'histoire de l'Eglise.

III. Les communismes propres à l'histoire du moyen âge.

IV. Les communismes propres à l'histoire moderne.

V. Les communismes propres à notre histoire contemporaine.

Il me reste à étudier toutes ces générations à caractères plus ou moins imparfaits et désordonnés, dans divers chapitres qui seront de dimensions très différentes; j'entrevois, par exemple, que le dernier de ces chapitres renfermera à lui seul, plus de matières que tous les autres ensemble.

CHAPITRE SIXIÈME.

LES COMMUNISMES DE L'HISTOIRE ROMAINE.

Je ne m'arrêterai pas à étudier en détail les problèmes sociaux qui surgirent chez le peuple romain durant sa grande histoire, et les solutions qui furent proposées d'abord par les Gracques, telles que les lois agraires, ensuite par les esclaves sous Spartacus; un vaste crucifiement de ces derniers par les citoyens romains en fut le résultat. On vit un jour six mille esclaves mis en croix sur le penchant d'une montagne, triste hécatombe par laquelle la misère fut réduite à payer, en ce jour néfaste, les excès qu'elle avait été réduite à commettre. Tous ces détails historiques sont connus.

Le communisme des lois agraires fut un projet conçu par imitation du communisme sémitique de Moïse; on y revient encore de nos jours en le décorant du nom de collectivisme. Dans le collectivisme, en effet, la plus importante des richesses sociales, qui est celle du sol, serait de nouveau partagée, partage qui entraînerait le dépouillement de tous les riches, et, après cette répartition nouvelle, on perpétuerait les partages, en vertu de lois agraires, non plus en les attribuant à des individus chefs de famille, comme le fit Moïse par sa loi du grand jubilé revenant tous les cinquante ans, mais à des personnalités morales qui seraient les communes, lesquelles communes, devenues alors les seules propriétaires des champs, les feraient exploiter par les particuliers membres de la commune et en distribueraient le produit par portions égales, ce qui reviendrait à la loi d'égalité des salaires rêvée par Louis Blanc dans son *Organisation du travail*, et ce qui serait l'injustice même établie en règle, puisque le mauvais travailleur aurait autant que le bon. Sous la loi mosaïque, la propriété du sol n'était pas, du moins, collective, elle était individuelle et l'égalité seulement était toujours rétablie par une institution, celle du grand jubilé, ramenant tous les cinquante ans un nouveau partage. Le rêve de Louis Blanc sera évidemment toujours repoussé par la raison commune parvenue à l'état de civilisation développée, attendu qu'il implique une contradiction trop grande avec la justice, et que la première des règles de la nature serait directement violée par un tel communisme.

Il ne faut chercher que le communisme qui s'accorde avec cette justice radicale. Tout communisme de ce genre qui se trouve en contradiction flagrante avec la voix de la nature et de la raison pourra engendrer un ordre social qui pourra durer des années ou des siècles, mais qui appellera dans l'avenir un raccommodage perpétuellement réclamé par le bon sens.

Le rêve des lois agraires ne peut donc être, pour cette raison, qu'une tentative infructueuse appartenant à celles d'un communisme imparfait et désordonné, dont il faut éloigner nos pensées.

Mais il existe, en dehors de ces rêves, dans l'histoire romaine, un grand panthéisme, entouré d'une morale sévère, qui fut plus rationnel, et qui aurait pu produire des fruits, qui en a même produit, par le fait, d'excellents, quoiqu'il soit resté à l'état d'embryon métaphysique et moral.

C'est le communisme panthéistique de la philosophie stoïcienne des temps les plus avancés en civilisation de cette période mémorable. Les Epictète, les Marc-Aurèle, (Antonin le Philosophe) les Sénèque en furent les soutiens. Mais ce communisme ne montra quelque apparence de réalisation que dans les écrits de ces philosophes, et il fut l'enfant, à peine conçu par le génie, d'une prolification qui devait être écrasée, et qui le fut en effet, par un développement social absolument en contradiction avec elle, de la philosophie stoïcienne, sa mère qui ne l'enfanta que pour avortement. La morale presque chrétienne des Epictète et des Sénèque ne fut qu'admirée dans la grande orgie des Césars, elle ne produisit aucuns résultats sociaux. Elle était cependant fraternelle et elle aurait pu, que dis-je? elle aurait dû en produire.

Combien de siècles, au reste, qui parurent plus féconds par le bruit qu'ils firent, ne furent pas moins stériles! Voyez le nôtre! il fait des explosions de volcan tous les quinze ou vingt ans par ses révolutions devenues à peu près périodiques; et qu'en résulte-t-il au point de vue social? Du vent, toujours du vent.

Il y a pourtant un communisme rationnel, qui ne serait pas destructif de l'individualisme fondamental, indispensable à la liberté. On pourrait l'établir entre les humains, à la condition qu'ils eussent compris leur fraternité résultant de l'essence même de leur descendance du grand dieu panthéistique qui fond tous les frères en un en les embrassant tous, sans les confondre, dans sa

propre unité universelle. Mais le communisme
social ne sera possible que dans l'âge où l'on
aura religieusement accepté ce dieu panthée,
fait pour satisfaire les besoins de tous, et de
l'athée lui-même; car pourquoi y a-t-il des
athées, si ce n'est parce que les religions, et le
catholicisme surtout, aussi bien dans son galli-
canisme que dans son ultramontanisme, ne présentent à leurs raisons qu'un dieu inadmissible,
qui serait le plus impossible des êtres.

Le mien donne satisfaction à toutes les pensées libres d'elles-mêmes : il plaît à toute conscience et, en même temps, explique les effets.
L'athéisme n'est un refuge qu'en présentant le
vide à la raison; il suspend l'univers sur l'abîme
sans un fil pour l'y retenir, mais, d'un autre
côté, enlève les absurdités de l'explication par
ce dieu étranger, arbitre absolu, déraisonnable;
et voilà pourquoi on préfère parfois le nier simplement. Que Dieu soit conçu comme étant le
monde éternel en substance et variant éternellement ses modes, et qu'il soit, lui-même, en tant
que substance et unité, le dieu que je conçois,
n'est-ce pas, à la fois, la conception rationnelle
des choses et leur explication à tous les points
de vue?

C'est pourtant là l'explication même qu'en

donnait l'antique stoïcisme des Caton et des Epictète. Ils disaient pour définir Dieu :

> « *Est ne Dei sedes, nisi terra, et pontus et aer,*
> *Et cœlum, et virtus? Superos quid quærimus ultra?*
> *Jupiter est quodcumque vides, quocumque moveris[1].* »

Et ils professaient, en même temps, l'immortalité des âmes et des consciences.

---

1. Quel est le siége de Dieu, si ce n'est la terre et la mer, et l'air, et le ciel, et la vertu? Pourquoi chercher les dieux au delà? Jupiter est tout ce que tu vois, il est partout où tu te transportes. (*Phars.* lib. IX.)

CHAPITRE SEPTIÈME.

LES COMMUNISMES DE L'HISTOIRE DE L'ÉGLISE.

Ces communismes, qui ont été très nombreux, naquirent tous du communisme panthéistique chrétien. Jésus exerça sur les esprits, tout le long de l'histoire ecclésiastique, une si grande influence qu'ils ne virent plus que lui et ses enseignements: ils façonnèrent tout selon ses idées ou plutôt selon les idées qu'ils se formèrent de lui et de son évangile, idées qui ne furent pas toujours fidèles au modèle, et qui s'en éloignèrent, de plus en plus, à mesure que les âges s'en éloignèrent eux-mêmes.

I. On peut cependant considérer comme assez pure l'impression que l'Evangile exerça sur les esprits des deux ou trois premiers siècles de l'Eglise. Aussi les chrétiens de ces deux ou trois siècles n'eurent-ils rien de plus pressé que de mettre en pratique les préceptes évangéliques de fraternité au moyen du communisme pratique le plus radical.

« Tous ceux qui croyaient vivaient ensemble et avaient tout en commun, *erant illis omnia communia*, disent les actes (II, 45, IV, 32 *et alibi*). Ils vendaient leurs terres et leurs autres biens ; et ils en distribuaient le prix à tous, selon les besoins de chacun ; *prout cuique opus erat*. Voilà assurément disait le Fr. Montagu à ses francs maçons, « le communisme le plus radical qui puisse exister. » (*Cours de philosophie scientifique et ses conséquences sociales*, par A. Montagu, p. 238.)

La dogmatique des philosophes chrétiens de ces premiers temps correspondait, d'ailleurs, parfaitement à cette pratique sociale ; elle était panthéiste-spiritualiste à la manière de celle des Platon et des Zénon, dont ils mélangeaient les préceptes avec ceux des évangélistes. Pour les Justin, les Clément d'Alexandrie, les Origène, Jésus n'était qu'une manifestation extraordinaire de la raison dans l'humanité ; c'était une éclosion suprême de la sagesse-principe dans le temps. Tous leurs tableaux de cette sagesse, qu'ils appellent le Verbe après Platon, λόγος, se réduisent à des descriptions panthéistiques de la lumière du monde et de son principe originaire. Lisez les *Stromates*. La raison, en effet, considérée dans l'homme et dans les sociétés humaines, ne peut se passer d'une force radicale pour cause, pas plus que ne peuvent se passer des forces correspondantes à leurs effets, tous les phénomènes de l'univers ; tout cela c'est Dieu, quand on le considère dans ses forces productrices ; les forces productrices de la raison constituent Dieu dans une des parties de son essence ; et voilà l'argument qui domine dans tous les ouvrages des Pères de l'Eglise des deux ou trois premiers siècles. Cet argument revient, en philosophie, à celui d'une causalité dont ne peut se passer tout phénomène, et d'une causalité qui soit en rapport de proportion avec l'effet ; c'est de la géométrie. « La démonstration de Dieu, a dit V. Hugo, est mathématique. » L'univers se compose de phénomènes de toutes les espèces ; donc il possède, en principe, des forces propres à produire ces phénomènes, et dans chaque espèce, proportionnées à leur production. L'ensemble de ces forces est Dieu lui-même, et Dieu est *un* quoique multiple, parce que ces forces ne peuvent être qu'éternelles, et qu'en étant éternelles elles doivent radicalement se résoudre en l'unité, comme se résolvent à l'unité tous les nombres par leur essence même. Qu'est cette théorie si ce n'est celle du panthéismo pur?

La raison éternelle est la force qui fait qu'entre toutes les forces du monde, seule raison explicative possible de l'existence du monde, aucune n'est aveugle et ne produit ses effets par hasard. Cette force, qui les éclaire toutes, est la lumière du Verbe éternel, qui s'incarne en tout homme et qui s'est spécialement incarnée en Jésus, l'homme type, le vrai fils de l'homme, ainsi qu'il s'est qualifié lui-même; et de là tout le pan-théisme chrétien des premiers siècles.

De là aussi leur organisation sociale communiste : il n'y a que des frères, disait-on, et entre des frères qui s'aiment, se peut-il que les uns souffrent pendant que les autres seraient riches et heureux? Ne pas mettre en communauté tous ses biens serait un péché d'omission plus grand que celui de faire souffrir directement son semblable. « Que feriez-vous, disait naguère notre Lamennais, dont le cœur sonnait si bien à l'u-nisson des cœurs unis des premiers chrétiens, à ceux qui voient souffrir leurs semblables, et qui ne partagent pas avec eux le moyen de les empêcher de souffrir, lorsqu'ils le peuvent, que feriez-vous donc si vous les haïssiez? »

Telle était la manière de sentir et de raisonner des premiers disciples de l'Evangile ; et ce raisonnement, aussi bon qu'il était naïf, produisit, dans leur pratique sociale, le communisme, et dans leur dogmatique, le panthéisme pur que j'ai exposé.

Voilà donc le communisme panthéistique de la première phase évangélique, qu'on peut appeler la phase orthodoxe.

Mais en vinrent bien d'autres, qui s'élevèrent en s'écartant plus ou moins de ce qu'on a nommé l'orthodoxie. Cette orthodoxie est allée se dogmatisant elle-même de plus en plus jusqu'à finir par exclure de son catholicisme prétendu, le panthéisme originel, que reprendront cependant plus tard des génies de premier ordre, tels que les Fénelon, les Leibnitz, les Malebranche, tout en restant dans la ligne de l'orthodoxie religieuse. Laissons donc cette ligne droite qui va être celle du catholicisme romain, grâce à la papauté se substituant par degrés à la souveraineté ecclésiastique, et parlons des écarts en libre pensée, tant communistes que panthéistiques, qui furent qualifiés par elle d'hérésies.

II. Le néo-platonisme vint en première ligne, et eut pour soldats les génies célèbres Ammonius Sacca, Porphyre, Jamblique, Jérocle, Proclus, Maxime, Julien dit l'Apostat par l'orthodoxie romaine, et beaucoup d'autres. Plotin, par la pro-

tection d'une impératrice, obtint l'agrément et
l'appui de l'empereur Gallien pour fonder, en
Campanie, une ville modèle où l'on devait réaliser la république de Platon, mais le projet fut
abandonné par un changement de caprice de
Gallien. La célèbre Hypathie, qui fut martyrisée
par les chrétiens orthodoxes d'Alexandrie sous
l'évêque Cyrille, marque à peu près, par son
cours, la chute du néo-platonisme.

Dans les temps qui avaient précédé, avaient
fleuri en Egypte, les Esséniens et les Thérapeu-
tes, communistes religieux à la vie austère comme
les Sérapiens; chez eux, le célibat était de rigueur, on se recrutait par adoption et par initia-
tion. Ce n'était alors qu'un très faible commencement de la libre pensée qui, dans l'Eglise, devait engendrer tant d'hérésies prétendues.

La première des hérésies communistes et panthéistiques se développa sans qu'on en prît assez au sérieux la dogmatique pour la déclarer
formellement hérétique. Ce fut celle des Mille-
naires ou Chiliastes. Issus des mystères des Si-
mon le Magicien et des Apollonius de Thyane,
l'apôtre Jean parut les favoriser surtout dans
son Apocalypse où se montra le mieux la date
fameuse du millenium, ou règne de mille ans,
pendant lequel serait vaincue la bête, et Jésus

ferait régner la justice. Papias suivit Jean et développa le Millénarisme ; les évêques Pothin et Irénée suivirent Papias, avec les Tertullien, les Cyprien, les Lactance, les Jérôme, et d'autres qui l'adoucirent en l'adoptant.

Étaient venus déjà les Gnostiques qui avaient pour devise : « La communauté de tous les biens et celle des femmes est la source de la justice divine et de la parfaite félicité pour les hommes de bien » et pour doctrine panthéiste, que tous les dieux se valaient, qu'on pouvait également qualifier dieu de *Thot*, d'*Hermès*, de *Chronos*, de *Zoroastre*, de *Mazdac*, etc., etc., et de Jésus. C'étaient là autant d'éons. Leurs femmes célèbres, Agapie, Priscille, Manille, avec lesquelles ils pratiquaient la promiscuité, étaient considérées comme dignes des plus grands honneurs. Bardesane, Montan, Tatien, Basilides, Valentin, Carpocrate, etc., furent leurs grands hommes.

Les Manichéens, disciples de l'esclave Curbic, qui changea son nom en celui de Manès, professèrent un panthéisme dualistique qui prenait pour devise : *raison, tolérance, humanité*, et conclurent à une théorie politique et sociale qui demandait une république universelle d'une part, et, d'autre part, l'abolition de la propriété individuelle et de la famille. Manès a passé pour être le véritable fondateur de la franc-maçonnerie ; il fut écorché vif par ses ennemis. La secte manichéenne s'est maintenue et multipliée jusqu'au viiie siècle, à tel point que l'impératrice Théodora passe pour avoir mis à mort plus de vingt mille de ses membres.

Toutes ces sectes étaient communistes et panthéistes ; elles mélangeaient les maximes du Christ, de Zoroastre, de Pythagore, de Platon, d'Epicure. Carpocrate, un des plus célèbres gnostiques, disait : « La nature révèle la communauté et l'unité de toutes choses ; la communauté est la loi divine à laquelle toutes les lois humaines doivent être subordonnées. Les lois humaines qui s'opposent à la mise en commun du sol, des biens, de la vie et des femmes, constituent autant d'infractions à l'ordre légitime des choses, autant de violations manifestes de la loi naturelle. » Et Epiphane, fils de Carpocrate, dans son livre *de la justice*, écrivait ce qui suit : « La justice de Dieu est d'être en communauté avec égalité. La communauté de toutes choses sans exception, vient de la loi naturelle, la propriété des biens et la distinction des mariages viennent de la loi humaine. »

Parmi les autres hérésies des premiers temps de l'Eglise, dont les noms sont sans nombre, la

plupart furent également communistes-pan-
théistes. C'est ainsi que Mazdak, de Persépolis,
fonda une religion, dont il se disait le paraclet,
mélange de bouddhisme, de parsisme et de christianisme, dont la manifestation terrestre devait
être, selon lui, le communisme.

Ce communisme fut affreusement persécuté
dans la Perse, puis y eut le dessus pendant environ quarante ans, après l'an 502. Mais ensuite,
vint Chosroès, qui, vendu au parti des riches,
fit massacrer, dit-on, plus de cent mille communistes en un seul jour.

Les communistes persans se réfugièrent en
Arabie et engendrèrent plusieurs nouvelles sectes
dont les plus fameuses furent celles des Babekis-
tes, des Zindiens, des Ismaéliens et des Waha-
bites. Tous ces sectaires, en partie musulmans,
furent communistes et violents exterminateurs.
Le *Vieux de la montagne*, qui jeta l'épouvante
parmi les croisés, ne fut qu'un ismaélien. Mais
en définitive aucune de ces sectes communistes
ne put vivre sous le règne du Coran.

Ce phénomène n'a rien d'étonnant, attendu
que le Coran est essentiellement antipanthéiste,
puisqu'il professe un Dieu absolument unique,
non-seulement en substance, mais aussi en essence, et qu'il rejette, par cela même, la trinité,

ou triplicité de forces primordiales nécessaire comme origine du panthéisme. Par conséquent, l'islamisme ne saurait concilier, par aucun côté, avec son dieu autocrate, étranger à l'univers et le dominant en maître, la négation panthéistique qui l'annule à ce point de vue et n'est pour lui qu'un athéisme. Le théisme de Mohammed est également, par là même, exclusif de tout communisme en politique et en économie sociale, c'est la raison radicale qui fait qu'on n'a jamais vu s'élever, dans cette religion, de système communiste ni en théorie ni en pratique.

J'ai fait, dans ce qui précède, le résumé suffisant et nécessaire du mouvement communiste durant les premiers siècles de l'histoire de l'Eglise. Je vais poursuivre ce résumé un peu plus longuement, quoique plus brièvement encore, pendant le moyen âge, avant d'avoir à m'arrêter, plus longtemps, sur les temps modernes qui sont les véritables siècles des théories socialistes et communistes.

CHAPITRE HUITIÈME.

LES COMMUNISMES DU MOYEN AGE.

Ces communismes sont encore un développement social du panthéisme ecclésiastique.

Un des plus anciens et des plus sanglants de ces communismes, par les persécutions horribles des féodaux, fut celui des Vaudois et des Albigeois qui conservaient dans leur dogmatique beaucoup du dualisme des anciens Manichéens et des gnostiques.

Vinrent, aux x⁰ et xi⁰ siècles, les insurrections plébéiennes qui ne furent que des orgies sanguinaires, celle des *paysans* normands, celle des *pastouraux*, celle des *Jacques* en France, celle des *Birkeinbeiner* en Norwége, celle des *paysans* anglais, celle des *paysans* valaisiens et piémontais, celle des *Ciompi* de Florence, celles des *paysans* de Turgovie et Jutlandais contre Canut et ses prêtres, celles des *Stadings* de la Frise, et

14

tant d'autres qui ne furent que des protestations contre les droits féodaux et des réclamations sanglantes des droits naturels et du suffrage de tous pour arriver à la république universelle égalitaire.

Tous ces troubles ne furent que des convulsions désordonnées de la misère aux serres de l'opulence. Ce ne furent pas même des théories.

Wicleff, reprenant une idée qu'avait déjà soutenue Lolard en Angleterre, disait aux paysans révoltés : « Bonnes gens, les choses ne pourront aller bien en Angleterre que lorsque les biens seront de commun, qu'il ne sera ni vilains ni gentilshommes et que tous seront égaux. »

Après Wicleff, Jean Huss et Jérôme de Prague profèrent ce cri religieux d'égalité : « La coupe au peuple ! » et sont brûlés vifs par le concile de Constance, composé d'ecclésiarchistes qui ne sont pas plus tolérants que les cathédrarchistes.

Bientôt, ils sont vengés par les cent mille paysans du terrible Ziska dans la Bohême au mont Thabor. Le cri des Thaboristes est : « Plus de rois, plus de prêtres, » et tous leurs excès sont connus. Qui arrêtera la misère révoltée? La faim n'a pas d'oreilles Le terme des conquêtes des Hussites fut leur défaite après des victoires des plus signalées, et, en définitive, leur repos dans les établissements des frères Moraves, dont les communautés sont devenues célèbres par leur égalitarisme pacifique.

Les hernuters leur succèdent donc, avec leurs fonctions toutes à l'élection et leurs écoles modèles. Tout n'est pas absolument en commun dans ces colonies : chaque associé reste maître d'une partie des fruits de son travail.

Puis voici que se lèvent les anabaptistes à la suite de Storck et de Munzer qui, de l'égalité religieuse déduisent l'égalité sociale absolue, et la communauté des biens. « La terre, disait Munzer, est l'héritage commun... Rendez-nous, riches, avares usurpateurs, les biens que vous nous retenez dans l'injustice. »

En Suisse, révoltes et associations des paysans sous le drapeau qui porte pour devise : « Toute société où la communauté des biens n'est pas établie est imparfaite; » et « les magistrats sont inutiles dans une société de fidèles. »

Beaucoup d'anabaptistes se transforment en communautés de frères Moraves, où « tous les biens sont communs et administrés par un économe. Le mariage y est maintenu, mais sans liberté : le plus âgé des garçons est marié toujours avec la plus âgée des filles. C'est la loi de l'amour qui est violée. Aussi l'on tombe bientôt en proie à la discorde, et ces colonies vont à la décadence. »

On se relève plus tard et l'on fait de Munster la Jérusalem nouvelle. Les anabaptistes, dans ce second essai, mettent tout en commun. Jean de Leyde est leur chef et, en même temps, le chef de la fameuse orgie de Munster, qui est, au bout de deux ans, réprimée par le supplice de Jean de Leyde et par les tortures.

Toutes ces tentatives ne finissent que dans un gouffre horrible d'ignorance et de sang.

Luther se fait le prédicateur de l'extermination des révoltés : il dit aux seigneurs : « Vous pouvez maintenir cette servitude (la servitude des paysans) en toute conscience, attendu qu'il est dans l'ordre que l'homme soit grevé de charges, de peur qu'il ne regimbe. »

L'homme a épuisé toutes les ressources qu'il a pu trouver en lui. Il se retourne vers la femme. Guillaume Postel d'Avranches, nommé par François Ier, professeur au collége de France, s'enthousiasme pour une religieuse qu'il appelle la vierge vénitienne et la proclame l'universelle réformatrice. Jeanne va sauver le genre humain. C'est la femme qui recèle tous les trésors, toutes les perfections du corps et de l'âme. Il finit par passer pour un fou et n'est pas loin de mériter cette réputation.

Ne voit-on pas encore de nos jours, quant à la femme, des excentricités demême qualité....?

Savonarole prêche, à Florence, la liberté et se borne à peu près à des enthousiasmes d'affranchissement et de fraternité. Le beau et le bien et les excès brillent, à la fois, dans sa prédication pour les faibles contre les puissants. C'est une des nobles figures du moyen âge.

En 1516 paraît l'*Utopie* de Thomas More, l'honnête chancelier d'Angleterre, l'ami d'Erasme et le grand martyr.

L'*Utopie* est un chef-d'œuvre inspiré, à la fois, par la république de Platon, par le mosaïsme, et surtout par l'évangile. C'est la théorie du communisme le plus parfait; mais ce communisme n'est pas sans quelques écarts d'un autoritarisme dont il ne peut jamais se dépouiller. Les lois pénales sont, dans l'*Utopie*, exagérées; les crimes y sont punis par l'esclavage; l'adultère est de ces crimes, et la récidive est punie de la mort : grandes taches certes, mais qui n'empêchent pas l'ensemble de l'œuvre d'être une des plus hardies et des plus philosophiques prédications de l'esprit.

Après Thomas More est venu un autre chancelier d'Angleterre, François Bacon, qui fit, lui aussi, une sorte d'*Utopie;* son *Atlantis nova,* no fut jamais achevée, elle est restée, d'ailleurs, une utopie purement philosophique. L'auteur y rêve une institution scientifique et artistique qui a pu donner à la révolution française l'idée de son institut de France.

Peu de temps après, Harrington rêva la liberté dans son *Oceana*. Cette *Oceana* était, d'après le rêve de l'auteur, l'image de l'Angleterre. A l'aide d'une répartition agraire combinée en vue de la position sociale de chaque individu, laquelle mettait l'île hors de danger d'être agrandie ou détruite, il y aurait eu impossibilité, pour les individus et pour les castes, d'opprimer les masses par le monopole territorial. Horn rendit justice à l'*Oceana*, dont l'auteur devint fou et mourut empoisonné.

Milton, l'ardent républicain, montra par son *Traité de l'éducation*, qu'il rêvait aussi de communisme, au moins dans cette matière. Sheridan l'a traité de chimérique pour son égalitarisme pédagogique.

Avant ces manifestations socialistes du génie anglais, avaient eu lieu quelques manifestations semblables en Italie. La première avait été celle de Francesco Doni, traducteur de l'*Utopie* de More, et constructeur lui-même d'une cité idéale communiste dans ses spirituels dialogues intitulés :

Mondi celesti terrestri ed infernali. Chaque métier travaille, dans cette cité, pour la communauté, et reçoit, en échange, ce que produisent les autres métiers pour la consommation. Qui refusera de travailler, le pouvant, n'aura plus de vivres. Les vieillards et les infirmes seront nourris dans de superbes palais. Aux jours du repos, les travailleurs s'adonneront aux beaux arts et aux jouissances intellectuelles.

Trente ans plus tard, Giovanni Bonifacio avait publié sa *République des abeilles*, qui, vivant en commun, sont des modèles à imiter pour les hommes.

Son contemporain Campanella est très connu. Ce moine avait fanatisé plus de trois cents moines dans Naples pour sa république égalitaire et communiste. La conspiration échoua par suite d'une dénonciation ; il supporta, avec une incroyable fermeté, les tortures et subit deux années de cachot. Il finit ses jours à Paris et y écrivit sa fameuse *Cité du soleil*, qui est un rêve dans lequel on pratique la communauté des biens et des femmes. Les repas sont pris en commun, les mariages ne sont pas libres, ils sont réglés par les magistrats. On reconnaît, dans ce rêve, la république de Platon. Les magistratures portent les noms des vertus ; les peines sont très sévères ; par exemple, la femme qui se farde est punie de mort.

Giordano Bruno, brûlé par l'inquisition à Rome en 1600, est le dernier des apôtres de l'utopie sociale en Italie.

En Russie le mouvement de l'esprit n'était pas nul, non plus, puisqu'il devait aboutir, dans la seconde moitié du xviie siècle, à la grande insurrection révolutionnaire des Cosaques conduits par Stenko Razine, dont les combats furent héroïques et qui mourut dans la torture ; Razine préludait au *nihilisme* de nos jours qui promet à la Russie la plus terrible et la plus universelle des révolutions.

Qu'ai-je vu jusqu'à présent?

J'ai vu se développer, dans les solitudes du génie, de magnifiques rêves inspirés par ceux de Platon, le grand initiateur ; et ces rêves n'ont mérité, comme rêves, que mes admirations.

Mais j'ai vu aussi, se tenter, dans le moyen âge, l'application du communisme, et ce côté de la scène ne m'a présenté que des horreurs. C'est la misère aux prises avec l'opulence, et l'une se culbutant sur l'autre dans l'abîme du sphinx, qui reste constamment le seul vainqueur avec son énigme.

Toujours le même problème revient : la terre à partager, à mettre en collectivisme et à livrer à des administrateurs communaux qui partagent ses produits entre ceux qui la travaillent. L'idée de l'homme ne paraît pas aller plus loin, et l'on perçoit en cela l'impuissance humaine, car ce n'est pas même là du communisme, ce n'est encore que de la propriété à grands propriétaires collectifs qui se dévoreront les uns les autres, et qui ramèneront la misère. Tant est grande la faiblesse de l'esprit humain, qu'il ne peut pas même rêver le communisme complet; il s'arrête en chemin, dans son rêve, à la propriété communale.

Va donc, pauvre esprit humain, jusqu'à ce communisme complet dont le dieu panthéistique te donne à tout instant le modèle, en te mettant devant le nez l'air, le vent, l'eau, la terre, le feu, la lumière. Ne vois-tu pas que ton collectivisme, vieux comme le monde, prouve, depuis que tu en as l'idée, son insuffisance? Il reparaît toujours pour se perdre toujours dans le même gouffre. Tu t'es fait là un problème éternel, qui se détruira toujours lui-même, à mesure qu'il se formulera, parce qu'il fera renaître le paupérisme, comme la tête de Méduse ses serpents à mesure qu'on les abattait.

Qu'a-t-il produit, ton maigre commencement de communisme, si ce n'est l'horreur des cataclysmes sanglants?

Mais au-dessus de ces horribles choses surnage l'utopie politique du poëte philosophe; et cette utopie dit éternellement aux humains : « Ne vous découragez pas! espérez contre l'espérance!... N'avez-vous pas, pour garantie d'une réussite dernière de votre âge d'or, la loi même absolue de la rectitude qui pénètre les profondeurs du monde panthéistique?... »

CHAPITRE NEUVIÈME.

LES COMMUNISMES DE L'HISTOIRE MODERNE.
XVII° ET XVIII° SIÈCLES.

Je vois s'ouvrir les temps modernes avec notre âge littéraire par excellence et avec nos Fénelon. Le xvii° siècle restera le grand siècle du goût, et de la phrase solide. Il restera aussi, par Fénelon en particulier et par le *Télémaque*, le plus grand des siècles qui aient lui sur la France. Que pourrait-on comparer à la popularité de ce grand chef-d'œuvre en littérature et en utopie sociale?

Tous les éditeurs et tous les libraires instruits dans les annales de leur métier, s'accordent à reconnaître qu'il n'exista au monde qu'un seul livre dont la vulgarisation ait dépassé celle du *Télémaque* : le *Livre des Evangiles*; et qu'un seul des livres modernes en ait approché, d'assez loin encore, le petit ouvrage de Lamennais : Les *Paroles d'un croyant.*

Or, Fénelon avait tout ce qu'il fallait pour servir bien la cause du communisme, il était panthéiste et panthéiste dans la juste mesure, ne comprenant qu'un fond unique des choses servant de base à tous les êtres, la substance, qui est, à la fois, lumière ou raison commune et amour en même temps que substance, et pourtant réservant la personnalité, la liberté, la responsabilité et la permanence immortelle de l'être-mode qui a commencé de penser sa durée. Fénelon ne comprenait les êtres que comme des modifications produites dans l'unité de la conscience éternelle, par une force intrinsèque à cette conscience, et devant se perpétuer, par cette force même, attendu qu'autrement la justice ne serait pas satisfaite.

Ce grand utopiste avait donc la condition fondamentale du communisme, qui consiste dans le panthéisme théologal, s'alliant au panthéisme démocratique et social.

D'un autre côté, l'archevêque de Cambrai était devenu l'objet d'une vénération universelle ; il se présentait donc au peuple français mieux armé que personne pour servir de point de départ à une brillante expansion de communisme philosophique, et religieux. Son poëme du *Télémaque* était, d'ailleurs, un roman dans le goût antique de Vir-

gile et d'Homère, qui devait enchanter les esprits par ses charmes. Aussi, l'effet a-t-il ré-
pondu dans une mesure qui a dépassé toutes les
espérances. C'est de ce poëme, en effet, que sont
nées toutes les utopies modernes en communisme, utopies dont l'abondance et la variété
n'ont plus eu de limite. Je vais donner un court
précis des systèmes communistes qui ont pul-
lulé dans les intelligences durant les époques qui
suivirent l'apparition du *Télémaque*.

Ce que je tiens à faire remarquer comme
point de départ, c'est le genre de communisme
qu'avait conçu le génie de Fénelon : Etait-ce autre chose qu'un mélange de communisme et
d'individualisme analogue à celui que j'établis
dans ces traités? Fénelon avait rêvé dans son
gouvernement de Salente et parmi ses peuples
de la Bétique, un régime dans lequel la communauté veille à ce que chaque famille ne puisse
jamais « posséder plus d'étendue de terre qu'elle
n'en pourra cultiver. » Ce régime suppose un
communisme qui protége le maintien d'un individualisme rationnel dans lequel il n'y aura pas
lieu de prêter à usure, et où chacun ne jouira
que du fruit de son travail puisqu'il n'aura de
terre que ce qu'il en cultivera lui-même. Dans la
Bétique du rêve de Fénelon, les terres appar-

15

tiennent à l'Etat qui les partage périodiquement entre tous les cultivateurs. Un salaire suffisant est assuré aux artisans. Tous ont le nécessaire, mais n'ont que le nécessaire. L'aisance est générale; on n'a pas besoin de monnaie, etc.

Ramsay et Florian furent, sur cette espèce de communisme, les disciples fidèles de Fénelon; mais il y en eut bien d'autres, que nous verrons, dans le chapitre suivant, pulluler au XIX° siècle surtout.

Dans les jardins enchantés du génie de Fénelon qui n'a d'égal parmi les anciens que Platon lui-même, tout est riant, tout est beau; mais ces belles choses, quand elles viennent à tomber dans la pratique humaine, peuvent devenir des horreurs; il suffit, pour cette incarnation hideuse, qu'elles soient appliquées avec des oublis; c'est ce qui est arrivé durant tout le moyen âge. Les fraternités des Platon, des More, des Campanella et de tant d'autres, se précipitaient, alors, des hauteurs du génie dans un Tartare. C'était la chute de Lucifer; c'était l'abîme sanglant qui se mettait à la place des Champs-Elysées, c'était la fureur qui succédait à la paix douce et clémente, le désordre à l'harmonie. Le génie ne s'était pas trompé; il avait conçu son idéal, et son idéal n'était autre que le réel de l'avenir, auquel l'humanité devait monter par le chemin du Golgotha. Cet idéal du prophète était le grand exemplaire éternellement posé sur la montagne; nous finirons un jour par l'atteindre à force de gravir. Il est toujours là pour que nous courions après, le réalisant toujours un peu davantage à mesure que nous montons quelques pas de plus, et devant à la fin le réaliser suffisamment pour une neutralisation suffisante de nos grandes douleurs; je dis suffisante, car nous ne le réaliserons jamais tout à fait; ce serait pour nous, devenir ce que nous ne pouvons pas devenir, ce serait devenir Dieu même, terme inattingible parce qu'il est infini.

Mais le génie l'a montré dans ses plus belles conquêtes humaines : le génie de Fénelon plus que tout autre génie, parce que celui-là était profondément chrétien, et la modération même, où réside la sagesse. Etudions à présent, ne serait-ce que pour les énumérer, les rêves modernes, les modernes utopies, qui ont, toutes, des points destinés à devenir les réalités de l'avenir, mais qui ne le sont pas encore devenues.

Les disciples de Fénelon sont autant au-dessous de sa hardiesse, qu'au-dessous de son génie.

Ce sont, d'abord, les optimistes Bolingbroke,

Pope, Larochefoucauld, Lamettrie, Helvétius qui
réclame des lois agraires, une éducation pro-
fessionnelle dans laquelle le supplice de la honte
remplacera presque toutes les peines, une
bonne législation qui ferme la porte à tous les
fanatismes religieux, une fédération des nations, une morale fondée sur ce principe : ne
point faire à autrui ce qu'on ne voudrait pas
qui nous fût fait. Faut-il a̧ uter cet autre principe
admis par les mêmes grands hommes : *le salut
du peuple est la loi suprême?* Non, parce qu'il
impliquerait cette fausseté évidente, qui est une
atteinte à la justice : que le salut d'un seul juste
peut et doit être sacrifié au salut de tous.

Les Athéniens avaient la loi négative opposée
gravée, dès le temps d'Aristide, dans leurs âmes.

Un jour, quelqu'un proposa à leur assemblée,
un moyen, qui, disait-il, avait été conçu par Thémistocle, d'assurer le triomphe de l'Attique. Avant
de répondre, l'assemblée demanda que le moyen
fût révélé à Aristide. Aristide en reçut le secret
en son particulier, et revint dire à l'assemblée:
« Le moyen que propose Thémistocle est infaillible pour faire triompher la puissance d'Athènes, mais il est aussi contraire à la justice qu'il
est infaillible. L'assemblée entra en délibération,
et sur l'affirmation du juste Aristide, décréta

qu'elle n'userait pas du moyen, tout infaillible qu'il pût être, parce qu'il n'était pas conforme à la justice.

Thémistocle avait proposé de déterminer un incendie de toute la flotte ennemie, qui était, en ce moment, réunie dans le Pirée.

Voilà le sentiment de justice qui régnait, en ces temps antiques, dans la ville d'Athènes; cette justice est absolue et commandera toujours. Recevez, législateurs modernes, cette grande leçon des antiques Athéniens. Jamais, absolument jamais, dans le communisme de l'avenir, on ne violera la justice même, pour le salut du peuple.

Salus populi, suprema lex! Fi donc! c'est une loi de jésuite, qu'une pareille loi! tu n'es qu'un jésuite, ô utilitaire Helvétius, avec ton athéisme! Et vous, ô philosophes, d'Alembert, Diderot, Volnay, Condorcet, vous êtes bien les disciples de Fénelon quand vous vous élevez contre les puissants de ce monde, contre tous les Pygmalions dans leurs palais. Mais vous ne sauriez être des nôtres quand vous admettez le despotisme éclairé. Qu'il soit maudit, ce despotisme, maudit par tous les communistes libéraux de la terre, comme il le fut toujours par mon Fénelon osant écrire ses fameuses lettres à son grand Louis XIV, à son Roi Soleil.

Vous, au contraire, autres petits-fils de mon Fénelon, grands démocrates, enfants directs de J.-J. Rousseau, soyez bénis! vous avez posé la grande base de toutes les révolutions et de tous les progrès, le suffrage de tous.

Vous aussi, rejetons de la même famille, venez à moi, grands utopistes, qui avez pour maître le sympathique abbé de Saint-Pierre; vous avez, après votre maître, jeté au monde la première idée du tribunal arbitre entre les nations pour l'établissement et le maintien de la paix perpétuelle. Gardez parmi les vôtres l'auteur de la *République des séverambes* où les biens sont en commun et où toutes les lois sont dirigées contre l'orgueil, contre l'avarice et contre l'oisiveté. N'avez-vous pas vu la justice même dans de pareilles lois? Vous l'avez entrevue, à travers les nuages des siècles, dans l'avenir des peuples.

Jusqu'à toi, excentrique et impur écrivain Restif de la Bretonne, oui jusqu'à toi qui laisses s'épurer de ton abondance les scories de la plus brutale et impure volupté, apporte-nous le tribut de ton xviiie siècle dans ton utopie de la *Découverte australe*. Et toi aussi, Marmontel, fais-nous ton beau roman des *Incas* et des îles fortunées. Tout cela nous élève l'imagination à des

hauteurs dignes de mon dieu panthéistique, qui
est l'âme de la nature et de tout ce qu'elle implique de forces générantes.

Mably n'a pas fait d'utopie, mais il a toujours
été et est mort communiste au sens le plus for-
mel de tous les biens communs. « Tout le mal,
dit-il, vient de la propriété individuelle, et l'inégalité des fortunes fait le malheur du genre
humain... La communauté des biens fera seule
les bons citoyens. » L'abbé Bonnot de Mably,
frère de l'abbé de Condillac, est encore un élève
de Fénelon.

Brissot est plus violent que Mably, mais
moins raisonné dans ses *Recherches sur le droit
de propriété et sur le vol.* Il qualifie de vol, avant
notre contemporain Proudhon, tout ce qui n'est
pas propriété de par la nature et exigé par le
besoin strict. Là il se trompe. S'il eût dit que la
propriété est toujours le fruit du travail et qu'elle
est, en cela même, fondée sur la nature, il ne se
serait pas trompé; mais quelle limite vient-il
nous apporter en la mesurant sur le besoin? Il
y a bien le devoir pour ceux qui ont, de secourir
ceux qui n'ont pas et dont le besoin rigoureux
n'est pas satisfait; mais ce dont ceux-là secour-
ront les besogneux restera toujours leur propriété, s'ils l'ont gagné par le travail, et le seul

besoin n'en fera pas la propriété d'autrui. Cette distinction doit être maintenue pour le maintien de l'ordre social, bien qu'il faille reconnaître que celui qui ne partage pas avec celui qui a besoin, n'est qu'un mauvais frère, équivalant à un voleur. Ce langage, identique à celui des pères de l'Eglise, est vrai sans doute et bon, mais n'exprime pourtant que le devoir de charité qui n'est point identique avec le droit de propriété.

Morelly se retrouve le plus grand utopiste du xviii° siècle ; Morelly est l'émule des Platon, des More, des Campanella, des Fénelon. Voici ce qu'il a dit quelque part et que je répète sans le tenir de lui, pour l'avoir seulement lu dans Rabelais il y a plus de trente ans. La vraie règle de conduite de la nature, est ce précepte écrit par Rabelais sur la porte de l'abbaye de Thélème : « Fais ce que voudras. » Cette règle est celle de mon individualisme lui-même, elle dit tout, à la fois, dans l'ordre politique, dans l'ordre économique et dans l'ordre religieux ; elle énonce ma liberté en politique, ma liberté en économie sociale, ma liberté spirituelle (voyez mon *Eglise de la liberté*, mon *Contrat économique*, et mon *Contrat social des républiques de l'avenir*). Jamais précepte ne fut plus profond.

Pour Morelly, ce que la nature a voulu, c'est

l'unité indivisible de patrimoine et l'usage commun de ses productions... La peste universelle
est l'intérêt particulier. Sur ce dernier point, je
lui crie : Oui ! oui ! dans sa tombe; mais sur le
premier, il en est autrement : Comment se
pourrait-il que chacun fût le maître de son travail, si le patrimoine restait indivisible et commun ? Le patrimoine, quel qu'il soit, est, par portion, le fruit d'un travail, une production dont le
fonds reste toujours commun, étant le bien de la
nature et de Dieu son éternel producteur, et qui
devient, par l'assimilation du travailleur, sans
cesse, la propriété de ce travailleur lui-même.
Si l'appropriation par le travail est une vérité,
l'indivisibilité du patrimoine est une erreur. C'est
l'erreur générale de tous les communistes et
collectivistes absolus, qui ne tiennent pas compte,
comme le faisait Fénelon, dans son panthéisme,
de la liberté et de la puissance de l'individu.

Dès le temps de Fénelon, Leibnitz, le grand
Leibnitz, avait rêvé, lui aussi, sa république
chrétienne, mais il n'avait guère abouti qu'à
mettre le monde sous la double verge du pape
et de l'empereur. Leibnitz n'était point panthéiste, il ne pouvait pas l'être avec sa monado-
logie, et avec sa hiérarchie de monades; il pouvait admettre le Dieu souverain étranger au

15.

monde, avec des sous-dieux de toute force. Il
aurait pu être païen, notre grand Leibnitz, avec
sa métaphysique qui n'avait pourtant rien d'irrationnel ou d'impliquant contradiction. Aussi
ne faut-il pas s'étonner d'avoir à le juger comme
je viens de le faire, tout en l'admirant et en
rendant justice à son génie. Mettons, à la place
de son nombre déterminé de monades, la seule
monde éternelle qui s'informe de toutes les
manières et dans tous les modes pour engendrer
les monades, et nous avons le grand panthéisme
dont les modalités engendrées resteront toujours
devant le moi, grâce à leur soutenant qui est
éternel et à leur soutenu qu'elles ne perdront
jamais.

Voici que naît un nouveau communisme chrétien : celui-là est pratique et fait merveille. C'est
le chef-d'œuvre des jésuites du Paraguay. Ces
Pères, n'ayant en vue que la communauté des
premiers chrétiens, établissent, entre leurs néophytes, un communisme des biens, sur le modèle
de la république de Platon. Ce sont leurs Indiens
convertis, qu'ils organisent de la sorte. Mon-
tesquieu a fait lui-même l'apologie de cette fondation communiste qui a eu beaucoup plus de
défenseurs que d'ennemis, malgré l'animosité
proverbiale du xviii° siècle contre le christia-

nismo, et cela par suite du sentiment de bonne foi et de justice, qui est plus ordinaire encore dans le monde que le sentiment contraire. Les réductions du Paraguay se présentent au commun des lecteurs sous l'aspect d'une histoire admirable; c'est, avec celle du communisme chrétien des deux premiers siècles, lequel fut aussi radical que possible, et avec celle du communisme luthérien des frères moraves, qui le fut un peu moins, le seul exemple vraiment solide de réalisation pratique qui ait réussi en organisation vraiment communiste, et qui ait persisté durant de longues années.

Les réductions du Paraguay tinrent pendant à peu près cent cinquante ans, de l'an 1650 à l'an 1770; elles se composaient de trente-deux villes habitées par plus de trois cent mille Indiens néophytes, et ne disparurent que par la jalousie des voisins et par la faute des Espagnols eux-mêmes. Les voisins, presque tous Espagnols, les attaquèrent et les écrasèrent par le nombre. La mère patrie força leurs pères à les abandonner. Les jeunes habitants des réductions se défendirent d'abord avec les ressources en armes et la discipline que leur avait procurées l'éducation des jésuites; ils se battirent en vrais héros; mais enfin, ils furent écrasés par le grand nombre,

et quand leurs pères leur furent enlevés, tout
fut perdu.

La seule faute des jésuites, dans cette fondation, avait été d'organiser leurs adeptes de
manière à ne pouvoir vivre indéfiniment par
leurs propres forces, et sans le soutien de ceux
qui les avaient créés en groupes civilisés de la
sorte. Il suivait aussi de cette organisation dé-
fectueuse en communauté, que la domination
de leurs pères leur était indispensable. Ce qui
avait toujours été et qui sera toujours le côté
faible du communisme, sera le besoin qu'il aura
de la domination de certains chefs pour le maintenir dans l'ordre. Cette condition de vie et de
perpétuité, si elle devait être toujours nécessaire,
et si elle ne devait pas être remplacée, un jour,
par la somme elle-même d'individualisme que
je tiens à lui conserver, serait à jamais le vice
intrinsèque de toute organisation en communauté, et le germe morbifère qu'elle porterait
en elle-même, en contradiction et en opposition
avec la liberté.

Après cent cinquante ans de splendeur, les réductions du Paraguay sont tombées, et les habitants de ces pays sont redevenus ce qu'ils
étaient auparavant: de misérables sauvages
qui vont nus et qui, comme les Peaux Rouges,

se laissent décimer par les races supérieures qui les envahissent.

On vit plus tard, en 1789, Ferdinand Ier de Naples, fonder, malgré ses instincts si monarchiques, sur des théories dérivées également de Platon et à l'imitation des chrétiens primitifs des deux premiers siècles, sa colonie célèbre de San Leuccio qui s'éleva en 1823 au nombre de huit cent vingt-trois membres, et qui vivait alors d'une vie prospère. Mais cet heureux essai ne fut jamais qu'une miniature près des communautés établies sur le régime communiste avec mariages organisés de la manière la plus religieuse, par les jésuites du Paraguay.

Il est certain que, depuis les anciens communismes des vieux Spartiates, on ne vit jamais sur le globe, rien de mieux réussi que ces réductions. Ceux qui les attaquent avec le plus d'acharnement n'ont guère à alléguer contre elles que quelques punitions corporelles qu'infligeaient quelquefois les Pères, et qu'ils n'ont presque jamais appliquées. Il est vrai que ces punitions, dont la plus grave était la fustigation, figuraient sur les règlements écrits, pour la peur, mais il est vrai aussi que la peur seule qu'elles inspiraient aux néophytes fut suffisante pendant tout un siècle.

Je répète, forcé que je suis par la bonne foi avec laquelle je tiens toujours à écrire, que les seuls exemples de vrais communismes réussis, sont le communisme des actes des apôtres, le communisme des frères moraves dans une mesure moindre, et le communisme des jésuites du Paraguay institué pour les Indiens convertis. Et je reprends le cours du xviiie siècle.

L'Angleterre, durant cette période, vit s'épanouir devant ses jeunes esprits, l'éloquence de Godwin qui passionna les foules à tel point que de Gerando a dit de cet orateur, dans son traité de la *Bienfaisance publique*, qu'il « exerça sur ses lecteurs un magique pouvoir, qu'il en fit plus que des adeptes, des enthousiastes. »

Vinrent, après Godwin, les philosophes Hume, Locke, Bentham, Williams, Madori et le Pythagoricien Graham qui avait appelé au secours des faiblesses de l'humanité, les forces physiques. Graham avait inventé une machine électrique pour l'amélioration de la race humaine; mais tous ces hommes furent plutôt des économistes politiques que des communistes, et s'il apparaît, dans leurs écrits, des idées qui touchent fortement au communisme, ce sont plutôt des éclats involontaires que des thèses raisonnées.

Daniel Shays, vers 1786, suscita en Amérique

des émeutes communistes qui furent réprimées avec peine par les systèmes bourgeois des Franklin et des Washington.

Mais déjà (1780) la franc-maçonnerie, révolutionnée par les théories de Jean Weischampt, dit L. Blanc, qui appelait les femmes comme les hommes dans la conspiration européenne de l'*illuminisme* pour la liberté, répandait partout des millions d'initiés, orateurs enflammés contre les religions du passé, contre tous les égoïsmes, et prenait pour devise: Liberté, égalité, fraternité.

Saint-Martin, à côté de cet illuminisme, avait établi le sien, moins profond sans doute que celui de Weischampt, mais plus brillant, plus tapageur, plus célèbre. C'est Saint-Martin qui suscita les Mesmer, les Cagliostro, les Swedenborg. Tous ces illuminés, souvent insensés dans leur surnaturalisme naturel, semaient la révolution dans les âmes; puisque c'était pendant cette fermentation même que se préparaient les cahiers de 1789.

Vint bientôt la Jacquerie qui mit la révolution sanglante dans les faits; elle brûla les châteaux, les titres des dîmes et des rentes, ceux des jurandes et des maîtrises; elle fut même scientifiquement soutenue par quelques brochures vraiment communistes, réclamant la loi agraire, la subsistance des pauvres assurée, la réforme du clergé, l'égalité entre la femme et l'homme, etc., et, par-dessus, la fraternité de tous les peuples avec une abolition radicale de la mendicité.

Saint-Just demanda qu'on supprimât les héritages autres que ceux de la ligne directe et des collatéraux frères et sœurs, pour les remettre aux mains de la république; il déclara que tout homme oisif est le dernier soutien de la monarchie, et il proclama qu'il n'existe, de par la nature, qu'un mariage légitime entre l'homme et la femme, celui de l'amour.

Mais, dans cette effervescence des cœurs les plus hardis, ni Danton, ni Marat, ni la masse des Jacobins, ni la Convention ne furent communistes. C'est ce qu'on peut conclure des lois révolutionnaires que nous a laissées cette fraction de la nation républicaine qui formait alors la majorité: toutes ces lois concluent, en effet, à la conservation de la propriété et de ses revenus usuraires; la propriété, d'après ces lois, donne au propriétaire le droit d'user et d'abuser de ce qu'il possède, principe égoïste que j'ai longuement réfuté dans mon traité, *De la justice dans l'usage de la propriété ou le contrat économique des républiques de l'avenir.*

Barrère ne faisait-il pas passer, à la Convention,

le vote « de la peine de mort contre quiconque proposera ou tentera d'établir des lois agraires, ou toutes autres lois ou mesures subversives des propriétés territoriales, commerciales ou industrielles? »

On prit aussi, en compensation de telles lois à caractère égoïste, certaines mesures à esprit contraire qui ne valaient pas mieux parce qu'elles étaient désordonnées, et parce qu'elles se détruisaient les unes les autres. Telle fut celle qui obligeait la société à nourrir ses vieillards et ses infirmes, tout en laissant en problème les moyens d'exécution. Telle fut encore celle-ci : que tous les enfants seront élevés aux frais de la république, de l'âge de cinq ans jusqu'à l'âge de douze ans pour les garçons, et de l'âge de cinq ans jusqu'à celui de onze ans pour les filles, et que l'éducation sera égale pour tous. Comment comprendre que cette grande nation, la France, ait voté en une solennelle assemblée, de telles mesures, sans s'occuper des moyens de les mettre à exécution? Les communistes étaient beaucoup plus sages : c'était la question des moyens qui les préoccupait, ceux-là.

Les lois dont je viens de parler, n'étaient cependant pas des rêves d'utopistes; ces lois et beaucoup de semblables firent partie de ce *pro-*

jet Lepelletier qu'adopta la Convention sur la proposition de Robespierre.

Faut-il chercher d'autre raison pour expliquer comment le jacobinisme s'évanouit comme un feu follet, lorsque, après les fameuses hécatombes successives des Girondins, des dantonistes, et de la Commune de Paris, il tomba lui-même, avec son chef, sous les coups des thermidoriens. La réaction, dès lors, fut profonde même dans le peuple, mais surtout dans ses chefs. Aussi fut-ce en ce moment que se dressa la conspiration de Babœuf et de ses rêveurs, les Buonarotti, les Lindet et les autres.

Cette conspiration comptait dix-sept mille conjurés parmi les militaires, et si le traître Grisel n'avait pas tout vendu au Directoire, la vieille société eût-elle été sauvée?

La conspiration babouviste était communiste ; c'est ce qu'on peut constater par l'ensemble des pièces que donne à lire Benoît Malon, dans son *Histoire du socialisme*, à la fin de la première partie de son travail. Je me contenterai ici d'en rappeler les intitulés :

Manifeste des égaux, par Sylvain Maréchal, adressé au peuple de France.

Principes : Organisation du régime de la communauté. Décret économique, des travaux communs, de la distribution et de l'usage des biens de la communauté, etc [1].

Mais quel fut l'effet de toutes ces conceptions? Il fut absolument nul. Il consista seulement à jeter sur la terre quelques vieillards convaincus, qui échappèrent aux couperets de la fureur révolutionnaire, tels que Buonarotti. Il est vrai que le jacobinisme et le thermidorisme ne laissèrent entre eux aucune issue aux théories communistes, puisque la conspiration de Babœuf ne réussit pas mieux que ses aînées, que dis-je? presque toutes ses aînées avaient encore mieux réussi, celle des *ciompi* par exemple, (compagnons ouvriers de la laine et de la soie) à Florence était parvenue à se rendre assez forte en 1378 pour s'emparer des rênes de l'Etat; mais ils ne régnèrent que trois mois, et vint bientôt, comme salut prétendu de la république, le principat des Médicis.

Il en sera toujours ainsi de tout essai de gouvernement communiste ou socialiste, qui se fera à l'imitation des gouvernements ordinaires, et qui n'emploiera que les moyens gouvernementaux empiriques. Etudiez bien ce qui se passe en ce moment dans la Californie :

L'ancien charretier Kearney, devenu un grand

[1]. Lugano (Suisse), imprimerie F. Veladini et Cie, 1878.

agitateur, a fait voter, dans ce pays nouveau, une constitution socialiste qui doit avoir son effet pratique à partir du 1er janvier 1880. Cette constitution californienne, votée à une majorité de 10,000 voix par cette nation hardie, va vous donner le spectacle d'une de ces tentatives. Vous la verrez échouer, comme celle de Munster sous Jean de Leyde, après avoir duré moins encore peut-être que celle de Munster. Un échantillon du manque de science et de l'ignorance crasse de leurs lois empiriques, qui ne touchent que la surface sociale, c'est la proscription qu'ils ont votée contre les ouvriers chinois parce qu'ils viennent leur faire concurrence et font tomber chez eux la main d'œuvre. Une loi de proscription sera toujours une mesure vicieuse qui échouera comme toutes celles qui l'accompagneront et qui seront nécessairement de même nature. On ne change pas ainsi l'habitude économique d'une nation; de telles mesures, si jamais elles arrivaient à produire leur effet, ne le produiraient qu'à l'aide de cataclysmes horribles qui se succéderaient pendant des siècles, et réduiraient le monde au désarroi le plus terrible. Attendez-vous à en voir encore, dans quelques mois, un exemple mémorable par lequel vous pourrez juger du caractère transitoire de cette tentative.

CHAPITRE DIXIÈME.

LES COMMUNISMES DE L'HISTOIRE CONTEMPORAINE.
XIXᵉ SIÈCLE.

J'entre dans ce XIXᵉ siècle, qui est le siècle de ma vie et de celle de mes contemporains.

Durant cette période, que Victor Hugo a appelée « la période des apôtres, » qui est venue après celle qu'il a nommée « la période des philosophes, » laquelle succédait, selon son expression judicieuse, à « celle des écrivains, » et qui est la dernière pour moi jusqu'à ce jour, mais qui sera plutôt, dans l'humanité, la première que la dernière ; l'idée même que je viens de voir mettre en branle la révolution de mon pays, révolution essentielle à toute race intelligente, et qui ne manque à aucune, se remue, mais ne fait guère que se remuer encore à titre d'idée.

Cette idée, en effet, imagine beaucoup, mais ne réalise pas grand'chose. Notre XIXᵉ siècle est bien, cependant, le siècle des faits, mais non pas des faits en communisme. Il est plutôt le siècle des faits en propriété.

N'entendez-vous pas retentir partout, sous les accents prétentieux de l'axiome, à côté du principe de la religion et du principe de la famille, le principe de la propriété individuelle?

Mais par là même que c'est là le cri universel, ne faudrait-il pas dire que ce principe est d'autant plus fortement atteint? Est-ce qu'on s'attaque jamais de la sorte, à ce qui doit durer toujours? Et ces attaques elles-mêmes ne seraient-elles pas l'indice que la chose sainte, en butte à tant d'objections théoriques et pratiques, est une chose non solide dont on sent, sous le sol, trembler les échafaudages?

Si la révolution, du reste, a lancé l'idée dans le rêve, qui conserve sa vitalité, et si elle l'a paralysée dans son essor pratique, ne faut-il pas avouer qu'elle lui a donné une vie nouvelle, qui n'est qu'une prophétie universelle de ce que fera l'avenir?

Voyons d'ailleurs, si nous ne trouverons pas des essais plus ou moins malheureux qui nous parleront avec éloquence, par les contraires et au sens négatif comme celui de la Californie que je viens de citer en manière de prophétie très prochaine; car fort souvent, dans la série du monde humain, c'est aux négations .qu'il faut demander les réponses affirmatives des grandes choses.

Le premier apôtre qui vient en date est Saint-Simon, le petit-fils du célèbre duc qui se prétendait descendre de Charlemagne.

En douze mois Saint-Simon, qui vient de gagner près de ·deux cent mille francs, mange tout. Il a gagné cela sans peine avec un associé. Il se ruine gaiement, et il tombe, des sommets du luxe le plus effréné, dans la plus effroyable misère.

Il avait, un jour, quand il était riche, offert son aide à Dupuytren, alors simple étudiant, bon travailleur. Il va le trouver, alors dans la misère, et lui rappelle ce fait en lui demandant, à son tour, une aumône; Dupuytren lui répond, du haut de sa richesse présente et de son égoïsme de chirurgien célèbre : « Je refusai, monsieur, votre argent. Je ne vous dois rien. »

Saint-Simon se vit condamné à douze années de la plus profonde pauvreté, aux misères et aux humiliations, à tel point, qu'en 1820, il tenta, en son désespoir, de se brûler la cervelle ; la balle ne brisa qu'un œil ; et il vécut encore cinq ans, borgne, pendant lesquels il publia, avec toutes les difficultés possibles, ses travaux.

La vie de Saint-Simon présente quatre phases:

Ier Phase : celle de la réforme sociale, durant laquelle il divisa la société en savants, en artistes, en propriétaires et en non-propriétaires ; parmi lesquels il choisit les plus capables, les savants, pour leur donner la direction de l'organisme humanitaire.

IIe Phase : celle de la théorie philosophique, qui se résout à placer l'âge d'or dans l'avenir, au lieu de le placer, selon les traditions antiques, dans le passé, et qui échelonnait comme il suit les périodes du progrès humain : régime féodal ; régime industriel ; régime pacifique, auquel nous marchons.

IIIe Phase : celle de la régénération historique ; grand parlement européen ; code de morale universelle ; liberté générale de conscience ; corps scientifique européen.

Saint-Simon avait alors pour collaborateurs Auguste Comte, Thierry, Bazard, Armand Carrel, Olindes Rodrigues; Auguste Comte était son deuxième secrétaire.

IVe Phase : celle de la rénovation religieuse. Luther, d'après lui, était aussi rétrograde que le pape ; le christianisme devait ne conserver que cette parole : « Aimez-vous les uns les autres. » Le christianisme ne s'améliorera qu'autant que son amélioration se fera en direction de l'amélioration la plus rapide de la classe la plus pauvre.

Les plus fameux saint-simoniens furent, après ceux que j'ai déjà nommés, Enfantin, Adolphe Blanqui, Buchez, Laurent de l'Ardèche, Carnot, Cerclet, J. Reynauld, P. Leroux, Halévy, Félicien David, P. Lachambaudie, Ch. Le Monnier, Elisa Le Monnier, M. et madame Ivon de Villarceau, F. de Lesseps, Guéroult, Michel Chevalier, Massol, Barral, Pereire, Charton, d'Eichtal, l'Herminier, Bac, etc., etc., en un mot, toute l'élite intelligente de la génération qui allait atteindre la virilité.

Saint-Simon soutint, dans son journal *le Producteur*, l'abolition de l'intérêt de l'argent, dont Proudhon fit plus tard la base de sa grande théorie mutualliste, et son principal argument.

Il lança une seule phrase qui impliquait la doctrine de l'affranchissement de la femme.

Enfantin leva bientôt l'étendard d'une croisade contre le capital et contre l'héritage. La capacité, pour lui, remplace le droit de naissance : « A chacun selon sa capacité. A chaque capacité selon ses œuvres. »

Réhabilitation de la chair, au point que le

paganisme est exalté au-dessus du christianisme qui avait réagi, sous ce rapport, contre le sensuel paganisme. Le saint-simonisme prétend rester dans la juste mesure. Etc., etc., etc [1].

Le premier schisme qui se produisit chez les saint-simoniens, fut celui d'Auguste Comte, le père de nos positivistes d'aujourd'hui. Il lui vint dans l'esprit d'écarter toute idée religieuse, et soutint sa thèse. Mais le mysticisme d'Enfantin l'emporta, et le saint-simonisme se transforma, de plus en plus, en une sorte de théocratie sociale.

Ce fut alors le beau moment du saint-simonisme, ce moment de la foi brûlante, qui engendra l'*Organisateur*, puis le *Globe*, ensuite les *Conférences* de la rue Tarane, de la salle *Taitbout*, de l'*Athénée*, dont les grands orateurs furent Bazard et Enfantin.

Alors se produit un second schisme éclatant, celui de Bazard avec Enfantin. La retraite d'Auguste Comte, n'avait été que la retraite d'un simple positiviste, très éloigné, par sympathie, des instincts souverainement spiritualistes et religieux des vrais saint-simoniens, si romantiques et si poëtes par nature. Ce second schisme eut une portée tout autre, il porta sur l'affranchissement

1. Voy. l'*Histoire du socialisme*, par Malon, p. 88.

du prolétaire et sur celui de la femme, dont le saint-simonisme, à cette date, élevait très haut les qualités intellectuelles et morales, qui seront toujours inférieures à celles de l'homme par cela même qu'elles leur sont supérieures dans leurs spécialités.

Enfantin veut qu'on entre immédiatement dans la pratique de ses théories, et Bazard prétend qu'on doit attendre le jour. Ce dernier est suivi par Pierre Leroux, par Charton, par M. et madame Lemonnier, par M. et madame Guéroult, par Jean Reynaud, par Terson, par Cazeaux, par Carnot, par les Transon, et par beaucoup d'autres. Olinde Rodrigues, alors, fidèle à Enfantin, proclame Saint-Simon l'homme le plus moral de son temps; la chair fut franchement réhabilitée, et appel fut fait au Messie féminin, qui ne se présenta pas. On dépensa son argent en fêtes de toute espèce et en numéros du *Globe* qu'on distribuait *gratis*.

Rodrigues fit, au moment du besoin, une émission d'actions. Cette émission ne réussit pas; et à ce moment de gêne, se produisit un nouveau schisme, aussi grave que l'avait été le précédent entre Olinde Rodrigues et Enfantin. L'argent manquant, le *Globe* cessa de paraître et la famille fut dissoute.

C'est alors que s'opéra cette dernière retraite célèbre des derniers fidèles à Ménilmontant, dans la maison d'Enfantin, au nombre de quarante.

C'en fut fait de la vie joyeuse qu'on avait menée dans la rue Monsigny : c'est désormais la vie ascétique. On abolit la domesticité, on pratique une absolue continence, et on a la patience de l'endurer durant toute une année. On organise le travail par catégories. Le 6 juin 1832, précisément le jour où le peuple se battait après les funérailles du général Lamarque, on endosse l'habit apostolique.

Enfantin publie son appel *à tous*, et c'est pendant qu'on instruit le fameux procès, que se rédige entre eux le *livre nouveau* de MM. Enfantin, Michel Chevalier, Duveyrier, Barrault, etc.

Ceux-ci descendirent solennellement au palais de justice dans leurs costumes d'ascètes, et furent condamnés à un an de prison, après une défense aussi étrange que hardie, qu'on ne leur permit pas de terminer.

Mais, en ce moment, la misère gagnait à Ménilmontant, et on cherchait du travail pour vivre. On se mit à émigrer en France et à l'étranger. M. F. de Lesseps, resté un des derniers fidèles, conçut alors, en Égypte, pour la première fois, le percement de l'isthme de Suez, qu'il a si bien exécuté plus tard, et Félicien David, également fidèle, en rapporta sa grande mélodie du *Désert*.

Sont venues ensuite les entreprises commerciales des Péreire, des Talabot, des d'Eichtal, des Arlès Dufour, suivies de leurs fortunes énormes, et toutes les merveilles qu'ont réalisées, chacun dans leur genre, tous les autres saint-simoniens.

Attendez, lecteur, ce n'est pas fini des prodiges de l'esprit qu'a produits, dans notre siècle, l'influence de la littérature d'un grand génie, du roman épique du *Télémaque* de l'archevêque de Cambrai. J'ai à vous en décrire beaucoup d'autres encore, prenez patience.

Je dois vous dire pour aujourd'hui (1848) que Montanelli, le sympathique Italien, fit revivre un éclat de saint-simonisme à Pise, mais que le grand duc brisa, par la force, sa nouvelle école. Voyez les appréciations et les citations de M. Benoît Malon, de la page 95 et suiv. jusqu'à la page 101, de son *Histoire du socialisme*.

En résumé, que fut le saint-simonisme, si je le juge selon ma franchise habituelle? Il ne fut qu'un simple fonctionnarisme organisé, un communisme inégalitaire, qui cachait la tyrannie et l'égoïsme dans les plis de sa robe ; il faisait appel à la satisfaction de toutes les passions, il cons-

tituait un papisme exorbitant, plus exorbitant
mille fois que le papisme de Rome, jusqu'au
décret du concile du Vatican, ou plutôt jusqu'à
la mise en pratique de ce décret selon le désir
des papes, laquelle n'aura peut-être jamais lieu ;
le saint-simonisme ajoutait à ce papisme, ce qu'a
toujours rêvé, sans oser le dire, le pape de Rome :
la domination universelle par l'alliance du temporel et du spirituel. Le saint-simonisme était
un communisme aristocratique des mieux ima-
ginés. Le communisme chrétien lui était bien
supérieur comme égalitarisme. Devant l'axiome
évangélique de la fraternité chrétienne, qui partage avec celui qui ne peut pas produire, ne
brille guère, son axiome aristocrate des capacités. Il ne manque pas du sentiment panthéistique,
il préconise très volontiers le dieu tout, ce n'est
pas là ce qui lui manque, mais il lui manque
beaucoup dans sa dogmatique sociale, pour être,
malgré sa parenté, un socialisme approchant du
communisme de Jésus.

Dans les temps mêmes où vivait Saint-Simon,
Fourier vint, se disant « possesseur du livre des
destins, envoyé pour chasser les ténèbres, et pour
élever, sur les ruines des sciences incertaines,
la théorie de l'harmonie universelle. »

Fourier fut toujours très riche en injures contre la révolution française et contre tous les philosophes.

Il professe le théisme du Dieu souverain, étranger au monde, analogue au dieu des catholiques. Mauvaise dogmatique, ai-je dit, parce qu'elle est anticommuniste, et qu'elle ne réconcilie pas, comme la mienne, l'athéisme lui-même avec le théisme. Nos théologiens n'ont jamais honoré du nom d'athées un phalanstérien pendant qu'ils n'ont fait autre chose que d'infliger ce nom, comme une injure, à tous les panthéistes.

Fourier fut suivi tout d'abord de Victor Considérant, de madame Clarisse Vigoureux, de Mairon et de beaucoup d'autres.

Les fouriéristes fondèrent un premier phalanstère, de 1832 à 1833, avec 500 hectares achetés près de Condé-sur-Vesgre, et alors se joignirent à ces entrepreneurs audacieux, Cantagrel, Laverdant, Toussenel, Gagneur, Victor Meunier, F. Coignet, Barral, etc.

De 1837 à 1851, on voit briller parmi les journaux à ton très modéré, la *Démocratie pacifique* avec V. Considérant pour rédacteur en chef.

La *Démocratie pacifique* fut dévastée par la garde nationale de Paris, et après 1850, Considérant alla au Texas, où il fonda des phalanstères en assez grand nombre. Il en reste encore au-

jourd'hui en Europe et en Amérique, par exemple, le familistère de Guise de M. Godin Lemaire
est un enfant prodigue de cette grande famille.
On y conserve le grand principe du fouriérisme
qui suppose que le capital est productif par lui-
même et doit prendre sa part des produits du travail. C'est ce principe, essentiellement faux, mais
en harmonie avec les usages économiques des sociétés jusqu'à ce jour, qui lui donne la vie aristocratique qu'il peut avoir et qu'il gardera aussi longtemps que l'ordre social ne sera pas transformé.

Le fouriérisme est une doctrine sociale, qu'ont
beaucoup développée les disciples du maître.
L'idée de la *série*, par exemple, a donné naissance à des milliers de volumes dont le but est
de catégoriser et d'aligner avec un ordre tout
méthodique, des ensembles d'êtres moraux, tels
que des qualités. M. Gilliot a fait sur cette pensée générale, plusieurs volumes de science morale, *esquisse d'une science morale*. Le *travail
attrayant*, *l'attraction personnelle*, *l'éducation
attrayante et égalitaire*, sont d'autres chefs de
série qui ont été également développés par les
disciples.

Aujourd'hui, le *Devoir* du *familistère* de Guise,
est un petit journal à la fois protestant et phalanstérien.

Les critiques qui sont sorties des plumes pha-lanstériennes, contre l'ordre social existant, sont sanglantes et fondées. Toutes sont très éloignées de l'athéisme.

Quant au mariage, Considérant disait : « On no fera jamais de la monogamie une loi natu-relle. »

On peut dire, en général, que Fourier néglige trop le sentiment du devoir, qu'il attribue trop à l'attraction mise par Dieu dans les natures. Il fait de l'homme un mécanisme passionnel au-quel ne commande pas assez la volonté. Il res-pecte, au reste, à un degré suprême, la liberté de chacun, et il ne cesse d'être préoccupé des faibles, des enfants, des femmes.

Voici une formule théorique de Fourier : « La nature est composée de trois principes éternels : Dieu, principe moteur; nature brute, principe passif ou nu; les mathématiques, principe régu-lateur, etc. »

En voici une autre, celle des cinq mouve-ments : le mouvement matériel, le mouvement aromal, le mouvement organique, le mouvement instinctuel, le mouvement social, et le mouve-ment x, ou pivotal.

Une autre est celle de ses prédictions sur la planète : printemps perpétuel, etc.

Fourier compte, parmi les attractions personnelles, les mobiles qui agissent sur le commun des hommes; par exemple le désir des richesses; et il classe tout selon des ordres d'idées parfois bizarres. Ses disciples l'ont imité, en cela, à satiété.

Le phalanstère, pour lui, est l'alvéole sociale. Il conserve la propriété particulière. Cette propriété est représentée par des actions qui sont proportionnelles aux apports.

Les relations amoureuses forment une des curiosités du système de Fourier. Les spectacles y sont annexés. Il y a les *épouses* qui n'ont qu'un homme à perpétuité; les *demoiselles* qui peuvent changer d'amant, mais qui n'en ont qu'un à la fois; les *galantes* dont la liberté est plus grande.

Viennent ensuite les ménages progressifs qui se divisent en :

Favoris et favorites,

Géniteurs et génitrices,

Epoux et épouses,

Etc., etc., etc. [1]

Passons le détroit.

De 1787 à 1789, l'Angleterre s'était fait remarquer par les efforts de Spence pour fonder

---

1. Voyez l'organisation du phalanstère dans l'*Histoire du socialisme* par B. Malon, de la page 102 à la page 132.

ce qu'il avait appelé de son nom, la *Spenconia*, c'est-à-dire la société des philanthropes spencéens. Dans cette société, tout appartenait à l'Etat, c'était le communisme pur. La propriété foncière était inconnue. « La terre, disait Spence, est la ferme du peuple, les droits de l'homme l'exigent pour leur conservation. » L'apogée de la *Spenconia* est en 1793.

Vient ensuite William Godwin, élève de Rousseau. « La communauté, disait-il, tire tout son secret de la justice sociale. » Mary, la première femme de Godwin, fit l'ouvrage intitulé le *Droit des femmes*, et mourut jeune. Godwin se remaria, et ce fut alors que son ami Shelley, ami en même temps de Byron, posa explicitement la nécessité de l'athéisme. Il fit deux volumes contre Malthus, et se noya dans le golfe de la Spezzia. Les écrits de Godwin concluent tous à des propositions comme la suivante: « Pourquoi, travailleurs des champs, labourez-vous donc pour des patrons qui moissonneront vos fruits? »

Robert Owen fit preuve d'une grande puissance d'organisation financière et productive. Il transforma, par ses soins et par ses théories, New-Lanark en un paradis terrestre. Il ne respecta cependant, ni la famille, ni la religion, ni la propriété. Il fut matérialiste et communiste. Il a été appelé par l'économiste Torrens le *patriarche de la raison*.

Dans l'organisme ouvrier de New-Lamark, monté par Owen, on travaillait dix heures par jour, et Owen n'employait que les remontrances morales; il y amena une prospérité fabuleuse.

Justement enthousiasmé lui-même par de tels succès, en 1818, il eut l'audace de s'adresser aux souverains à Aix-la-Chapelle, puis il s'embarqua pour l'Amérique, où il fonda la colonie communiste de Nev-Harmony; mais il échoua après avoir été bien accueilli d'abord.

Il revint en Angleterre, tint des meetings, fonda le journal la *Cooperation magazine*, qui aurait réussi sans la mort d'Abram Combe, son directeur, à Orbiston.

En 1834, eut lieu le plus fort de l'agitation chartiste. Cent mille ouvriers prirent Owen pour chef. On échoua.

Dans le même temps, formation de la ligue du *National labour Equitabl exchange*, échange équitable de travail national, dans laquelle on renonce au numéraire, et l'on fonde une banque comme celle que Proudhon tentera en 1858.

Owen travailla jusqu'à son dernier jour à ses transformations sociales. Il mourut en 1858 après être venu en France, et y avoir fait quelques disciples dévoués, tels que Jules Gray, Evrat, Radiguel.'

Owen avait une mauvaise psychologie, puisqu'il niait le libre arbitre, dont notre conscience nous affirme sans cessela réalité ; mais il soutenait la loi de l'égalité nécessaire des échanges, principe qui renferme tout en lui-même, et qui amènera tout ce qu'on peut désirer, si on l'échenille de toute la marmaille de pucerons dont il s'entoure et qui le dévorent. Mis et exécuté à nu dans sa pureté, il rendra nécessaire le travail universel, et par suite, la plus grande somme de bien-être dont l'humanité soit capable. Le mutuellisme réalisera l'ordre de justice ; le communisme satisfera les besoins de fraternité à l'égard de ceux qui seront incapables de produire ; la paresse seule souffrira ; jamais on ne pourra l'empêcher de souffrir ; elle se guérira elle-même, peu à peu, en devenant travailleuse et se moralisant, voilà tout ce qu'on peut espérer sur cette terre à individualisme et communisme combinés, le premier par et pour la justice, le second par et pour la fraternité.

En 1873, mistriss Girling, illuminée fanatique, avait montré d'une manière éclatante, sa foi et son dévouement. L'illuminisme est une folie, qui vaut souvent mieux que les glaces de la sagesse

17

et de la raison. Cette folie prend sa source dans
le cœur, partie la plus noble de l'humanité, qui
répond à l'amour et qui dépasse de fort loin
l'intelligence. C'est ce qui fait la supériorité de
la femme, qui, elle, est bien munie de ce bon
côté. Mistriss Girling avait consacré sa fortune
et celle de miss Wood à mettre en pratique sa
théorie de fraternité; mais elle avait fini par une
misère dont les gouvernants furent plus responsables qu'elle. Elle avait montré, au reste, dans
le plus profond de cette misère, le courage in-
vincible dont l'illuminisme de cette femme et de
ses adhérents était seul capable.

L'agitation chartiste avait atteint son apogée
et avait duré jusqu'en 1848 pendant les tentatives généreuses d'Owen, de Bray, d'O'brien et de
cette fanatique de la bienfaisance. Il faut citer,
parmi les chants révolutionnaires, qui avaient
exalté à un si haut point la pitié pour la femme
ouvrière, le *Chant de la chemise* « pique, pique, etc. »

Faisons reparaître sur la scène le communisme français.

C'est d'abord Buchez qui, avec son école, commence à faire tapage un peu avant 1848; puis
viennent Proudhon, Cabet, Vidal, P. Leroux,
Louis Blanc.

Le premier initiateur, c'est Buchez qui commence par être athée, et qui finit par devenir catholique; il fonde l'école *catholico-conventionnelle*. La *Ruche* et l'*Atelier* sont ses organes. Corbon, aujourd'hui sénateur, et Forney de l'association des bijoutiers, sont buchéziens. L'idée mère de cette école est l'*association des travailleurs* avec un fonds mis en commun, comme dans les sociétés coopératives. Les aspirations sont communistes, mais l'exécution paraît encore très éloignée de le devenir. Il faut avouer qu'aujourd'hui, cette idée reste et est vivante, quoique le *fonds commun indivisible* soit un germe de désordre et doive engendrer des conséquences pratiques contraires à la justice.

Cabet a réalisé, en partie pendant un temps, la communauté icarienne au Texas; il y est mort d'une apoplexie, à l'âge de soixante-neuf ans, après des divisions désespérantes qui n'avaient pas été sans influence sur sa santé. Cabet avait exposé son rêve humanitaire, et son nouveau christianisme dans son *Voyage en Icarie*. On peut lire les plus importants détails de son organisation icarienne, dans l'*Histoire du socialisme* de M. Malon de la page 157 à la page 163. Cabet est un des communistes philosophes qui ont le plus sacrifié au dévouement à l'humanité.

Dans le même temps à peu près se rendit célèbre Barbès par sa valeur chevaleresque et par son exaltation démocratique. C'est le plus sympathique des socialistes religioso-révolutionnaires. Blanqui l'a suivi, en se brouillant tristement avec lui, et se constituant à jamais son ennemi. Ces querelles indéfinies sont les meilleurs signes de l'absence de systématique sérieuse dans les cœurs qui en sont les victimes. Blanqui est le révolutionnaire acharné qui n'a jamais pensé qu'à démolir parce qu'il est venu dans un temps où il n'y avait guère, en effet, qu'à démolir sur la terre. Sa théorie athée, qui allie très-singulièrement l'immortalisme à la négation de Dieu, ou au moins du Dieu catholique, substantiellement étranger au monde, puisqu'elle consiste à concevoir des retours éternels et périodiques des êtres organisés intelligents, sur cette planète, dans les mêmes conditions, ne ressemble qu'à une parodie éternelle de l'être ricanant de lui-même, avec la danse périodique sans fin de ses pantins dont Blanqui fait lui-même partie pour revenir éternellement jouer son triste rôle dans son fort du *taureau* où il imaginait cette conception [1].

A côté de Blanqui, nommons Lachatre, éditeur

1. *L'éternité par les astres.*

de l'*Histoire des Papes*, du *Dictionnaire universel* et des rêves sociaux d'Eugène Sue.

N'oublions pas surtout L. Blanc avec son système socialiste basé sur l'*égalité des salai- res* [1].

Pierre Leroux me paraît avoir été le plus phi- losophe de tous les socialistes. Il professe, dans sa *Doctrine de l'humanité*, un panthéisme qui est la vérité théologale, et qui résume le mieux les sentiments panthéistiques de tous nos grands littérateurs d'avant la décadence dont nous som- mes les témoins, décadence que n'a pas craint de flétrir, avec son feu sacré, notre grand histo- rien poëte, Michelet, avant de mourir. Pierre Leroux disait de la grande cause des choses, Dieu : « L'Infini Etre, vie triple et une est, à la fois et indivisiblement : être des êtres, esprit d'a- mour, lumière universelle; ou force — amour, — intelligence; ou totalité, — cause, — exis- tence. »

Quoi de mieux pour tout dire en quelques mots.

« Aimer Dieu en soi et dans les autres, aimer les autres par Dieu en soi. Ne pas séparer Dieu, et soi, et les autres. »

1. Comprenez son système idéaliste en lisant les pages 161 à 167 de l'*Histoire du socialisme* de M. B. Malon.

Quoi de mieux encore?

Pierre Leroux disait et pouvait dire :

« Je suis un croyant. »

George Sand fut longtemps le disciple de Pierre Leroux, et son amie. Elle versa même une somme importante, qui aida Pierre Leroux à fonder sa colonie agricole de Boussac dans la Creuse.

Jean Reynaud était l'ami de P. Leroux.

En 1848, Pierre Leroux fut élu représentant du peuple, et sa colonie fut dissoute. Il fit dans l'Assemblée de très beaux discours, auxquels on ne répondit que par des rires; il fut surtout très énergique et très humanitaire, devant ses collègues, après les massacres de juin. Lamennais et Proudhon, aussi bien que lui, reprochèrent leur cruauté aux vainqueurs, et sous la *Commune* elle-même, on fut reconnaissant à leur mémoire de cette bonne action.

A l'âge de soixante ans, P. Leroux apprit l'hébreu et fit sa belle traduction du livre de *Job* qu'Alexandre Weil a qualifiée : « la plus hébraïsante de toutes celles de la Bible. »

On trouve dans le livre de l'*Humanité* [1] et axiome si écrasant de vérité, sur lequel M. Thiers

1. Voyez l'exposé de la *Doctrine de l'humanité*, dans Malon, pag. 171 à 178.

lui-même a établi son livre de la *Propriété*, livre beaucoup plus avancé en idées génératrices qu'on m'a paru le comprendre jusqu'à présent : « C'est le travail qui rend seul l'homme radicalement propriétaire de ce qu'il produit. »

François Vidal, autre socialiste économiste, collabora à la *Démocratie pacifique* : sa formule principale était celle-ci : « Le capital doit finir par être social, et chacun doit recevoir sa part du produit de son travail, au prorata de son temps de labeur. »

A la fin viendra, disait-il, l'union universelle, avec toutes les unités, dont celle des langues formera le principal bien.

Son ami Pecqueur, parla aussi du salaire dans le même sens [1].

Quant à Fr. Raspail, il fut plutôt un réformateur qu'un socialiste proprement dit, avec son ami Kersausie, le noble Breton. Lisez les caractères de ses réformes et les pétitions incessantes, très évangéliques, qu'il fit retentir dans sa patrie, pendant un demi-siècle, aux pages 185 à 188 de l'ouvrage déjà plusieurs fois cité.

Raspail espérait qu'un jour, en France, on graverait sur les prisons ces maximes :

« Soins et consolations pour les incurables.

1. Voyez MALON, p. 181.

» Système d'amélioration pour les coupables.

» Protection et pardon complet pour les guéris. »

Comment se refuser à embrasser d'aussi généreuses espérances? Jésus lui-même aurait-il jamais mieux espéré?

Tous ceux qui ont parlé de justice et qui en ont quelque idée ont répété avec Blanqui : « Qui fait la soupe doit la manger... La richesse n'a que deux sources, l'intelligence et le travail. L'âme est la vie de l'humanité... Ces deux facteurs ont besoin du sol; donc il semble que le sol devrait être à tous; il n'en est rien... des individus se sont emparés, par ruse ou par violence, de la terre commune, et s'en déclarent les possesseurs; ils ont établi par des lois qu'elle serait à jamais leur propriété !... »

Il n'est pas rare, non plus, dans ces temps d'avoir entendu sortir des lèvres des George Sand et des Victor Hugo, des accents parfois communistes. Il n'y avait pas que les ouvriers de Lyon à crier : « Vivre en travaillant, ou mourir en combattant. »

Le grand Lamartine, malgré son peu de capacité pour l'économie sociale et son peu de propension vers le communisme, n'a-t-il pas écrit : « Jusqu'à ce que le socialisme ait succédé à l'odieux individualisme [1], les prolétaires, dont la situation a empiré, remueront l'état social. » Il n'entendait pas par individualisme ce que j'ai entendu. C'est ce que j'explique dans la note.

Chateaubriand n'avait-il pas écrit également : « Un état politique où des individus ont des millions de revenus, tandis que d'autres meurent de faim, peut-il subsister?... »

Et P.-J. Proudhon? le voici qui vient!... la propriété frémit : elle craint d'être le vol, selon l'axiome audacieux du maître, qui ne fait pourtant que répéter, par son aphorisme, ce qu'a dit l'ancienne philosophie et, après elle, Jésus dans son langage ordinairement si doux et souvent aussi le plus austère des langages, je veux dire doux pour les déshérités de la terre, et austère pour tous leurs tyrans. Le vieux dieu des religions frémit également à ces brutales interpellations : « Tu es le mal, » et ce dieu antique a raison de trembler, car celui qui l'attaque de la sorte est vraiment son ennemi, son démolisseur; ce n'est pas l'athée; il ne serait, en ce cas, que l'idiot tout nu qui ne tue pas,

1. L'individualisme n'était pour Lamartine que l'égoïsme. Ce mot ne représentait pas, pour lui, une systématique des droits de l'individu.

parce qu'il est imberbe et sans armes; il ne
serait que le zéro qui ne dit rien; Proudhon l'a
bien compris. Aussi Proudhon ne s'est jamais dit
athée et il s'est joué, avec malice, de ceux qui
le disaient athée. Je suis *antidéiste* disait-il, je
ne suis que cela, et il avait raison : tant pis
pour les sots qui ne l'ont pas compris. Voilà
tout Proudhon, et il y a, dans cette conduite, un
trait de génie profond. Je lui reproche seulement de ne s'être pas fait comprendre aux hommes de sa génération lorsqu'il s'est posé,
ainsi, antipropriétariste et antithéiste. On parle
pour ses frères, et quand on leur parle par de
telles formules qui ne seront pas comprises,
on manque de fraternité. Proudhon y manqua
absolument, voilà le reproche que je lui fais, et
la seule rancune que je lui garde.

J'aurais dit à Proudhon : direz-vous aussi que
la propriété, telle que je la comprends, soit le
vol? est-ce que le produit du travail serait le
vol? Ce que produit la sueur de l'ouvrier pourrait-il être un vol fait par l'ouvrier? Non cèrtes.
Or cette propriété-là est, pour moi, la seule propriété solide et vraie, direz-vous que c'est le
vol? Oh! si vous le dites, vous n'êtes qu'un Satan.
Mais vous ne l'avez jamais dit, et vous ne le di-
rez pas.

Direz-vous, de même, que la force productive de la nature, qui est mon seul dieu panthéistique, à moi, soit le mal? Oh! vous n'êtes pas insensé, et vous ne pouvez pas le dire. Vous respectez la nature et toutes ses forces; vous respectez donc l'unité centrale de ses forces. Voilà mon Dieu à moi, et devant lui s'évanouit votre antithéisme, faute de pieds sur qui marcher.

Venez avec moi, ô Proudhon, pour célébrer ma *propriété* à moi, qui est celle du travailleur, pour célébrer la force naturelle qui est mon dieu, et, le malentendu étant expliqué, nous serons ensemble théistes et antithéistes, propriétaristes et antipropriétaristes.

L'énigme est comprise.

Voilà le Proudhon, tel qu'il fut et tel qu'il demeure. On l'avait méconnu, je le réhabilite; et, pour le réhabiliter, je n'avais qu'à le faire comprendre.

En 1840 tout le monde avait été théiste; on avait mis, dans le programme de l'association fraternelle des instituteurs, institutrices et professeurs socialistes, comme dans tous les programmes, dieu en tête et toujours le même dieu étranger à l'univers, détaché de sa force et de sa substance; c'était un autre athéisme qui ne valait pas mieux que celui de la négation pure.

Guépin avait encore mis le même dieu à la tête de son socialisme bourgeois, et pourtant, il avait mieux compris la force universelle, cet esprit saint qui s'incarne en tout être et qui se révèle à l'intelligence humaine ; cet avocat de Nantes établissait au moins un point de transition entre le théisme et le panthéisme. Il se disait socialiste et n'avait pas tout à fait tort.

J. B. de Toureil, rejeton de la haute noblesse française, comme Saint-Simon, avait été plus loin avec son fusionisme, qui devait être, logiquement, du communisme pur ; il racontait des révélations de sentiment qu'il avait reçues de la trinité panthéistique ; de Toureil s'était fort approché du dieu véritable dans sa philosophie fusionienne dont les adeptes formèrent la famille pieuse qui l'entoura à sa mort survenue en 1864 ; mais les déductions qu'il tirait de sa religion ressemblaient beaucoup à un illuminisme de pure fantaisie. La Prussienne, madame de Marenholtz, femme d'esprit, qui a tant propagé le système d'éducation de Fœbrel, et ses *jardins d'enfants*, fut une des fanatiques de cet illuminé ; j'aime mieux Toureil avec sa théologie trinitaire, qui rappelait un peu celle de Lamennais, que beaucoup de fouriéristes.

Barat précisa le communisme de Toureil, par son explication pratique de l'appropriation collective de la terre. Il en fit ce qu'on nomme aujourd'hui le *collectivisme*.

D'Alton Shée eut aussi son comité et fit son programme[1].

Auguste Comte avait été un des disciples de Saint-Simon, c'est ce que j'ai dit en parlant du saint-simonisme, puis il devint le positiviste que l'on connaît, ayant laissé, pour son grand disciple, M. Littré qui vit encore, quoique très malade de la goutte, et qui est à la tête de toutes les publications positivistes devenues très nombreuses. Auguste Comte finit par juger nécessaire de transformer son positivisme en une religion dont le dieu est l'humanité elle-même ; il en fit jusqu'à un calendrier dans lequel on trouve une longue série de fêtes ; il n'y est pas question de la cause universelle, mais beaucoup question des êtres de la nature, animaux et le reste, et des grands hommes de l'humanité.

Il est bon de faire remarquer qu'Auguste Comte considère le moyen âge comme une des plus belles périodes de l'histoire.

1. On peut s'en donner une idée en lisant les pages 260 et suivantes du livre de M. Malon. Cette *Histoire du socialisme* est la principale source où je puise mes renseignements.

Parlons un peu de Colins, ce vieux militaire belge, bonapartiste brave et acharné dans ses opinions. Il avait refusé de se laisser nommer général par la Restauration : il « ne retournait jamais sa veste , » répondit-il, et il préféra l'exil.

Colins s'est fait une célébrité parmi les théoriciens communistes. D'après lui, il aurait fallu mettre le sol en propriété collective : il se trompait avec un grand nombre, en paraissant croire que de mettre ainsi le sol en commun, résoudrait toutes les difficultés; non, tout renaîtrait semblable au passé avec une telle transformation : le sol ne compose qu'une partie des instruments de travail. Est-ce que l'intelligence et la force musculaire de l'individu n'est pas le premier des instruments de production, et n'est-il pas évident que le produit de cette force appartient à celui qui la possède et l'a mise en jeu? Attribuer la terre à tous n'est, sous un rapport, que résoudre la moitié de la question ; et, sous un autre rapport, ce serait enlever à chacun une partie de son produit, attendu que le sol, comme le reste, en tant qu'aménagé et rendu productif, a besoin d'être sans cesse entretenu dans sa faculté productive par la force matérielle et intellectuelle d'un travailleur, qui est l'individu lui-même à qui revient toujours le premier mérite du travail, puisque la société est composée de ces individus.

Colins mourut en 1859, à l'âge de soixante-seize ans. E. de Girardin le compte à côté des Kant, des Hobbes, des Rousseau, des de Maistre, même des Descartes, des Platon et des Aristote, pour ses productions philosophiques.

Ce penseur a eu des disciples en Belgique. Le journal *la Philosophie de l'avenir* représente encore aujourd'hui ses idées. Le uns acceptent sa métaphysique, les autres la combattent. Le dieu de Colins est uniquement la raison universelle. D'après lui l'homme est libre, toute âme est éternelle et incréée, les âmes s'incarnent de globes en globes. Fauvety a réfuté son espèce de spiritualisme athée, ou, du moins, que Fauvety considère comme athée pour le réfuter. Sur les animaux, Colins est automatiste comme Descartes; il est dualiste sur l'origine des choses; la matière, d'après ce philosophe, est éternelle comme l'âme.

Dans l'ordre social existant, dit Colins, la richesse va nécessairement toujours en augmentant, et le paupérisme augmente dans la même proportion; un tel ordre est inacceptable. Le but des révolutions est d'anéantir le paupérisme, et l'on n'arrivera à ce but, ajoute-t-il, que par le collectivisme. Je viens de dire en deux mots comment Colins se trompe sur ce point, il ferait mieux de dire par le communisme, qui n'est que le collectivisme poussé à la perfection. Le collectivisme vrai n'est qu'un communisme à l'état d'embryon ; ce n'est qu'un propriétarisme étendu à plusieurs, à une collection qui n'est pas mieux l'humanité entière que ne l'est l'individu tout seul, et qui ramènerait tous les inconvénients de la propriété individuelle. C'est la propriété reculée d'un degré dans l'échelle. Ce n'est pas du tout le communisme, qui est la propriété étendue à tous les frères.

Les colinsiens, comme les comtistes, se donnent pour être les seuls qui aient compris la réforme sociale, les véritables causes qui la rendront nécessaire, et les moyens par lesquels elle se réalisera. Le Belge Hugentobler est un de ceux qui ont le mieux résumé la théorie colinsienne. On peut lire les pages que cite de cet écrivain M. Malon, sur les moyens « d'anéantir l'ignorance ou le paupérisme moral, » sur les moyens « d'anéantir la misère ou le paupérisme matériel, » sur « l'industrie, » sur « la république universelle. » Toutes ces théories sont fondées sur le collectivisme de la terre.

Un autre disciple célèbre de Colins fut Poulin, qui fit ensuite la guerre à son maître, sur certains points, par exemple sur la « théorie des deux justices. » Voyez l'exposé de cette singulière idée de Colins, et la réfutation de la même idée par Poulin chez Malon, p. 310 et suiv. Voyez-y, de même, beaucoup de citations de Colins, et de Depoter, son autre disciple.

De 1875 à 1877, un certain néo-socialisme s'est développé en France. On peut compter comme un des chefs de ce néo-socialisme, M. Fauvety, fondateur et auteur de la *Religion laïque* après l'avoir été de la *Solidarité*. Il eut pour collaborateurs Chavée, prètre belge, Eug. Nus, poëte, M. et madame Garcin, etc.

L'idée de Dieu est l'idée la plus nécessaire et la plus générale; après l'autonomie divine, il convient de poser l'autonomie humaine. Fauvety, dans ses développements, a allié franchement le panthéisme avec la réserve de l'immortalité des âmes.

Son dieu est celui qui me paraît le mieux répondre au mien. Cette condition première, Fauvety la possède. Mais on peut lui reprocher d'en négliger une foule d'autres sous le rapport vraiment socialiste. Il croit, par exemple, à la légitimité de l'usure, contradiction étrange avec la vraie théorie de la propriété, dont Fauvety professe les bases les plus essentielles.

On a vu aussi se lever, dans le néo-socialisme de ces dernières années, Renouvier avec la restauration du Kantisme qu'il a essayée à l'aide de M. Pillon, dans sa *Critique philosophique*. Ce criticisme pédant est une philosophie plutôt qu'un socialisme; il s'occupe aussi plutôt de religion et de psychologie que de communisme, auquel il me paraît ne pas comprendre grand'chose. Le principe auquel il se rattache plus fortement, et par lequel M. Ch. Renouvier n'est pas sans avoir des rapproches avec Proudhon, c'est le *respect de la dignité humaine*. C'est sur cette base qu'il fonde toute la morale, mais de socialisme proprement dit, M. Renouvier n'en parle guère et s'y entend peu.

J'ai parlé déjà de M. Godin-Lemaire, fondateur du familistère de Guise, « espèce de phalanstère hongre », dit M. Malon avec raison.

Citerai-je M. Naquet, le député, lorsqu'il publia son livre : *Religion, propriété, famille*, ouvrage antireligieux dans lequel l'auteur attaque tous les principes professés dans le passé, en mettant pêle-mêle les bons et les mauvais, les durables et les transitoires.

Le docteur Chourippe écrivait au moins, lui : « 1° Je crois à l'Etre universel, cause première, unique et incessante de tout ce qui est, fut, et sera. 2° Je crois aux lois immuables, d'après lesquelles, de sa propre substance, il produit, conserve, développe, détruit et transforme tout ce qu'il contient. 3° Je crois à l'homme né imparfait, intelligent, moral, incomplet. 4° Je crois à la femme née son complément nécessaire, son autre moitié ; donc son égale. 5° Je crois à l'enfant né innocent, parce qu'il est né inconscient, etc. »

Suit une édition nouvelle, panthéistique, du sermon sur la montagne.

Le socialisme de Chourippe est une espèce de communisme christianisant et panthéisant, qui me paraît sortir d'un fond excellent.

De tout cela paraît s'élever le démocratisme des spirites, qui n'est pas mauvais tout rempli de folies qu'il puisse être et qu'il soit en effet. Des ouvriers spirites de la lignée d'Alan Kardec, car ce sont surtout les ouvriers qui ont donné, corps et âme, dans cette grande folie, prononcèrent sur sa tombe des discours qui consistaient à mettre tout le surnaturalisme dans le naturalisme lui-même. Le fond philosophique de ces discours n'était pas absolument dénué de raison.

Cette étrange manière de tourner les choses fut une sorte d'opposition réactionnaire à l'athéisme qui envahissait la société lettrée.

L'altercratie de Claude Pelletier, avec son collectivisme de tous les instruments de travail, ne fut pas le plus insensé des systèmes socialistes : la donnée sur laquelle il posa ses assises ne fut pas moins qu'une vérité des plus remarquables. On peut mêler tant de choses justes avec des faussetés, et donner, par ce mélange lui-même, de l'importance à ce qui n'en aurait pas autrement !

N'oublions pas de citer ici M. Xavier Sauriac, auteur du *Drame de la mort de Jésus*, rempli de vers très beaux et très énergiques. M. Sauriac était communiste, et l'on voit plus d'un passage dans son drame, celui par exemple où il fait parler Jésus contre l'usure, où il se montre mutuelliste.

M. Emile Accolas, le jurisconsulte et l'auteur de la *Philosophie de la science politique*, n'a guère qu'un principe auquel il se rattache ; ce principe est l'*autonomie de la personne humaine*. Il est athée et très théoriste en socialisme. Si on le juge par les affiches qu'il faisait apposer dans Paris lors des élections, on doit le trouver très peu pratique.

Il a prétendu, avec beaucoup d'autres, que Proudhon niait le droit d'une moitié de l'humanité, en niant le droit chez la femme : jamais appréciation ne fut plus erronée. Proudhon professe le même droit chez la femme que chez l'homme ; mais, quand il l'étudie dans ses propriétés spéciales, et les plus générales, qui font qu'elle diffère de l'homme, il la trouve, par ce que la nature lui donne, inférieure à l'homme, ce qui n'empêche pas qu'il ne mette certaines femmes au-dessus du sexe mâle, par la solidité de leurs facultés.

M. Accolas dit des choses très justes sur le rôle du gouvernement, qui, d'après lui, sera de plus en plus réduit, et finira par n'avoir que l'importance d'une simple agence.

« Chacun doit produire selon ses facultés, » dit-il encore, voilà la première loi de justice de la production des richesses ; et, par conséquent, chacun doit être mis à même de produire selon sa puissance. Quant à la consommation : « à chacun selon ses œuvres. » Rien de mieux : mais il faut pourtant ajouter, relativement à ceux qui ne peuvent rien produire, que la fraternité commune doit à ceux-là selon leurs besoins. La justice, dépouillée de cette fraternité qui oblige à partager son morceau de pain, gros ou petit, avec son frère qui a faim, n'est qu'une demi-justice, n'existant que par son ombre.

L'Internationale française de 1871 commença la Commune et forma la fédération de la garde nationale dans le mois de mars de cette année terrible.

La Commune émit des décrets qui concernaient la totalité de la France, et se mêla, ainsi de ce qui ne la regardait qu'autant que les affaires générales du pays pouvaient regarder la principale ville de ce pays.

La déclaration de la Commune au peuple français resta sans écho et Paris fut écrasé. Les otages furent immolés, quoique innocents : horribles représailles de l'envahissement sanglant des armées de Versailles commandées par Mac-Mahon, au nom de Thiers. En ce moment ce fut absence complète d'études sociales ; la parole n'était plus qu'à la fusillade et aux ruisseaux de sang humain.

La tentative nouvelle de socialisme qui se dénoua ainsi dans la ville des sciences et des arts, fut, dans le fond, analogue à celle des anabaptistes au moyen âge, sous Jean de Leyde, dans Munster, et elle aura pour semblable, en cette année même, 1880, celle qui va s'essayer au nom d'une constitution socialiste inepte, en Californie, à San-Francisco. Il est facile de comprendre seulement que toute la différence consiste et consistera dans la différence des mœurs entre les deux époques. Le peuple de Paris, en 1870, a été bon et calme parce que ses chefs, par suite de son état de civilisation, n'ont pu l'entraîner à des horreurs comme celles qui avaient signalé l'anarchie de Munster en 1534. Puisse-t-il en être de même à San-Francisco, pays jeune, dont le sang est peut-être trop chaud pour de tels essais!

Tout socialisme et tout communisme aussi imparfaits, et aussi peu raisonnés, aussi désordonnés dans la conception, ne peuvent engendrer d'autres fruits.

Je passe sous silence le *Suffrage universel* de Paul Brousse, et l'*Anarchisme* d'Elisée Reclus, proscrits de la Commune, avec la *Confédération française* de M. Edm. Thiaudière; ce furent là des programmes révolutionnaires, plutôt que des théories socialistes.

Quant au livre, peu connu, de M. Alphonse Wichard, la *Route de la pensée*, il n'a été qu'un remarquable essai de résurrection de la doctrine fusionienne. M. Wichard est un spiritualiste qui a médité dans la retraite, à Besançon, pendant quinze ans, après Fourier et Proudhon, et qui a établi tout son travail, ou socialisme, sur la philosophie. Il prend pour une de ses premières assises le *droit au travail*. Mais il n'est pas révolutionnaire, il veut transformer le monde par un apostolat pacifique, qui ressemblerait à celui des premiers chrétiens.

Durant la période à laquelle j'arrive, période qui est celle du troisième tiers du XIXe siècle, l'Allemagne présente un effort d'études socialistes très profondes, et qui furent vulgarisées par la plus grande éloquence. Ce fut Lassalle qui en fut le grand homme.

Avant Lassalle, Fichte avait écrit : « La propriété ne peut avoir d'autre origine que le travail. Quiconque ne travaille pas n'a pas le droit de demander des moyens d'existence à la société, » et Fichte en cela, ne faisait que répéter la sentence de saint Paul : « Qui ne travaille pas n'a pas droit de manger. » Mais il faut ajouter qu'en disant le travail, ces grands hommes entendent tous les genres de travaux, ceux de l'intelligence, ceux du cœur et ceux du corps, et qu'il suffit de ce développement bien compris, pour justifier le socialisme comme science rationnelle.

Les Allemands paraissaient le comprendre et comprendre, en même temps, qu'en ce principe

se résumait tout le christianisme de Jésus : car
ils ne craignaient pas de surnommer, en 1838, l'ouvrier tailleur révolutionnaire Berhardt, à cause
de ses discours qui enthousiasmaient la foule :
Jésus-Christ. Pour faire bien comprendre Lassalle,
je suis obligé de reprendre l'Allemagne socialiste,
dans son histoire, d'un peu plus haut.

Parurent de 1830 à 1848, les livres de Weithing contre la propriété, de laquelle Weithing
fait sortir tous les maux. La société, selon lui,
n'est composée que de travailleurs et de fai-
néants. Faites en sorte qu'il n'y ait plus de fai-
néants, vous aurez réalisé tout le *desideratum*
possible. M. Malon le cite assez longuement,
p. 404 et suiv. Son socialisme est un communisme assez pur, fondé sur un collectivisme du
sol. La femme a les mêmes droits que l'homme ;
c'est le travail aussi qui garantit ses droits.
D'après lui tous les capitaux seront déclarés biens
communs.

Le communisme de Weithing est cependant
mélangé d'un certain fouriérisme.

Les philosophes font irruption dans le socialisme qui avait été jusqu'alors exclusivement
ouvrier. Charles Grün ouvre la voie ; c'est un
terrible utopiste, mais qui a fini par devenir un
pur bourgeois ; retiré à Vienne il vient d'y

18

publier une *Histoire de la philosophie*, estimée des savants.

Karl Marx, rejeton d'Israélites convertis de la Prusse rhénane, devenu professeur de philosophie à Bonn, écrit avec Engels le *Manifeste des communistes*, et contre Proudhon la *Misère des philosophes*. Il vient à Paris en février 1848, et publie la *Nouvelle gazette rhénane* avec le même Engels et le fameux Lassalle. Mais éclate le complot de Cologne, fabriqué par la police, et depuis cet éclat, il est à Londres, où il a contribué à la fondation de l'*Association internationale des travailleurs*. C'est lui qui a le mieux vengé, après la Commune de Paris, les *internationalistes* des fausses accusations dont ils étaient l'objet.

On peut lire dans Malon (*Histoire du socialisme*) p. 410 et suiv. les principales assertions du *Manifeste des communistes* sous ces titres : I. *Bourgeois et prolétaires*, II. *Prolétaires et communistes*. « Pourquoi nous reprocher, disaient ces auteurs, de vouloir abolir la propriété, fruit du travail? C'est la grande industrie qui l'abolit tous les jours. Pourquoi nous reprocher d'abolir la famille? Nous voulons, au contraire, l'établir par le travail, remplaçant le capital. Pourquoi nous reprocher de prêcher la communauté des femmes? Elle existe cette communauté dans son mode le plus immoral, et nous voulons la détruire par le travail. Nous voulons faire de la femme autre chose qu'un pur instrument de plaisir. Nous voulons maintenir toutes les bonnes choses par l'activité travailleuse. Mais nous demandons, il est vrai, l'expropriation de la propriété foncière; l'impôt progressif; l'abolition du droit d'héritage; l'éducation publique et gratuite de tous les enfants, etc., etc. »

Le principe de la propriété exclusivement fondée sur le travail, suffisait à lui seul pour dire toute la vérité économique. Le collectivisme du sol, l'impôt progressif, l'abolition de l'héritage, etc., étaient autant d'excroissances inutiles ou dangereuses en temps normal. Tout ce qui est mal en soi, ne peut être bon que dans les temps de désordre, où il peut jouer le rôle des poisons employés comme remèdes pour rendre la santé aux gens malades.

Ce manifeste des communistes fut inconnu pendant vingt-cinq ans. Mais au bout de ce temps, il fut apprécié et fit grand bruit. On y reconnut la morale chrétienne, inverse de la morale païenne, morale dont la tendance est de procurer le bien-être à tous par le travail exercé avec égalité.

Albert Lange fut plutôt un philosophe critique qu'un socialiste, et pourtant il fut socialiste aussi par philosophie. C'est lui qui a fait l'*Histoire du matérialisme* dans un sens exclusivement spiritualiste. C'est la plus estimable de ces histoires. Il veut qu'on émancipe le travailleur de la tyrannie du capital, ou plutôt du capitaliste.

Un des plus sympathiques théoriciens du socialisme allemand fut Philippe Becker, qui rédige maintenant le *Précurseur, organe démocratique social des associations ouvrières suisses.* D'après son manifeste du travailleur des campagnes, on réussira par l'association des petits travailleurs remplaçant les salariés. Encore une erreur. L'association ne sera qu'un aide indispensable, de l'égal-échange, ou de l'abolition de l'usure, et du vrai communisme des fonds non travaillés, autrement dire, du mutuellisme; et le salaire restera toujours comme un des modes de répartition des produits.

Frœbel, l'inventeur du système d'éducation de l'enfance, qu'a fait connaître surtout madame de Marenholtz, sous le nom de *jardins d'enfants,* fut aussi socialiste. Il fit en 1847 un mariage entre le communisme et le fouriérisme. C'est pourquoi il fit alliance avec M. de Toureil, dont j'ai déjà parlé, et duquel son disciple féminin madame de Marenholtz, fut l'amie et l'adepte.

L'athée Fuerbach ne professa guère en pratique que le culte de l'humanité, comme Auguste Comte le positiviste. Herweg fut le Pierre Dupont de l'Allemagne, et Jacoby en fut l'orateur démocrate socialiste à partir de 1872.

Helder fut le proudhonien violent, et Rittinghausen, autre orateur, prouva que le peuple a d'autres instincts que ceux de la violence, par l'exemple de Thémistocle et des Athéniens qui refusèrent d'accepter la proposition de leur général, de mettre le feu à la flotte ennemie, parce que, sur la déclaration d'Aristide, cette proposition était injuste. Ce dernier reste un des chefs du parti communiste en Allemagne. Voilà un type de ces hommes injustes.

Parut alors Ferdinand Lassalle, né à Breslau en 1825, ami de Heine, qui l'annonça en France comme un prodige. Il fut condamné à six mois de prison à Dusseldorf en 1848 pour s'être montré à la tête de la démocratie socialiste. Choisi pour défenseur par la comtesse de Hatzfeld en procès avec son mari, il la défendit par une plaidoirie éloquente qui lui valut le gain de son procès, et dont elle garda toujours le souvenir; Lassalle fut considéré, dès lors, par cette dame comme son fils et passa plusieurs années chez elle.

En 1857, il n'avait encore que dix-neuf ans, et il fit paraître le *Sombre éphésien* (Héraclite).

En 1861, il se prononça pour l'abolition de l'héritage et pour la propriété collective, dans sa brochure : le *Programme des travailleurs*. Alors il parcourut l'Allemagne en orateur brûlant et devint populaire dans les villes de ce pays autant par la parole que par la plume.

Il dirigeait alors la *Société générale des ouvriers allemands*.

Schulze Delitsch attaqua Lassalle, et en reçut une réponse foudroyante. Ses adversaires furent atterrés. Le coopératisme fut bien vaincu.

Alors Lassalle retourna sur les bords du Rhin au château de madame de Hatzfeld à Dusseldorf. Il fit là un grand discours sur l'avénement du quatrième Etat devant succéder au tiers-état de 89. Ce quatrième Etat est le prolétariat. Lassalle avait reçu, dès lors, la fascination de Bismark, aussi s'écria-t-il dans ce discours : « Vous le voyez, nous rallions à notre cause les rois et les archevêques ! courage ! Nous vaincrons malgré la bourgeoisie. »

Très grand triomphe.

En 1864 Lassalle alla à Genève avec la comtesse

de Hatzfeld. Une demoiselle s'éprend d'amour pour lui, va le trouver et le conjure de l'enlever pour l'empêcher d'épouser un fiancé qu'elle n'aime pas. Lassalle reconduit la demoiselle à sa mère. La belle est piquée ; elle épouse le fiancé par dépit. Mais à son tour Lassalle est piqué et devient amoureux. Il se trouve en altercation avec le jeune mari qui s'appelait Rackowitz, il le provoque en duel. Le duel a lieu à Carouge et Lassalle est tué raide au premier coup.

Le bruit se répand dans le peuple qu'on a assassiné leur sauveur. On croit qu'il ressuscitera. Cela arrivait en 1864, et en 1874 on célébrait encore, avec le même délire, le dixième anniversaire de sa mort.

C'est que Lassalle était vraiment un homme de génie qui avait pris tout ce qu'il y avait de solide dans Proudhon, dans Louis Blanc, dans Karl Marx, et avait commencé de vulgariser toutes ces choses en orateur de premier ordre. Il en était résulté le parti lassalien.

Voici le résumé des théories, que Lassalle exposait dans ses discours.

Le travail, d'après lui, est la base première ; donc c'est aux ouvriers à se faire entrepreneurs ; ce n'est pas la théorie de Louis Blanc, qui veut que l'Etat se fasse entrepreneur ; je veux moi, disait-il que l'ouvrier s'élève à cette dignité lui-même; mais c'est à l'Etat à lui donner la possibilité de l'atteindre. Je demande donc à l'Etat prussien, pour sa part, cent millions de thalers afin de mettre les ouvriers dans cette position de prendre eux-mêmes les entreprises.

Le premier moyen d'affranchissement est le suffrage universel, qui élève tous les travailleurs au même niveau en droits politiques.

Le second moyen est le capital. Mais qu'est-ce que le capital? C'est, dit-on, l'accumulation des produits d'un travail antécédent. Mais on ne fait pas attention qu'il y a deux sortes d'accumulations de cette espèce : l'accumulation des fruits du travail propre et l'accumulation des fruits du travail d'autrui. C'est l'épargne faite sur les produits des prêts à usure et des travaux des ouvriers, à l'aide d'instruments ainsi empruntés, et, par conséquent, c'est une épargne faite sur le gain résultant de l'exploitation de l'homme par l'homme. Donc le capital, tel qu'il existe, est une propriété qui n'en mérite pas le nom, qui ne mérite que le nom de vol, comme l'a dit Proudhon.

Lassalle disait, en cela, la vérité même. Grand malheur que l'Allemagne ait perdu un si vigoureux et si ingénieux esprit ! Il n'inventait pas la vérité, qui donc l'inventa jamais? Mais il trouvait des idées ingénieuses qui la faisaient comprendre aux esprits modernes, après que les anciens, les Socrate, les Platon, les Jésus, puis les Proudhon, l'avaient déjà exprimée en formules générales : les *richesses injustes*, avait dit Jésus : la *propriété c'est le vol*, avait dit Proudhon. *Qui ne travaille pas n'a pas droit de manger*, avait dit saint Paul.

N'est-ce pas là la théorie même que j'ai exposée dans mon traité *De la justice dans l'usage de la propriété?*

« La théorie de l'intérêt du capital, disait Lassalle, est ridicule. »

« Le remède, disait-il encore, à ce règne de l'injustice en ce monde, sera l'*association productive*, c'est-à-dire l'association du travail, dans laquelle tout travailleur aura sa part du produit collectif, et c'est à l'État, non pas de se faire entrepreneur et spéculateur lui-même comme le veut Louis Blanc, mais seulement de créditer les travailleurs pour qu'ils puissent enfin se faire entrepreneurs eux-mêmes. C'est à lui de donner ce premier branle à la cloche universelle, de lui faire sonner annonce du progrès social. Tel est son devoir, et quand il remplira cette mission, il élèvera lui-même le quarto Etat, qui est le prolétariat misérable, parce qu'il est toujours travailleur et toujours volé, au niveau du tiers Etat qui est la bourgeoisie. L'abbé Sieyès avait bien parlé de ce tiers Etat : aujourd'hui il est monté à son niveau naturel ; il est devenu la riche bourgeoisie. Il n'y a plus à désirer d'élévation que celle du prolétariat, qui doit être tout, puisque c'est lui qui travaille et produit, et qui n'est encore rien. »

Lassalle est tellement remarquable et tellement clair dans l'exposé de sa théorie, qui est la mienne, que je ne puis résister au désir de citer seulement une des pages de ses discours :

« Les économistes libéraux croient que le capital est un *travail accumulé* et, en conséquence, ils le font dériver de l'épargne. Cette opinion n'est nullement exacte. Oui, le capital est du travail accumulé, mais il n'est pas l'accumulation de son propre travail ; *il est l'accumulation du travail d'autrui*, c'est-à-dire l'accumulation du travail non payé aux ouvriers.

» L'origine du capital ne se trouve pas dans l'épargne, comme le prétendent idylliquement les économistes ; les longs siècles d'esclavage, de servitude de la glèbe et des corporations sont là pour le prouver. La révolution en abolissant le travail servile, et en lui substituant le travail libre, n'a pas détruit l'exploitation de l'homme par l'homme, elle l'a rendue plus facile et plus évidente.

» Le capital est donc une catégorie historique nullement logique, ce qui signifie que la formation du capital est la conséquence d'une période historique qui passera comme ont passé les périodes historiques qui l'ont précédée. Le capital dans l'antiquité et le moyen âge n'était pas ce vampire de la société moderne qui, par la *loi de fer des salaires*, ôte toute rémunération aux ouvriers ; alors le travail seulement était productif et le capital *un mort instrument* de travail. Maintenant le capital est devenu productif et vivant, et le travail mort et improductif. Ainsi furent détruits les principes fondamentaux de la propriété basée sur le travail qui a été remplacée par la propriété du travail d'autrui.

» Non, il n'est pas vrai que le capital naisse de l'épargne et de l'abstinence ; c'est là une absurdité, digne des Bastiat et des Schulze, le capital ne peut pas naître d'un acte négatif ; tout ce qui est épargné doit avoir été produit et présuppose le capital. Un individu peut devenir capitaliste par l'épargne, mais, le capital, comme *catégorie économique*, ne peut pas dériver de l'épargne.

» Les diverses raisons adoptées par les économistes pour justifier les diverses rétributions du capital (rente, profit, intérêt) ne sont pas moins fausses. Si le profit peut être regardé comme une rétribution au travail intellectuel, cette rétribution n'a rien à faire avec les bénéfices de l'entreprise, et qu'on n'allègue pas les risques de l'entreprise, car si le risque peut exister pour un entrepreneur, il n'existe pas pour l'ensemble des entrepreneurs qui s'enrichissent toujours plus. Le risque n'est d'ailleurs que le résultat de spéculations exagérées faites sur le dos des ouvriers. A titre de risques, le capital n'a droit à aucune rémunération.

» La théorie de l'intérêt du capital est ridicule...

» Dans la situation actuelle le sort des travailleurs ne peut être amélioré et cela en vertu du coût de production qui détermine les salaires de la marchandise-travail. Si à la longue, la valeur du travail est supérieure *au coût de production*, c'est-à-dire à la quantité représentée par la somme des moyens de subsistance indispensables à la vie de l'ouvrier, alors l'amélioration de la condition des ouvriers conduira à l'augmentation de la population qui fera retourner le salaire à son antique niveau. Si, au contraire, le

salaire est au-dessus de l'équivalent du strict nécessaire, la population diminue (par la mort ou
l'émigration) et le salaire revient à sa norme, au
coût de production, à cet équivalent du strict
nécessaire qu'il ne peut dépasser. En vertu donc
de cette *loi de fer du salaire*, le travailleur ne
peut pas, en régime de salariat, améliorer son
sort[1]. Et qu'on ne parle pas des sociétés coopératives de secours, de crédit, de consommation,
elles ne peuvent à peu près rien et ne résou-
dront jamais la question sociale.

» Il n'y a qu'un remède, c'est l'abolition pro-
gressive du salariat par l'établissement d'*Associations productives* créditées par l'Etat. L'Etat
doit faire ce crédit, car il a pour mission de
favoriser et de réaliser les progrès sociaux de
l'*Humanité*. L'Etat existe et a toujours existé
pour atteindre ce but. L'Etat ne doit pas seulement s'occuper de mesures de police et d'administration, il doit mettre tous ses participants à
même de réaliser leurs fins sociales et comment

1. Cela est juste, si l'on considère l'usage en règne dans la
manière d'estimer et de régler les salaires. Mais cela ne serait
pas juste, si l'on ne considérait que le salaire, en tant que salaire, attendu que le salaire dépend, en soi, d'une convention
libre entre un travailleur et un salarié, et que le montant de
cette convention n'est assujetti à aucune loi et peut toujours
équivaloir au travail fourni.

ne le ferait-il pas, lui qui subventionne et garantit les entreprises de la minorité riche ? Pourquoi deux poids et deux mesures ? On doit aux
pauvres ce qu'on donne aux riches, et c'est bien
le moins.

» Les sociétés productives réaliseront pacifi-
quement la révolution inévitable, et qui se fera
par la violence, si l'on ne veut pas lui livrer passage, elles nous conduiront au nouvel ordre de
choses fondé sur la *vraie propriété*, c'est-à-dire,
l'époque où chacun aura la *propriété de son travail*.

» On veut non pas supprimer la propriété,
mais l'établir ; non pas seulement en apparence
mais en réalité individuelle (c'est-à-dire, l'uni-
versaliser) et la soustraire aux circonstances
impérieuses qui en font dépendre la destinée de
celui qui possède. L'Etat de l'avenir aura pour
caractéristique la suprématie et la puissance de
la classe ouvrière. »

Il me serait pénible de signaler un aussi grand
esprit, si, en même temps que je trouve chez
lui, une science sociale si profonde et si juste,
je n'y retrouvais aussi mon panthéisme, ce compagnon religieux constant de mon communisme.
Lassalle procédait, en philosophie, de Fichte et
de Hégel, n'en est-ce pas assez pour affirmer

chez lui ce panthéisme? Toutes ces doctrines philosophiques n'ont plus de sens rationnel lorsqu'elles vont au delà du Dieu panthéistique, *moi. conscient* de l'univers, y exécutant sans cesse, par une nécessité mélangée de liberté, les lois immuables absolues dont nous pouvons constater sans cesse les applications; car ce n'est qu'une simple évidence de raison de répéter sans fin, ce que Virgile, poëte panthéiste aussi, disait de Jupiter : *Jovis omnia plena.*

Il est donc vrai que Lassalle était panthéiste en philosophie, et que son panthéisme était l'âme de sa théorie. C'est de là qu'il tirait la nécessité de l'avénement de son quatrième État, de l'État travailleur. Cet avénement, d'après lui, ne pourra se réaliser que quand l'usure ne se pratiquera plus et que le travailleur aura la jouissance de la totalité de ses produits. Alors seulement tous mangeront et dépenseront ce qu'ils auront engendré par leur travail, et tous seront riches selon le droit que donne la nature d'être riche. Ce quatrième État embrassera l'humanité, parce que tous travailleront, et il n'y aura plus d'inégalité sur la terre que celle qui sera la suite inévitable des diversités naturelles. On ne peut rêver au delà de cet avénement; la nature restera toujours la maîtresse; elle ne fait pas les pau-

vres, elle ne fait pas les riches ; mais elle fait des
capacités diverses, et entreprendre de détruire
les conséquences nécessaires de ces diversités,
serait entreprendre l'impossible. Mais entreprendre que le produit de chaque capacité, ou son
équivalent, reste à la capacité elle-même qui l'a
produit, et que le plus riche ne puisse retirer un
intérêt injuste d'un prêt qu'il aura fait au plus
pauvre, ce qui entretient la plus grande pauvreté
de l'un et la plus grande richesse de l'autre, voilà
ce qui est possible, rigoureusement possible, et
ce qui se fera un jour.

Que le peuple ouvrier s'instruise ; ce sera, disait toujours Lassalle, par l'instruction qu'il se
débarrassera de ses langes présentes et qu'il se
revêtira de l'armure de l'homme par laquelle il s'af-
franchira définitivement, et s'élèvera au niveau
de ce *tiers-état* qui est aujourd'hui la bourgeoisie régnante et gouvernante. Commençons par
user dignement et avec intelligence du suffrage
universel que nous avons conquis, et nous arri-
verons à l'émancipation de l'état travailleur qui
devrait être tout et qui jusqu'à présent n'est rien.

N'est-il pas regrettable qu'un tel homme soit
mort à l'âge de trente-neuf ans ? Il était lancé sur
la scène du monde pour faire triompher notre
théorie cent ans ou deux cents ans plus tôt.

Lassalle avait surtout puisé ses grandes idées réformatrices dans l'ouvrage de Karl Marx que cet auteur philosophe avait intitulé le *Capital* qui devait traiter ensuite de la *Circulation*, puis de la *Distribution*, pour finir par un exposé des *Théories économiques*. Le premier volume intitulé le *Capital* avait seul paru. « Le travail, disait Marx dans ce livre hardi, est la source et la mesure de la valeur. » Une longue liste d'ouvriers s'inscrivirent pour concourir à l'agitation. Aujourd'hui les maîtres sont devenus pires que ceux d'alors, les mêmes hommes seraient et sont traités par eux de malfaiteurs.

Il reste aussi, en Allemagne, un parti socialiste religieux. L'archevêque de Mayence en est une illustration. Le catholique Rudolf Meyer en est une autre. Ces esprits libéraux ont compris et accepté les prétentions de Lassalle sur le quatrième État; et ils ne comprennent la justice qu'étant fondée sur la liberté.

En Autriche s'est ouverte une ère libérale depuis Sadowa. En 1868 et 1869 eurent lieu des réunions d'ouvriers à l'*Universum*, et il en sortit un manifeste très remarquable, en six idiomes, allemand, magyare, tchèque, polonais, roumain et italien. On y réclamait le suffrage universel et beaucoup de choses. Ce manifeste réunit plus

de trente mille adhérents. Il eut plus de reten-
tissement en Hongrie qu'ailleurs, mais il n'abou-
tit guère ; la lassitude prévalut.

Le parti ouvrier danois s'éveilla tout à coup
en 1877 et compta de soixante-onze à soixante-
seize mille membres. Mais il y eut déclin presque
aussitôt, et aujourd'hui c'est la désorganisation.

Dühring, le docent de l'université de Berlin,
est un penseur qui a le tort d'attaquer Marx et
Lassalle, mais qui se distingue parmi les philosophes par ses attaques, à fond, contre les trans-
formistes Lamarck et Darwin. Il accorde trop à
l'Etat, il annihile devant l'Etat le droit individualiste. C'est toujours l'exagération du communisme et surtout du collectivisme.

Il fait, entre autres arguments, ce raisonnement irréfutable : « Si l'univers n'avait pas commencé, il faudrait admettre l'existence réalisée
à tout instant d'un nombre infini, qui ne serait
pas susceptible d'augmentation constante, par
l'essence de son infinité même. Il y a donc un
commencement à toute série, soit totale, soit
particulière, et ce commencement émerge sans
cesse de l'absolu qui est immobile et dans lequel
tout se développe sans qu'on en puisse jamais
isoler le phénomène de conscience. » Voilà à peu
près la théorie philosophique de Dühring. C'est

un grand penseur. On peut, à la fois, le dire
athée et théiste; attendu que son dieu est le dieu
panthéistique éternel qui est immobile et immanent en tout être et par tout être.

Le lecteur devine sans peine que Dühring est
un philosophe, et un grand homme, aussi bien
que Lassalle.

A. E. Schaffe est parti de l'économie politique
pour arriver à un communisme modéré qui demande seulement le collectivisme du sol exercé
par l'association, et qui réserve la propriété privée des moyens et des objets de jouissance; il
ne met pas en commun les produits, il ne met
en commun que les capitaux; il réserve, en même
temps, tout l'ordre religieux. Il réfute les accusations qu'on élève contre le socialisme à l'égard
de la liberté, de la propriété particulière, et de
la faculté du don, même de l'héritage.

Schaffe n'en est pas moins, malgré ces restric-
tions, un communiste; mais il borne son communisme à une meilleure direction de la production en vue de la grande abondance des
produits et à la justice dans la répartition. Je
ne suis pas loin de penser comme lui.

En Belgique et en Angleterre, les esprits avaient
toujours tenu à la liberté. C'était leur passion,
dès l'époque de César; ils n'avaient jamais cessé

d'aimer la liberté comme la vie : *Liberté égale pour tous*, était leur devise ; aussi se manifesta-t-il facilement en Belgique et en Angleterre des éclats du communisme qui travaillait l'Europe.

Buonarotti, réfugié en Belgique où il mourut, y exerça son influence. Bartels y devint catholique en devenant socialiste. Lucien Jottrand y fut encore plus orthodoxe que Bartels ; c'est lui qui mit en honneur l'association du capital et du travail ; mais comment pouvait-il considérer le capital, isolé du travail, comme producteur? N'est-il pas évident que, abandonné à lui-même, le capital n'est capable de rien produire? Ne l'ai-je pas démontré avec surabondance dans mon traité *De la justice dans l'usage de la propriété?*

Aujourd'hui je vois encore M. Godin Lemaire, dont j'ai parlé, espèce de phalanstérien, à Guise, dans l'Aisne, organiser son familistère sur cette donnée fausse, mais étape préparatoire à la grande réforme de l'avenir et que les esprits bienveillants à l'égard du bien désiré doivent soutenir.

Jottrand voulut l'abolition des grandes propriétés.

Jacob Kats garda aussi le christianisme orthodoxe, mais l'humanisa par le sentimenta-

lisme. Il voulait l'organisation du travail par
l'Etat, avec nomination et révocabilité perpétuelle des employés, l'abolition de la peine de
mort, la gratuité de la justice, etc. Beaucoup
de mes idées sont semblables aux siennes.

De Keiser, dans ses ouvrages, en émet d'autres
qui sont panthéistiques et qui se rapportent
encore à celles que je soutiens : L'être suprême,
d'après de Keiser, est la nature universelle, qui
est justice, bonté, amour; c'est mon panthéisme
avec la religion qui en découle logiquement,
et qui n'est que la loi naturelle, la morale naturelle. Pourquoi, dit-il, y aurait-il une révéla-
tion extra-naturelle? N'est-ce pas assez de celle
de la nature?

Son système social est que la commune soit
rendue propriétaire collective du sol et de tous
les immeubles. On les divisera en lots moyen-
nant des rentes qui seront payées à la commune.
Les communes se fédéraliseront; leur fédération
formera l'Etat; sous l'Etat, la province; sous la
province le district. L'Etat général résultera de
toutes les communes fédérées.

Napoléon de Keiser était aussi un fils de la
révolution; il est mort depuis quelques années.
Ce fut un collectiviste.

Félix Delhasse est à citer surtout comme étant

19.

devenu un des amis de Proudhon ; mais on peut aussi le classer parmi les propagateurs d'un système spécial. Il vit encore à Gand.

En 1848, au mois de mars eut lieu la petite entreprise de *risquons tout*, et l'affaire des banquets socialistes, petites tentatives républicaines sur la Belgique qui ne produisirent que de la fumée. Elles furent pourtant suivies de plusieurs condamnations à mort, mais le roi libéral Léopold commua toutes les peines en celle du bannissement et de l'exil; puis, à la fin, accorda des graces entières successives.

On fonda des journaux socialistes en grand nombre, et la solution qui fut donnée, en fin de compte, fut la solution fouriériste qui admet l'union du capital et du travail, comme aujourd'hui M. Godin dans son familistère de Guise.

La propriété foncière, disait-on, est à la nature, puisqu'elle est l'œuvre de Dieu, et partant, elle est commune. Mais la propriété mobilière est de l'homme et est individuelle.

La vérité est qu'il y a, dans tout instrument de travail, à commencer par la terre, un fonds qui est à la nature et qui n'est la propriété de personne, mais qui est susceptible de devenir propriété individuelle pendant le temps qu'il est occupé par le fruit même du travail. Dès que ce fruit s'en détache, s'en sépare, et que le fonds se trouve abandonné par le travailleur, il devient commun, et doit être pris par l'Etat au nom de la société qui le distribuera à ceux qui n'ont rien et qui seront le mieux préparés à exercer, à l'aide de ce fonds, le métier pour lequel ils se sont fait inscrire sur le registre social. C'est là le communisme qui est exigé par l'organisation économique la plus essentielle ; quant aux fruits du travail, qui sont mobiliers et qui se détachent, ils restent la propriété du travailleur qui les a produits, aussi longtemps que ce travailleur conserve cette propriété au moyen de titres bien établis, et la met à profit par lui-même ou par un emprunteur gratuit, qui répondra du capital seul. Ce mode du prêt gratuit sera le vrai et bon moyen de constater que la propriété n'est point abandonnée quand on ne la travaillera pas soi-même.

Ce fut en 1865 qu'eut lieu la formation de l'*Internationale*.

De Paepe, collectiviste, entra dans l'*Internationale*, et fit un livre d'économie sociale, qui fut interrompu à la question de la distribution des richesses. Mais il s'est expliqué ailleurs dans un sens à peu près communiste.

Victor Arnoud et Hector Denis, excellents

dans leur vie privée, participèrent aux idées de Proudhon : il y a chez eux du mutuellisme et du positivisme.

Hector Denis est philosophe socialiste. Esprit très élevé, il gravite avec sagesse vers une désappropriation universelle.

Fr. Huet, philosophe aussi, imagine dans son *Règne social du christianisme*, une dotation par l'Etat, qui s'empare des héritages en dehors de la ligne directe, et les emploie à doter les enfants sans fortune, en vue d'une égalité aussi grande que possible. C'est encore un communisme mitigé; c'est un demi-communisme. On peut y trouver du bon, et même je mets à contribution une quasi-application de cette méthode à l'égard des fonds abandonnés, en entendant par fonds abandonnés ceux qui cessent d'être couverts de fruits par leur propriétaire travailleur ou par un emprunteur à titre gratuit répondant du capital, et constatant la propriété beaucoup mieux que des titres nus n'existant que sur le papier.

En Hollande, Multatuli est le pseudonyme de Donnes-Dekkers, qui agita beaucoup les esprits. Cet écrivain vigoureux donna naissance à beaucoup de revues, et alors eut lieu le congrès de La Haye (1872) où se produisit une division funeste qui marqua le déclin de l'*Internationale*.

En 1878, à la suite d'un autre congrès, lequel se composait d'ouvriers, se forma un parti socialiste démocratique néerlandais qui existe encore.

En Angleterre, J. Bronterre O'brien, Irlandais né en 1805 et mort en 1864, soutenait le droit qu'a tout homme au produit complet de son travail et de son intelligence. C'est l'idée mère qui se retrouve partout, depuis Moïse, depuis Jésus et depuis saint Paul; cette idée renaît dans toute discussion sérieuse; c'est aussi la mienne, elle fut même celle de Thiers en 1850. Qui donc oserait aujourd'hui s'élever contre elle?

Ce droit de jouir du fruit de son travail doit être, d'ailleurs, protégé par la loi, ainsi que la liberté du travail lui-même; telle était la thèse d'O'brien, et il ajoutait que le dernier terme de la propriété sociale serait un jour un vrai communisme. Je pense encore là-dessus comme le philosophe anglais que je cite en ce moment, mais avec la réserve des droits de l'individualisme, et la conciliation du communisme avec ces droits, qui sont indélébiles. Ce n'est pas la propriété qui est productive de la richesse, mais uniquement le travail, soit direct soit indirect, de l'individu, isolé ou associé, sur cette propriété simple instrument, instrument passif.

Bronterre fut nommé président de la *ligue de la réforme sociale*. Il était collectiviste avec certaines explications qui n'étaient pas loin de revenir au *communisme individualiste*, que j'exposerai dans ma troisième partie. C'est encore un grand esprit que ce Bronterre O'brien. Il voulait que l'Etat fît une réserve pour ceux qui ne peuvent travailler. C'est aussi ce que j'exigerai pour la réalisation de mon communisme de consommation par fraternité.

Parmi les ouvrages de Bronterre O'brien il ne faut pas oublier ses livres de poésie. O'brien fut une sorte de Victor Hugo irlandais. Il fit en 1856 une Ode à Louis-Napoléon, ayant pour but unique de clouer au pilori de l'histoire cet à demi sanglant aventurier.

J'ai dit qu'il voulait l'égalité dans la justice, par la jouissance attribuée à chacun des fruits de son travail, et l'égalité dans la politique par le suffrage universel.

J'ai dit déjà que ce grand homme mourut en 1864, mais je n'ai pas dit encore que ce ne fut qu'après avoir longtemps souffert de la misère et de la faim.

La troisième *Internationale* se fonda en 1855 grâce aux proscrits de tous les pays réfugiés à Londres. On peut lire, dans Malon, la *Déclara-*

tion de principes de cette association (pag. 520); mais elle périt par ses discussions et ses dissensions. Elle repoussa les avances de Mazzini, qui était spiritualiste autant que révolutionnaire. Elle ne put jamais s'entendre avec elle-même.

La quatrième *Internationale* a eu à peu près le même sort; mais celle-là a du moins produit de beaux résultats, puisqu'elle a servi de germe à l'union des prolétaires de toutes les nations [1].

Le système de la *coopération* s'est développé à Londres; mais, ce n'est pas là, dit avec raison M. Malon, du socialisme : ce n'est que « l'entente entre les membres d'un groupe limité pour passer à la bourgeoisie. » Pourquoi cela? Parce que, dans la coopération, il n'y a pas du tout l'intronisation de l'égal-échange, ni tentative pour l'introduire dans l'ordre social; ce n'est, qu'une aide partielle donnée au système en usage avec efforts particuliers pour en tirer profit; de l'association en question, on profitera, s'il y a réussite, pour s'élever de l'état de simple exploité ou d'ouvrier prolétaire, à l'état de bourgeois dans lequel on exploitera les autres par l'intérêt qu'on retirera du prêt des instruments de travail, comme on avait soi-même été exploité dans le passé.

1. Lisez encore, dans Malon, les statuts de cette *Association internationale* des travailleurs (p. 552).

Il n'y a donc rien, pour le socialisme ni pour le communisme futur, dans la *coopération*.

Les *trades'unions* de l'Angleterre, dit d'autre part M. Malon, ont un sens plus élevé. Elles sont l'organisation d'une résistance contre le capitalisme. Cela est encore vrai, attendu que dans les *trades'unions*, ou s'organise pour fournir soi-même les forces de production dont on a besoin. Cependant ces forces étant, dans l'état économique existant, les capitaux eux-mêmes, le résultat sera encore celui des sociétés coopératives.

Au reste, les capitalistes anglais se sont aussi unis, et sont restés les maîtres en imposant la faim à des milliers de travailleurs ; et les unionistes sont restés impuissants devant cette union, en concurrence, des capitalistes.

Il en a été de même des *unions agricoles* entre les paysans : ce sont encore les *landlords* et les fermiers réunis, qui ont remporté la victoire ; et aujourd'hui même, il n'en reste aucun fruit.

Ils ont pourtant repris, avec Stuart Mill, la *ligue* nouvelle pour la *réforme de la tenure de la terre*.

Ce fut en 1871 que Stuart Mill fonda cette ligue. Ce buchézien socialiste, a été soutenu en France par tous les buchéziens ; ils ont traduit ses œuvres et ont cru pouvoir faire renaître, à son occasion, le système *associationiste* de Buchez.

Le défant du système buchézien, et par conséquent de Stuart Mill, est de conduire tout droit
au collectivisme de l'Etat ou de la commune.
L'homme n'a pas plus la propriété de la terre à
titre de commune ou d'Etat, qu'à titre de particulier. La terre est encore moins la propriété de
telle ou telle collection d'individus, par sa nature, qu'elle ne l'est de l'espèce humaine tout
entière. La commune n'est, après tout, qu'un
propriétaire particulier, qui n'a pas plus de titre
à telle ou telle propriété qu'un individu; tandis
qu'on peut soutenir que l'espèce humaine tout
entière a le même droit à un vrai communisme
général, universel. J'ai réfuté le système de Buchez dans mon traité *De la justice dans l'usage
de la propriété.* Il n'y a point de propriétaire véritable de la terre plutôt que de tout autre instrument de travail; il n'y a que l'individu et les
individus travailleurs de la terre qui en acquiè-
rent la propriété par leur travail; mais de quoi de-
viennent-ils les propriétaires par le travail? Ils se
rendent par là propriétaires des fruits mobiliers
d'abord. Ensuite, quant au vrai fonds qui porte
les fruits, ils s'en rendent aussi propriétaires,
mais seulement par suite de l'accession des
fruits à ce fonds, et cette propriété du fonds, qui
est à la nature, ne reste au travailleur que le

temps que dure le travail lui-même qui maintient dessus les fruits de ce travailleur.

L'association buchézienne avait pour défaut radical, sortant du système erroné que je signale plus haut, son capital indivisible, germe d'un communisme, d'État ou de commune, qui diffère essentiellement de celui que je proposerai, lequel sera un vrai communisme humanitaire, effet constant de la fraternité.

Herber Spencer, autre philosophe socialiste qui commença par être positiviste, a fondé, en définitive, son *Evolutionisme*, dont il faut lire l'exposé dans son *Introduction à la science sociale* et dans sa *Statistique sociale*. La base est toujours cette idée buchézienne que la terre est un patrimoine commun.

En Suisse, apparut Bakounine en 1868. Il arrivait de Russie. Il rompit avec la *Ligue internationale de la paix et de la liberté*, dans les réunions de Berne. Il montra une grande éloquence pour soutenir l'Internationale suisse.

Karl Marx, au conseil général de Londres, fit une guerre acharnée à Bakounine, qui fit alors ses discours dans le Jura bernois; Neufchâtel fut un de ses théâtres.

La Confédération génevoise fut amoindrie par ces luttes intestines.

Alors se distingua la doctrine de l'anarchisme, dont voici les principes, avec les jugements que je porte sur cet anarchisme, qui ne ressemble au mien et à celui de Proudhon qu'en quelques points :

I. Matérialisme, — principe faux.

II. Abolition de l'autorité sous toutes les formes. — Principe vrai dans le sens de la nature et de la raison seulement.

III. Suppression de l'état politique. — Principe exagéré par Proudhon qui ne voulait que réduire l'État à une police pure embrassant tout cela, et cela seul, que la raison et la nature lui permettront d'embrasser.

IV. Egalité complète des sexes. — Principe qui, d'après Malon, fut nié par Proudhon, et soutenu par tous les autres socialistes ; mais M. Malon se trompe aussi bien sur Proudhon que sur plusieurs autres dans cette assertion.

Proudhon n'a pas été compris sur la femme et l'enfant. Il ne veut l'asservissement ni de l'un ni de l'autre. Il maintient seulement une supériorité de poids donnée au chef de la famille par la nature, en vue, ajouterai-je, de l'éducation. Cette supériorité de fonctions est incontestable et prouve l'intelligence parfaite de la nature. S'il en était autrement, je dirais à toutes les femmes :

Eh bien, prenez la plume ou la pioche, et donnez-nous l'aiguille, à nous autres maris, et vous verrez comment les choses aboutiront. Il y a bien longtemps qu'Aristophane, dans ses comédies, a ridiculisé de telles prétentions chez la femme.

Ce que j'ai dit, je l'ai dit dans le sens que je comprends toujours, lorsque je me prononce de la sorte, c'est-à-dire à titre de loi générale, et en réservant les exceptions. En ces exceptions mêmes, on constate encore la sagesse de la nature, car elle donne alors à la femme supérieure à son sexe, un sentiment de sa prépotance, et presque toujours, dans les habitudes du ménage, l'homme éprouve ce même sentiment et obéit sans peine à son épouse. C'est alors la femme qui clot les discussions par son autorité.

De Jacquet fut le violent anarchiste auquel une certaine sagesse, qui brillait encore trop, à ses yeux, dans Proudhon, fit déclarer que ce dernier n'était révolutionnaire qu'à demi ; il ne voulait pas que l'on conservât, dans la théorie socialiste, autant d'individualisme. C'est précisément ce qui me plaît à moi dans Proudhon, et ce qui fait que j'adhère à ce qu'on appelait ses contradictions parce qu'on ne les comprenait pas.

Bakounine fit la célèbre association de l'*alliance universelle de la démocratie sociale.* Mais il commit la faute radicale de déclarer athée cette alliance, ce qui était la proclamer en réalité impuissante à rien produire ; il visait en cela l'impossible, et ce qui ne s'obtiendra jamais : l'abolition de tout culte. Que l'on proclame le remplacement définitif de tout culte surnaturel, et l'absorption de tous les cultes par le culte du dieu panthéistique, qui est le culte de la nature et de la raison, c'est tout ce que celles-ci permettent d'espérer ; c'est tout ce que je désire avec elles ; mais comment désirerai-je l'introduction du vide absolu dans la conscience religieuse des hommes ?...

M. Charles Le Monnier a maintenu sa *Ligue internationale de la paix et de la liberté*, avec ses *États-Unis d'Europe*, son *abolition des armées permanentes* et autres utopies de même espèce, relativement au siècle présent. Toutes ces idées-là sont bonnes et ne peuvent que cadrer avec les miennes toutes les fois qu'elles ne font pas preuve de timidité en laissant, le long du chemin qu'elles parcourent et des défilés qu'elles traversent au sein des broussailles du présent, ces herbes mauvaises desquelles on devrait toujours, en théorie, faire table rase.

M. Éd. Champuy est un socialiste révolutionniste admirateur avec raison de P. Leroux, qui continue de soutenir, autant qu'il peut, son protestantisme dans *le devoir* du familistère de Guise, phalanstère bâtard que renierait Fourier s'il revenait à la vie, tout en applaudissant aux efforts généreux de M. Godin-Lemaire.

D'après M. Champuy, le droit de vivre mis dans l'homme par la nature est indépendant de la volonté, et en cela il a raison ; mais quand il ajoute que le capital et le travail doivent être alliés, pour répondre à ce devoir, et qu'ils produiront, de concert, les fruits qui seront la matière de la vie de tous, il se trompe : le travail seul est ici l'unique facteur ; lui donner pour compagnon, productif comme lui, le capital, c'est le détruire lui-même. Voyez mon traité *De la Justice dans l'usage de la propriété*, dont je ne retirerai jamais un iota.

En Italie, Mazzini le spiritualiste, a proclamé l'idée du devoir contre celle du droit ; il a eu tort dans son jacobinisme religieux ; le droit engendre le devoir, et l'idée en reste toujours nécessaire, comme l'a dit avec tant d'éloquence, notre Lamennais, qui n'était pas un socialiste proprement dit, mais qui ne s'est pas trompé dans ses généralités démocrates-communistes envahissantes.

Mazzini avait ses principes spiritualistes, à peu près pareils à ceux de Lamennais ; et, à l'époque de l'affranchissement de l'Italie, il vit avec

douleur, mais à tort, une grande minorité de
son parti courir à l'action à la suite de Garibaldi.
L'action de l'un était si compatible avec les idées
de l'autre ! Pourquoi n'ont-ils pas paru le comprendre assez ?

Ferrari, l'ami de Proudhon, dès 1844 avait expliqué, comme professeur à Strasbourg la république de Platon, en vrai platonicien. On lui
reprochait alors de demander, à la lettre, la
communauté des biens et des femmes des théories platoniciennes ; c'était ne pas le comprendre.
Il faisait valoir seulement son philosophe. Puis
il se modifia, à la fin, de manière à se faire comprendre de tous.

Poli fit, dans ces temps, son livre *la Terra
al commune, la Terre à la commune*. C'était la
théorie collectiviste qui était soutenue dans ce
livre. « La terre, disait Poli, appartient par droit
naturel, à la commune, et la rente de la terre à
celui qui la travaille. » Mais qu'est-ce que la
rente de la terre, et quelle différence y a-t-il
entre la rente de la terre et la terre elle-même ?
La rente est le fruit de la terre et ce fruit est à
celui qui le produit par son travail, soit avec
la terre, soit avec tout autre instrument ; or,
n'est-ce pas là toute la propriété admissible ?
Tout fonds appartient à la nature, et est né-

cessairement commun sous ce rapport; mais
un fonds quelconque n'a de valeur que par
ses fruits, et n'est-ce pas toujours au travailleur qu'appartiennent les fruits? La commune,
pas plus que l'individu, ne peut être propriétaire de ce fonds, qu'en tant qu'il est rendu
productif; et n'est-ce pas toujours celui qui le
travaille qui le rend productif? Or, celui qui travaille tout fonds, c'est-à-dire tout instrument,
n'est-ce pas toujours l'individu soit seul, soit
entrant comme partie d'une association? D'ailleurs, les collectivistes qui attribuent la terre à la
commune, ne lui font-ils pas cette attribution pour
qu'elle ait le droit de recueillir les fruits pour
cette communauté, et de les partager ensuite
entre les individus; ces fruits reviennent toujours
aux individus par ce biais; et pourquoi veut-on
qu'ils appartiennent d'abord à la commune?
N'est-ce pas pour les fruits eux-mêmes? Si c'était
pour le fonds seul, ce ne serait qu'une attribution
inutile, purement métaphysique et platonique,
qui ne mènerait à rien de réel en pratique. Enfin,
il y aurait nécessairement de l'injustice à user
de cet intermédiaire de la commune : l'un travaille plus, l'autre moins et il faut que chaque
travailleur ait directement son produit, ou son
équivalent; il ne l'aura, selon la justice, et pro-

portionnellement à son labour, que s'il lui est donné directement sans intermédiaire. C'est ainsi que ma devise : *Tout par le travail et pour le travail*, sera une vérité.

Le communisme de la commune, comme on l'entend, serait le règne de l'injustice, c'est-à-dire d'une égalité qui ne répondrait pas aux inégalités naturelles des talents et des forces, et qui redeviendrait une injustice par suite de son égalité même fondée sur la nature. Ce doit être le fait de la fraternité libre, soit individuelle, soit conventionnelle et communale, d'établir une égalité de consommation qui implique à peu près le même bien-être à celui qui produit moins qu'à celui qui produit davantage.

Le conspirateur Carlo Pissacane fit comprendre par son testament, que cite Malon, son socialisme collectiviste.

Le journal *le Proletario*, fondé par Nicolo lo Savio, portait pour devise. « Qu'est le capital? tout. Qu'est le travail? rien. Que sera le capital? rien. Que sera le travail? tout. »

Cette épigraphe montrait que mon principe, qui est celui de Paul et de Jésus, avait pris racine dans les esprits distingués et hardis de l'Italie.

Le Russe Bakounine avait ajouté son élément

d'agitation, en venant aussi, dans cette partie du monde, enthousiasmer les esprits par son éloquence.

Les anarchistes, par système, se remirent alors à l'œuvre : la question économique du *travail* fut beaucoup remuée. On fit des efforts pour l'émancipation des travailleurs dans la fédération des Marches et de l'Ombrie. Mais on en revint encore à la solution banale et simple de la terre, destinée par sa nature, à être une propriété communale. C'est le collectivisme qui renaît sans cesse à côté du mutuellisme. Il en fut de même dans la fédération des Romagnes et de l'Emilie.

Il y eut réaction après la tentative de Passavante.

En 1878, le mystique David Lazaretti, plein d'amour de l'humanité, réussit à faire mettre leurs biens en commun, à des chrétiens par lesquels il prétendit restaurer la primitive Eglise. Ce fanatique admirable sortit en procession vêtu de la robe rouge de Jésus, en se disant le Christ nouveau; plus de deux mille allèrent le proclamer le *saint des nouveaux jours* dans l'église d'Arcidosso; la police lui barra le passage; on tira sur lui; il fut tué par une balle qui le frappa au front; huit de ses disciples furent blessés. Cela se passait sous le ministère de Cairoli-Za-

nardelli. Toute la famille de Lazaretti fut arrê-
tée ; il en fut de même d'une cinquantaine de ses
fidèles, qui étaient encore dans les prisons de Florence et qui attendaient leur jugement, quand
M. Malon écrivait son *Histoire du socialisme*.

En Espagne, le mutuellisme de Proudhon,
par l'abolition de tout intérêt attribué au prêt
des capitaux, fut adopté par Py y Margall, Salmeron et plusieurs esprits supérieurs. Py y
Margall propagea largement cette doctrine, en
se livrant à l'étude et à la traduction en espagnol des œuvres de ce maître, pendant que
l'*Internationale* prenait de grands développements. Une grande fédération espagnole se
fonda, en 1871, composée de cent deux fédérations locales, et Py y Margall prit la cause du
fédéralisme avec une excessive rigueur que j'ai
réfutée dans son trop-plein, quant aux principes
sur lesquels elle repose, au chapitre spécial où
j'en ai traité dans ce livre lui-même. Ce fédéralisme, ne l'ai-je pas démontré invinciblement?
pourrait conduire, étant pris à la lettre, et en rigueur, jusqu'à une sanction de toute autorité et
de tout légitimisme aussi dangereuse que la
théorie du droit divin.

La fédération espagnole émit un vœu de re-
connaissance à la Commune de Paris de 1871

qui exagérait la même fédéralisme jusqu'à compromettre l'unité nationale résultant d'un travail des siècles, vraiment indestructible. Les ouvriers s'associèrent, et leur association produisit une scission désastreuse.

Py y Margall, porté au pouvoir, fit une proclamation plus avancée dans ce sens, que n'en lança jamais aucun gouvernement révolutionnaire; le centre de cette tentative fut transporté à Carthagène; et bientôt Py y Margall, puis Salmeron furent réduits à se retirer.

Le hablador Castelar, orateur incomparable, poète plus qu'humain, dans le genre de notre Lamartine, fut président et ne recula pas devant une répression sanglante dans laquelle périrent les enfants les plus chauds de l'Espagne sous les coups des Campos et des Pavia qui préparaient une fois encore à l'Espagne les lacets monarchiques.

Le caractère de la révolution de Carthagène était socialiste. Mais vint l'attentat de Moncasi, puis la réaction qu'il provoqua. Garrido en est sorti avec son socialisme évolutionniste, qui cherche son énigme dans l'association ouvrière, se fondant avec l'Etat, et garantissant à chacun les conditions de son développement intégral.

Quinonès est un socialiste spiritualiste dont la fécondité entretient le souffle populaire. Il soutient la religion par la science, pendant que Py y Margall fait toujours la propagande de son mutuellisme proudhonien, avec les moyens d'action les plus radicaux et les plus modérés.

Dans le congrès de Saragosse, on a proposé une transformation de la propriété individuelle en propriété commune; c'est encore le communisme qui revient sur l'eau, moyen facile à comprendre pour le peuple, mais qui aurait pour lui la perfidie de Judas, en le livrant à la paresse.

On distingue l'artisan de l'ouvrier prolétaire qui ne demande, avec Proudhon, que le crédit gratuit et l'égal-échange; c'est là, dans le chaos des pensées, le diamant qui est appelé à sortir, plein de gloire, au soleil de la liberté.

Le Portugal ne manifeste guère ses aspirations communistes que par l'*Internationale*. Jules Guesde fait, dans ce pays, son *catéchisme socialiste*, dans lequel il distingue entre l'*anarchie* qu'il admet, et l'*anarchisme* qu'il n'admet pas. Cet *anarchiste* se comprend lui-même.

Je jetterai un coup d'œil encore sur le socialisme ou plutôt communisme slave; je veux parler de ce grand mouvement nihiliste de l'immense Russie, qui se passe sous nos yeux et qui menace de transformer bientôt le vieux monde.

Sachons d'abord que le mot *nihilisme*, né de

deux romans populaires, l'un de Tourguenief, l'autre de Tchernychewsky, n'a aucune signification philosophique : il signifie seulement que les partisans de ce mouvement protestent contre tout l'ordre social régnant et en poursuivent la destruction absolue.

Après la mort d'Alexandre I*, il y eut, en Russie, la révolte des paysans et des nobles jeunes au cri de *Vive la république slave;* mais ils furent vaincus. Leur but était de donner la terre aux communes et d'établir un collectivisme communal.

Vint ensuite l'interminable compression de Nicolas.

Karasmine et Herzen jettent aux âmes asservies et désespérées leurs accents de désespoir; leurs appels au chaos et à la mort, sont les premiers cris nihilistes.

Bakounine lâche la bride à sa fougue révolutionnaire, et après les massacres de juin, Herzen s'élève en travers de cette fougue.

Herzen, comme rêveur et théoricien, est communiste. En Russie, le socialisme est le communisme lui-même.

Bakounine était le petit-fils d'un ministre de Catherine II.

L'organe d'Herzen et de Bakounine fut le *Kolokol* (la Cloche). Herzen conserve la foi en la

cause rationnelle des choses; il est théiste. Bakounine est athée. C'est de son athéisme que
part le nihilisme dans ce qu'il a d'un peu philosophique. S'il y avait, disait-il, un Dieu créateur,
le monde n'aurait jamais pu exister.

Le seul moyen d'appeler au déisme cet
athéisme, c'est le théisme panthéistique que je
professe. Là est le point de transition qui peut
relier l'athéisme au théisme, car le Dieu créateur
qu'imaginent les déistes ordinaires n'est, en effet, qu'un despotisme impossible dans les éter-
nités, dont la création *ex nihilo* est la grande absurdité. Mais la force éternelle, qui est éternellement tout en tous, et totalité elle-même, loin
d'être l'absurdité, rend l'univers possible; et il
faut qu'elle soit intelligente, cette force; morale
en même temps que physique. Voyez mon traité
de l'absolu, qui paraîtra un jour.

Voilà comment s'est formé le premier germe
du nihilisme russe qui se résout maintenant dans
l'idée de tout détruire en organisation sociale,
ce qui est à peu près juste, puisque tout, dans
cet ordre, est injuste et mauvais dans l'empire
des czars.

Que faire? fut le titre du grand roman social
de Tcherny ewsky, le plus célèbre de ses ouvrages et celui qui proposa directement non pas

le nom, mais la chose du *nihilisme*. Ce roman fut écrit dans la prison, d'où il ne devait sortir que pour aller en Sibérie pour toujours; mais on sait quel effet produit aujourd'hui son livre.

Le même révolutionnaire était aussi rédacteur du *Contemporain*. C'est un écrivain puissant dont les échos retentiront bien longtemps dans les esprits après qu'il aura cessé de vivre dans les glaces du pôle. Il fut condamné à quatorze ans de travaux forcés par le Sénat, dégradé, puis envoyé en exil.

Son système théorique est une sorte d'alliance entre l'athéisme et l'humanisme, mais dans lequel l'humanisme est le seul point qui soit bien compris.

Quant au nom de nihilistes qui a été donné aux socialistes russes, il a été tiré d'un autre roman conservateur libéral dont l'auteur s'appelait *Tourguenief* et qui portait le titre de *Pères et enfants*. *Que faire?* servait de réponse à ce premier roman. L'athéisme théorique du nihilisme est fondé sur le déterminisme scientifique qui prétend nier la liberté humaine parce qu'elle obéit toujours à l'entraînement le plus fort. Mais, comme ce déterminisme ne peut avoir sa source que dans une exagération de l'influx divin, panthéistique, qui écrase absolument la liberté, à moins qu'on n'en pose comme un roc la réserve psychologique, la droite raison ne comprend pas quelle logique peut exister dans cette espèce d'athéisme.

Qu'importe? Le *Que faire* de Tchernychewsky a rendu nihilistes les grandes demoiselles lettrées de la noblesse russe. C'est lui qui a inspiré les Vera Zassoulich. Il faut dire aussi que ce roman élève la femme au-dessus d'elle-même.

Après l'envoi de Tchernychewsky au bagne en Sibérie, la propagande a continué; puis la Commune de Paris est venue faire retentir les échos de ses audaces et de ses sottises. Les grands procès ont commencé leur marche triomphale. Les jeunesses, hommes et femmes des écoles, ont brillé comme l'éloquence et par le martyre. Les enthousiasmes du peuple ont encouragé, de toutes parts, les exaltations. Une seule époque de l'histoire ressemble à celle-là : c'est l'époque des martyrs du christianisme primitif.

Sophia Larionowna Bardine née à Tamboff en 1852, dans les rangs de l'aristocratie, vint d'abord à Zurich, où elle fit de brillantes études, retourna en Russie en 1874, entra comme ouvrière dans une fabrique, fut retenue pendant deux ans dans les prisons russes, et enfin fut traduite avec quarante-neuf complices devant un tribunal de juges qui la condamna à neuf ans de travaux forcés.

« Je ne me reconnais pas coupable, dit-elle, d'avoir agi ou voulu agir contre l'intérêt du peuple et de la société. Vous me dites ennemie de la propriété, je crois la défendre, car je reconnais que tout individu a la libre disposition de l'équivalent du produit de son travail. Est-ce donc moi qui détruis les bases de la propriété, ou le fabricant qui, en payant à l'ouvrier un tiers du produit de sa force de travail, empoche les deux autres tiers, ou le spéculateur qui, en jouant à la Bourse pour s'enrichir, ruine des milliers de familles, en ne produisant rien lui-même?

» Nous ne prêchons pas le communisme, mais le droit pour l'ouvrier de jouir du produit intégral de son travail. Libre à lui d'en faire une propriété privée ou commune.

» Quant à la famille, qui la détruit? N'est-ce pas votre ordre social qui force la femme à laisser sa maison, à abandonner ses enfants pour aller gagner son pain au prix de tant de fatigues?

» N'est-ce pas ce même ordre qui force la femme à se prostituer, et qui légalise ensuite la prostitution? Et nous qui voulons mettre fin à ces abominations, nous sommes les destructeurs de la famille!...

» Je passe sur la religion, car je crois être plus fidèle que vous aux enseignements du fondateur du christianisme.

Etc., etc., etc.

» Il est vrai que nous sommes anarchistes, mais l'anarchie ne signifie pas désordre, mais harmonie dans tous les rapports sociaux; elle n'est que la négation des oppressions qui étouffent le libre développement des sociétés.

» Et maintenant que je me suis justifiée, condamnez... Un jour cette société apathique et endormie se réveillera! elle aura honte de nous avoir laissé emprisonner, torturer et tuer parce que nous professions des idées émancipatrices; alors, elle se lèvera et nous vengera!

» Frappez, messieurs, vous avez la force matérielle, mais nous avons, nous, vos victimes, la force du progrès, la force de l'idée; et les idées, messieurs les sénateurs, ne se laissent pas prendre à la baïonnette. »

Il n'y a rien qui ne soit pur dans ce discours. N'y reconnaît-on pas au plus juste ma théorie, qui est celle de Jésus?

Le même tribunal fut encore obligé d'entendre, dans sa dernière séance, le paysan Pierre Aléxiéeff, qui finit par être tragique avec sa foudroyante éloquence, puisqu'il se vit enlever de vive force par les gendarmes, pour ne pas continuer de proclamer les mêmes vérités.

Une autre des jeunes accusées, que la prison a tuée depuis, adressa des vers terribles à ses juges, en les signant : « Une des condamnées aux travaux forcés le 14 mars 1877. »

D'autres procès suivirent, dans lesquels figuraient les femmes de l'aristocratie russe les plus instruites; ces femmes étaient plus courageuses que les hommes.

Vint aussi le procès dans lequel figurait Mischkin, directeur de l'imprimerie secrète de Moscou, accusé d'avoir tenté de faire évader le fameux Tchernychewski. Sa défense a retenti dans les journaux. Ce qu'il voulait, c'était « la fédération des communes, productives, autonomes. »

Ces mots parlent bien, on n'y entend pas que la terre sera la propriété commune de la commune entière. Voyez la réfutation que j'ai faite plus haut de ce collectivisme.

Il y eut un autre procès dans lequel comparurent trois cent trois paysans et un autre de quatre cents socialistes.

L'État fut déclaré impuissant. La fièvre socialiste gagnait trop bien la haute société russe, surtout la haute société féminine. Le cœur l'emportait dans cette classe : par exemple, madame

Gortschakoff, femme du colonel de gendarmerie d'Orenbourg était devenue une prosélyte. C'était une fureur de propagande, qui n'avait, redisons-le, d'analogue que celle des premiers chrétiens.

C'est alors qu'eut lieu le procès fameux de l'héroïne Vera Zassoulicth, dont l'acquittement inespéré fit un si grand effet. Elle avait pourtant assassiné un des principaux agents de la police, coupable d'actes horribles envers son parti.

« Nous voulons, disaient ces célèbres accusées, l'affranchissement *intellectuel, économique, social, politique* du peuple. »

« La terre ne doit appartenir qu'à ceux qui la cultivent de leurs bras. »

« Il faut remplacer les parasites de la paresse par l'empire du travail. »

« La liberté est au-dessus du suffrage universel lui-même. »

Pour quelques-unes l'abolition de l'héritage était nécessaire; je ne le juge pas ainsi, quant à l'hérédité des produits du travail, bien que j'admette les principes, en général, du socialisme slave, lorsqu'ils n'attaquent pas la cause de l'univers, au moins entendue comme étant, en même temps que cause universelle, la force éternelle, intelligente, panthéistique qui a tout engendré.

Tous demandent, dans ce socialisme russe,

que le travail soit le seul propriétaire de ses fruits ; c'est la justice même, et ce principe seul suffirait pour donner une force surnaturelle à ce socialisme.

Pourquoi y est-il question d'un communisme individualiste ? Cette qualification est étrange par l'antithèse même qui existe entre les deux mots qui composent son nom. Et que veut dire M. Malon, l'historien de ce grand mouvement, lorsque, à peu près en même temps qu'il émet ce mot nouveau, assez mystérieux, *communisme individualiste*, il donne à méditer à son lecteur les paroles suivantes :

« Il est dans l'intérêt de la collectivité que tout homme soit propriétaire. Nous nous sommes prononcé pour le droit absolu de propriété *sur le produit de notre travail* et *uniquement pour cette propriété*, car nous ne pouvons pas nous imaginer un droit exclusif sur une chose qui existait telle qu'elle est avant nous, qui existera telle qu'elle est après nous, et qui loin d'être produite par nous, nous a produits, elle. Cette chose, c'est *la terre*. »

Qu'y a-t-il, en une pareille profession de foi, qui ne soit résoluble aux principes de justice et de liberté de tous mes ouvrages ? Je suis de cet avis pour les fonds proprement dits ; ils sont la

propriété commune de tous, étant le fruit exclusif de la nature; et quand je parle de propriété individuelle, je n'entends parler que de
la propriété des fruits du travail, que porte ordinairement le fonds naturel.

Voilà donc un terrain commun, sur lequel
nous pouvons nous accorder, et sur lequel nous
devons un jour trouver le mot de conciliation,
la synthèse de mon individualisme et de votre
communisme.

Quant à votre collectivisme, il est loin d'être
une seule et même chose avec le communisme
nécessaire. Il consiste, si je ne me trompe, à
attribuer la propriété du fonds à une collection,
à une communauté, qui sera celle de la commune. Oh! pensez-y bien, n'est-ce pas là attaquer le communisme de la nature? Dans ce
communisme radical pas d'exception, tout ce
qui est commun est commun à tous les frères, à
toutes les espèces qui pensent, à tous les hommes. Votre collectivisme de la commune n'est
qu'un propriétarisme qui ne diffère de celui qui
est en règne que par le degré. Ce n'est pas là le
vrai communisme.

La terre est à tous, et à celui qui la travaille,
qui la couvre de ses fruits au moment où il la travaille.

Le programme de la *Société socialiste révolutionnaire* polonaise de Zurich introduisit l'indivisibilité de la terre dans ses théories. Je rejette cette condition en tant que nécessité de justice ; elle ne doit découler que de la fraternité. Je dis de même de la propriété des machines et de tous les instruments de travail. Si cette fusion universelle se produisait par la fraternité, il en résulterait un communisme qui ne serait que le règne social du christianisme accompli sur la terre, ainsi que le rêvait M. F. Huet, avant qu'il ne se fît panthéiste antichrétien.

Je dirai enfin quel est l'état du socialisme aujourd'hui d'après un tableau qu'en a donné le journal *la Révolution française* dans un de ses derniers numéros.

« Les travailleurs des Etats-Unis formulaient ainsi, disait-elle, en décembre 1877, leur programme :

« Ce que nous voulons, c'est que toutes les ressources de la vie, les moyens de production, de transport et de communication, terre, machines, chemins de fer, télégraphes, canaux, etc., deviennent la propriété commune du peuple entier, afin d'abolir le salariat et de lui substituer la production coopérative[1]. »

1. *Platform* de décembre 1877 du parti ouvrier.

» Ecoutez l'Allemagne :

» Le travail étant la source de toute richesse et de toute *culture*, et vu que le travail utile n'est possible que par la société, le produit du travail tout entier appartient à la société, c'est-à-dire à tous ses membres, sous la condition qu'à chacun incombe le devoir du travail, de même que chacun a droit à ce dont il a raisonnablement besoin. »

« Et plus loin :

» Dans la société actuelle, les instruments de travail sont le monopole de la classe des capitalistes, et c'est de là que dérive la dépendance de la classe ouvrière... Le parti ouvrier socialiste d'Allemagne aspire à supprimer la loi d'airain du salariat, etc. [1]. »

« Ecoutez la Russie :

» La terre ne doit appartenir qu'à ceux qui la cultivent de leurs bras, et, comme tout travail humain n'est productif qu'autant qu'il est assuré, nous revendiquons la terre pour les communes ou associations rurales, aussi bien que les capitaux et autres instruments de travail pour les associations industrielles; basées les unes comme les autres, sur la plus complète liberté et sur la

1. Congrès d'Eisenach, 1875.

parfaite égalité économique et politique des travailleurs. »

« Ecoutez la Belgique :

» Ce que nous poursuivons, c'est la réalisation d'une organisation sociale qui, suivant l'expression d'un célèbre écrivain anglais, de Stuart Mill, « concilie la plus grande liberté d'action » de l'individu avec une appropriation commune » des matières premières fournies par le globe » et une participation égale » de tous dans les bénéfices du travail commun [1]. »

« Ecoutez l'Italie :

» Ce n'est pas seulement une partie, mais la société tout entière qui doit être transformée, en devenant une grande et unique famille de travailleurs et de producteurs ayant pour base la propriété collective de la terre et des instruments de travail [2]. »

» Ecoutez le Danemark :

» Nous voulons l'abolition du salariat et son remplacement par la production commune, directe des travailleurs émancipés et associés. »

» La Hollande et la Suisse ont adopté le programme de la démocratie socialiste allemande.

1. Manifeste-programme du parti socialiste brabançon.
2. Manifeste du cercle socialiste de Milan aux sociétés ouvrières, comités, sections, etc. 1877.

Quant à la France, qui, pourrait avoir oublié les deux mots inscrits sur son drapeau par le prolétariat militant du 18 mars :

« Universalisation du pouvoir et de la propriété ;

» L'outil à l'ouvrier, la terre à celui qui la cultive.

» Faire en sorte que les deux facteurs de toute production, le capital et le travail, soient réunis dans les mêmes mains; autrement dit encore, procurer aux travailleurs le capital qu'ils mettent en valeur. »

J. G.

Mais qu'est-ce que cette unité prétendue des programmes ? C'est la preuve la plus simple qu'on n'a encore produit que des plans de communismes imparfaits et désordonnés.

Il y a pourtant, dans ces programmes, certaines idées mères qui pourront aider les esprits à se mettre d'accord. J'ai la foi la plus entière dans cet accord futur, et comment n'aurais-je pas cette foi, lorsque j'ai devant les yeux une dogmatique si simple du communisme de l'avenir, se résumant dans une harmonie éclatante entre l'individualisme et le communisme, harmonie dont j'ai déjà posé les principes, et dont j'exposerai la brillante application dans le panorama qui me reste à en tracer dans ma troisième partie qui consistera en un tableau du *communisme harmonique des républiques de l'avenir* ; les esprits clairvoyants en savent déjà bien assez pour juger que l'union de tous les socialistes du monde est rendue facile par cette dogmatique ; je les convie tous à l'étudier telle que je viens de la livrer à leurs méditations, telle surtout que je la montrerai dans sa mise en pratique le long de mon second volume.

Un point capital de cette dogmatique ressort déjà des méditations sages des esprits les plus avancés. Le grand nombre de ces esprits est loin d'être matérialiste, ainsi que les réactionnaires le prétendent dans les jugements injustes qu'ils cherchent à faire prévaloir sur ceux qu'ils appellent les communards ; voici deux documents qui s'élèvent pour les réfuter précisément au jour où je termine ce premier volume de ma publication.

I. Les déportés de la Commune de Paris, qui viennent d'être amnistiés, et qui nous reviennent d'au delà des mers, manifestent des sentiments qui ne sont pas toujours matérialistes, beaucoup s'en faut, et qui nous montrent, parmi ces reliques lamentables de nos discordes civiles, un mode de *libre pensée* dont le timbre est parfaitement au diapason du nôtre.

Un de ces déportés, qui va rentrer en France au commencement d'octobre prochain (1879) et qui se nomme Léon Bourdon, — gloire à ce noble esprit ! — a envoyé à Victor Hugo la copie d'un discours public d'adieux aux morts des camarades de la déportation, dans lequel se lisent les passages suivants :

« C'est à ces 241 victimes que nous venons dire un éternel adieu..... Nous sommes libres penseurs, c'est-à-dire que nous respectons la foi de chacun et que nous suivons avec un égal respect l'enterrement civil et l'enterrement religieux. Ce n'est pas le culte que nous accompagnons, c'est le corps d'un ami. Voyez ! ce cimetière offre à vos regards 133 représentants de la libre pensée, et 108 de la religion chrétienne.

» Une philosophie morale est aussi indispensable aux sociétés que l'est le pain à la nourriture du corps. Donc pas de matérialisme. D'ailleurs, les hommes deviendraient-ils meilleurs, lorsqu'ils se croiraient certains qu'après leur mort leur sang serait de l'albumine, leurs os du phosphate

22

de chaux, et rien de plus? La perspective de l'immortalité de l'âme n'est-elle pas plus propre à obtenir une amélioration de ce cœur humain dans lequel l'ivraie croît si facilement et où le bon grain a tant de peine à germer ?

» Que vous soyez morts en chrétiens ou en libres penseurs, déportés défunts, nous vous disons un solennel adieu !.....

« Adieu, vaillants pionniers du progrès, etc.

II. Voici un autre type de communard :

On se rappelle le jeune Gaston Crémieux qui fut fusillé à Marseille par la férocité de la bourgeoisie victorieuse. Sa veuve publie aujourd'hui les œuvres qu'il a laissées. C'était un jeune poète. Ses œuvres posthumes se composent d'un drame fait dans la prison du fort Saint-Nicolas avant sa condamnation à mort; il porte pour titre *le Neuf Thermidor ou la Mort de Robespierre*. Le jeune Gaston Crémieux a mis tout son cœur de poète dans cette œuvre poétique, dans ce poème en cinq actes et en vers; il y a mis aussi toutes ses convictions de républicain. On y sent vibrer l'âme de la révolution. M. Clovis Hugues, l'ami de l'auteur, en a fait les deux derniers tableaux, *l'Hôtel-de-Ville* et *la rue Saint-Honoré*. Le jeune Gaston n'avait pu le finir, il avait été interrompu par la mort sanglante dont il fut la victime.

Madame Gaston Crémieux y a joint les *Impressions d'un Condamné à mort*, par le même, *les Mois de prison*, écrits également pendant sa détention, et *Avant les mauvais jours*, poésies de sa jeunesse.

M. Maquet y a ajouté une notice d'une vingtaine de pages, toute simple et toute poignante. «Raconter, dit-il, Gaston Crémieux, c'est raconter la vie d'un enfant du peuple, d'un poète et d'un républicain. » Il débuta à Nîmes, se maria et se fixa à Marseille. Il combattit vaillamment le choléra et l'empire, proclama à Marseille la république un mois avant le 4 septembre et y accepta, après la guerre, la présidence du gouvernement communal.

Arrêté au cimetière israélite — il était juif — et traduit devant un conseil de guerre, il revendiqua toutes les responsabilités, se défendit avec une fermeté très digne et fut condamné à mort. La commission des grâces fit attendre quatre mois sa réponse, qui fut qu'on le fusillât.

« On te dira que je suis mort avec courage, écrivit Gaston Crémieux à sa femme. En vivant, imite-moi. Je ne te parle pas de ce que tu auras à apprendre à nos enfants. Les temps change-

ront. L'histoire de notre malheureuse cité réha-
bilitera ma mémoire. »

Et plus loin : « On te remettra l'œuvre que j'ai
laissée, hélas! inachevée, et dont la dernière
page est tachée de sang... Je t'assure que je
suis calme : je ne crois pas que tout soit fini là.
Je te reverrai, amie de mon âme, amour de ma
vie, loin de cette terre. »

Voilà encore un communard ! Est-il matérialiste, celui-là qui croyait ainsi à l'amour et à
l'autre vie. Si l'on comptait bien, on n'en trouve-
rait guère, parmi tous ceux qui croient véritablement à la république, qui soient matérialistes
véritablement. Ceux qui furent athées et qui s'a-
charnèrent jusqu'à mourir dans cette foi négative *de tout* et *du tout*, furent-ils jamais autre
chose que des crétins par nature ou des esprits
crétinisés par l'éducation.

CHAPITRE ONZIÈME.

CONCLUSION.

Terram dedit filiis hominum.
Il a donné la terre au exnfants des hommes.
(*Ps.* cxiii, 16.)

Tous les communismes que je viens de voir se développer historiquement ne sont point des communismes, ou, si l'on aime mieux, ce ne sont que des communismes incomplets, et par là même, désordonnés, qui ne pouvaient produire que de mauvais résultats. Aussi les ai-je vus tous se culbuter les uns sur les autres dans une dégringolade universelle et n'enfanter que des désordres immenses lorsqu'ils ont eu quelques essais d'application ; le plus souvent même, ils n'ont pas eu l'honneur de pouvoir être essayés. Ils avaient seulement poussé, pour la plupart, dans les théories, et n'avaient même pas atteint les conditions qui en eussent rendu possible la plus petite tentative pratique.

Qu'est-ce que ce *collectivisme*, si ce n'est l'appropriation d'une étendue de la terre à une collection d'hommes, appelée commune ou Etat. Est-ce là un communisme véritable? Si vous donniez même telle ou telle partie de la terre à un peuple, à une race, en seriez-vous plus riche en communisme. Pour le vrai communisme, il faut que tout soit à tous. Il en est de la terre comme de l'air, comme de l'eau, comme du feu, tout cela est donné par la nature à tous les hommes sans distinction de race, et tout cela est à tout ouvrier qui travaille à se l'approprier par ses fruits.

L'air est le bien commun de tout animal qui a des poumons capables d'en tirer l'oxygène qui oxygénera son sang.

L'eau est à toutes les bouches dont les lèvres sont susceptibles d'en assouvir leur soif.

Le feu est à tout organisme qui en peut réchauffer ses membres.

Et la partie de ces biens qui sera assimilée par l'animal, est la seule partie qui soit appropriée par son travail, parce que c'est par suite de ce travail, qu'elle est devenue un fruit, un produit véritable de l'être. Elle n'est, d'ailleurs, ce fruit, que pendant le temps de la durée de l'assimilation et par conséquent du travail. Aussitôt que ce temps est passé, elle rentre dans la communauté et redevient le bien universel où tous peuvent puiser.

L'air qui a été respiré, n'est-il pas, aussitôt le travail de vos poumons accompli, la propriété commune de tous ceux qui le respireront ensuite?

Il en est de même du champ qui est couvert de vos moissons. Les moissons qu'il porte sont au travailleur qui s'est donné la peine de faire pousser ces moissons ; mais du jour où il devient inculte, il appartient à tous.

Tu n'es, ô agriculteur, le propriétaire que des fruits, et du champ lui-même pendant le temps que tu le travailles, que tu le maintiens en ta possession active, le fumant, l'entretenant en rapport, le gardant soit par toi-même, soit par les moyens mis à la disposition de chacun dans une société organisée, enfin le tenant toujours prêt à recevoir la semence qui lui est destinée.

Le collectivisme n'est qu'une appropriation à une collection ; et ce n'est pas plus du communisme que l'appropriation à un individu. C'est un vol fait à l'humanité tout entière au profit d'une de ses parties.

Il faut donc en revenir à cette parole des sages des premiers jours : « Dieu a donné la terre aux enfants des hommes. »

Oui, la terre est un bien commun universel ; et elle devient, elle-même, avec ses fruits la propriété du travailleur qui la cultive, pendant le temps qu'il la cultive, l'ensemence, la travaille soit par lui-même, soit par un emprunteur à titre gratuit qui lui répondra du capital nu.

Voilà le grand communisme, que je développerai comme devant être le vrai communisme des républiques ou plutôt de la république humanitaire de l'avenir.

Ce sera là le communisme originel de la justice des choses sur notre planète.

La force universelle, éternelle, génératrice de tout ce qui est, et qui est *une* et *trine*, une dans sa substance éternelle, *trine* par sa puissance, par son intelligence, et par son amour, cette force est commune à tous les êtres de la nature, elle engendre sans cesse toutes choses par la nature qu'elle entretient et soutient éternellement, c'est là mon dieu panthéistique, à moi, et tout ce qui est sa génération, sa lignée, γένος, dit saint Paul, est commun à tous les êtres qui se pensent eux-mêmes et qui pensent le tout, qui disent « moi » ; à tous les humains ; aucun d'eux ne peut, sans faire un vol, s'attribuer ni la terre ni l'air, ni l'eau, ni le feu, que jadis par ignorance on nommait les *éléments*, mais qu'on ne se trompait pas en les donnant comme de grandes divisions de la nature, de grands produits du travail éternel.

Celui des hommes, qui, en ayant conscience de ce qu'il fait, s'approprie à demeure, autre chose de l'essence de l'instrument, que les fruits qu'il obtient par son travail, est un voleur, s'il entend fonder plus qu'une possession transitoire ne durant que le temps du travail lui-même.

Voilà le vrai communisme que j'établirai dans ma troisième partie, laquelle donnera lieu à un second volume, comme étant la loi commune essentielle sortant de l'origine même des choses.

Ce communisme, de nature fondamentale, sera complété par celui de fraternité, relatif à la consommation des fruits, après l'avoir été par le communisme de la sagesse dans la production, celui-là utilitaire en vue d'obtenir la plus grande production possible de richesses.

Et nous aurons, de la sorte, avec ce triple communisme : communisme d'origine, communisme de production, communisme de consommation, la trinité parfaite dans les développements de l'être, comme nous l'avons trouvée dans l'être lui-même.

Oui, j'ose le dire pour mon communisme comme je l'ai dit pour mon panthéisme trinitaire : *J'ai trouvé!* Euréka.

F. JUNQUA.

POST-SCRIPTUM

POST-SCRIPTUM.

MON AFFAIRE AVEC M. SIGISMOND LACROIX

Beaucoup d'articles ont paru sur mes précédents ouvrages, dans les journaux de Paris, de Madrid, d'Italie, d'Allemagne, de Suisse et d'ailleurs. Je citerai ces critiques à la fin de cette étude, c'est-à-dire à la fin du deuxième volume de mon *Communisme des républiques de l'avenir.* J'avais le projet d'en donner, à la fin de ce premier volume, un assez grand nombre déjà, avec mes réponses. Mais je n'en citerai qu'un, pour avoir l'occasion d'offrir à mes lecteurs l'historique d'un épisode curieux.

Cet épisode se rapporte à la rédaction et à l'administration du journal *la Révolution française.*

I. Voici d'abord l'article critique que ce journal publia sur mon livre du *Contrat social des républiques de l'avenir.* Cette critique, signée *Minor,* avait pour auteur M. Malon, un des chefs

proscrits de la Commune de Paris, résidant en
Suisse, auteur de l'*Histoire du socialisme*, que
j'ai souvent citée, et non encore amnistié. Elle
parut dans le numéro du mardi 22 avril 1879.

« *De la Justice dans l'exercice de la souveraineté
ou le Contrat social des républiques de l'avenir*,
par le docteur JUNQUA. — Sandoz et Fischbacher, 33, rue de Seine. — Paris : Prix 3 fr. [1]

» François Junqua est cet ex-prêtre de Bor-
deaux qui se sépara, il y a quelques années, du
catholicisme avec un éclat qu'il expia par trente
mois de prison et une foule de persécutions. La
presse libérale l'accueillit bien d'abord; mais
comme Junqua est un homme des temps nouveaux, qu'il sait que hors de la justice économique les sociétés ne sont qu'iniquités et menson-
ges, la presse bourgeoise s'est empressée de faire
le silence autour de lui, bien qu'il soit un publi-

« 1. Ouvrages parus du même auteur :
» *L'Église démocratique et sociale de la liberté.* — Librairie
Sandoz et Fischbacher, 33, rue de Seine, 1 vol. : 2 fr. 50.
» *De la Justice dans l'usage de la propriété, ou le Contrat
social des républiques de l'avenir.* Même librairie, 2 vol. : 6 fr.
» En préparation : *De la Sagesse dans la production, de la
fraternité dans la consommation, ou le Communisme des ré-
publiques de l'avenir*, 2 volumes. »

ciste fécond et remarquable sous plus d'un rapport.

» J'ai rendu compte, en d'autres temps, de ses deux premiers ouvrages dont le second : *la Justice dans l'usage de la propriété*, est une des œuvres les plus sérieuses qu'ait produites l'école mutuelliste à laquelle appartient l'auteur.

» Le livre dont j'ai à parler aujourd'hui s'occupe surtout des solutions politiques, dans le sens fédéraliste-anarchiste.

» L'auteur, qui est un spiritualiste déterminé, commence par une démonstration du panthéisme de Socrate et de Jésus. Nous ne le suivrons pas sur ce terrain.

» D'après Junqua, le *Contrat social des républiques* se basera sur ce principe :

» Exercice permanent du suffrage universel dans tous les ordres avec la révocabilité constante de tous les fonctionnaires par l'initiative, toujours en activité, de leurs électeurs. Ainsi serait aboli le gouvernement proprement dit et serait constituée l'*anarchie du gouvernement républicain*.

» Junqua établit avec raison qu'il ne suffit pas de démocratiser les Etats, mais qu'il faut aussi les décentraliser et les fédéraliser pour sauvegarder d'abord la liberté et ensuite la paix. Il y aurait donc, selon lui, deux pactes : le *pacte national* réglant les rapports des citoyens entre eux, et le *pacte fédéral*, réglant les rapports des collectivités constituées.

» Au-dessus du *pacte national* Junqua met les libertés civiques inviolables, qu'il énumère en dix-sept chapitres. Plusieurs de ces libertés sont purement et simplement des droits, comme la *liberté de vivre* et la *liberté du travail*, qui n'ont pas de sens si elles ne sont assurées d'une manière positive. Ce sont donc des droits. Les quinze autres libertés principales comprennent toutes les manifestations sociales de la vie de l'homme et du citoyen. Il n'y a rien à objecter quand on sait que l'auteur met la justice économique à la base de la société politique.

» Ce n'est pas dans la fréquentation de saint Paul et de Proudhon que l'auteur a pu apprendre à respecter la femme; aussi rompt-il des lances contre l'égalité des sexes. Mais, esprit chercheur et indépendant, il sort de l'ornière pour proposer un amendement au suffrage universel régnant. Selon lui, tous les célibataires majeurs, hommes ou femmes, devraient voter, et les chefs de famille qui seraient l'homme dans le ménage complet et la femme en cas de la mort du mari, devraient avoir une voix supplémentaire. Mais,

dans l'intérêt du bon ordre des familles, les épouses n'auraient pas le droit de voter.

» A ce sujet, s'appuyant de Lamennais, Lamartine, Proudhon, Molière, il déclare que les
hommes doivent porter le bâton du commandement, car ils sont incontestablement supérieurs.

» Il est curieux de voir dans l'esprit de l'auteur ces luttes entre le vieil esprit chrétien et
bourgeois oppresseur, d'une part, et les instincts
d'homme de liberté, d'autre part. Après avoir
glorifié la famille autoritaire, il n'hésite pas à
reconnaître les unions libres comme *mariages
naturels* et à admettre le divorce pour les unions
mal assorties en tout état de cause.

» Mais en voilà assez sur les idées de l'auteur.
Un compte-rendu ne peut pas être un résumé, et
les lecteurs auront plus de plaisir à lire l'auteur
dans ses livres mêmes.

» Je n'ai pas qualité pour me prononcer sur la
portée littéraire de l'œuvre de M. Junqua ; je me
borne à reconnaître que la limpidité et la facilité
de son style font qu'on lit avec plaisir son livre
une fois ouvert et que, la lecture une fois termi-
née, on se rend le témoignage qu'on n'a pas
perdu son temps et qu'on vient de susciter en
soi bien des réflexions utiles.

» Nous terminerons par un vœu d'encourage-

22.

ment à ce vaillant publiciste que les dispensateurs de la publicité bien sage punissent de l'indépendance de son esprit et de la générosité de ses aspirations, en faisant autour de lui le vide et le silence.

» La presse socialiste doit protester, dans la mesure de ses forces contre ces excommunications opportunistes.

» Minor. »

Merci de tout cœur à M. Malon, bien plutôt qu'à *la Révolution française* de cette appréciation. Elle est d'abord son œuvre propre, après étude de m   volume intitulé : *De la Justice dans l'exercice de la souveraineté, ou le Contrat social des républiques de l'avenir.* C'est, de plus, à ses instances que j'en dois la publication dans ce journal. Merci donc à M. Malon, et à peu près à lui seul, à tous les points de vue.

Je commence par lui faire la réponse que je lui dois; M. Sigismond Lacroix aura son tour, quant à ce qui le concerne, dans l'épisode curieux qui sera lu ensuite, dans mon second volume, si les choses sont maintenues dans l'état présent par M. Lacroix.

Je n'ai qu'à dire au critique, je le répète, merci pour tous les éloges qu'il m'adresse et pour la manière exacte avec laquelle il résume ma théorie d'application du suffrage universel, qui devrait recruter, par lui-même, ses représentants au moyen d'une révocabilité constante de ses élus et du droit permanent de se réunir pour les remplacer lorsqu'il les juge indignes de continuer leur mission. Ce serait là aussi la réalisation de l'an-archie proudhonienne du gouvernement républicain toujours en permanence.

Je dis de même de ce qu'annonce le critique de mes deux pactes : le pacte constitutionnel national, et le pacte constitutionnel fédéral.

D'après lui, mon énumération des libertés inviolables en dix-sept chapitres, se trompe en présentant ces libertés comme des libertés ; plusieurs d'entre elles, selon lui, sont des droits plutôt que des libertés : telles sont la « *liberté de vivre* et la *liberté du travail*, lesquelles n'ont pas de sens si elles ne sont assurées d'une manière positive, et par conséquent sont des droits. »

Mais ici je crois que l'auteur de la critique va plus loin qu'il ne le veut et même qu'il ne le pense.

Quoi! la liberté de vivre serait un droit! il y aurait donc le droit à la vie, à l'existence! Est-

ce que le droit à exister peut exister dans celui
qui n'existe pas encore? et n'en est-il pas de
même du droit au travail? Ce qui n'existe pas
peut-il avoir droit à quelque chose? Il faut qu'il
y ait existence de l'être, pour que quelque cause
soit posée qui implique un tel droit. Ce qui
n'est pas n'a rien qui puisse servir de base à cet
effet : il ne peut exister de pareille base que
dans l'être existant et existant muni de principes qui impliquent des conséquences. Ces
conséquences ne peuvent être avant les principes qui les engendrent.

Un raisonnement ne pourrait être construit
pour établir d'une manière logique le droit à
la vie, qu'à l'aide de la théorie des causes finales
posées dans une intelligence éternelle qui doit
créer et réglementer l'être futur. Cette théorie
suppose une cause intelligente, une cause dieu,
préordinante, cause dont ne veut pas entendre
parler M. Malon. Si donc il transforme mes libertés en droits, il rejette d'un trait tout son
athéisme. C'est de la cause universelle que tout
va sortir, c'est en elle que va résider éternellement la base de tout droit ; en elle vont exister
à l'avance, en prédestination, les conditions finales de l'être qui constitueront les droits de cet
être même à la vie, au travail et à tout le reste.

Il est impossible de concevoir un seul droit existant d'une autre manière. Or, si l'on imagine, dans l'être qui commence, une destinée raisonnée, on imagine, dès lors, des droits établis par constitution, comme ceux qu'enregistre la constitution d'une nation pour tout le temps de sa durée. Dès lors ces droits deviennent logiques, à la condition qu'ils dérivent d'une puissance constituante compétente pour les établir, et ils peuvent être soutenus comme étant des réalités. Vous pouvez, alors, admettre le droit à la vie, qui sera le premier de tous; il n'en existera pas moins, quoique la vie ne soit pas encore réalisée, parce qu'il existera dans la prédestination providentielle, sinon en acte, du moins en puissance et en idée, ce qui est tout quand il s'agit de la question d'une base solide, c'est-à-dire éternelle. Il en sera de même du droit au travail et à tel et tel travail, bien qu'il n'ait encore son objet qu'en concept, et ainsi de tous les droits possibles dès là qu'on les imagine réels avant que l'être lui-même soit entré dans l'acte de sa réalisation. Autrement, il n'y a pas lieu, ni possibilité d'imaginer des droits.

Mais je raisonnais, en établissant mes libertés inviolables, dans toutes les hypothèses ontologiques, évitant avec soin de supposer la cause intelligente ; et, par conséquent, je ne devais pas, ne pouvais pas appeler droits, ce qui n'était nécessairement, dans le fait, comme entité positive, que des libertés.

Au reste, j'aurais beaucoup d'autres raisons encore à donner en réponse au reproche de M. Malon, et plus applicables encore que cette raison générale :

Pour que la liberté du travail, par exemple, soit un droit au travail, il faut que le travail soit déterminé dans son espèce. Il n'y a pas de droit à un travail quelconque, sans spécification d'après les lois positivistes et même d'après toutes les lois raisonnables. C'est à tel ou tel travail que l'on a droit, quand ce droit existe, et que l'on peut avoir droit. Or, quel est le travail auquel a droit naturellement, par le seul fait de sa procréation, tel ou tel travailleur? Peut-on déterminer de la sorte ces droits des travailleurs avant qu'ils aient appris leurs métiers futurs? à moins qu'on ne retourne encore aux prédestinations divines de toutes les vocations, ce qui engendrerait des droits divins à l'infini dans l'universalité des êtres.

Il en est de même de la vie. On ne vit pas de rien, on vit de quelque aliment positif. Il est des aliments qui sont communs et qui ne sont pas le produit d'un travail spécial ; ceux-là appartiennent à un réservoir universel dont la nature est le fournisseur permanent. Tel est l'air que tout animal respire ; telle est l'eau que boit tout passant à un fleuve, à un lac, à la mer. Tel est le feu et la lumière, dont tout corps et tout œil trouve plus ou moins sa part ; telle est la terre, comme fonds, laquelle, à ce titre de fonds, n'appartient à personne en particulier et devient seulement, dans ses fruits, la propriété des individus qui l'ont travaillée. Ces biens du commun réservoir, sont communs et restent communs par leur nature, mais, dès qu'on précise les choses avec lesquelles on vit, on exerce sa liberté de la vie, on ne peut plus déterminer les droits à telle ou telle en particulier ; on n'a plus que la liberté d'user pour vivre, de l'aliment qu'on a fait sien en se l'appropriant par son travail. C'est cette appropriation qui devient la cause du droit que l'on possède d'en user ; et c'est toujours le travail qui engendre ce droit, lequel droit n'était, avant le travail de l'individu ou de la collection, qu'une liberté ouverte à tout premier venu.

Si vous dites que la nature vous donne plus que cette liberté, qu'elle vous donne par elle-même le droit à ce produit, avant même qu'il soit engendré, vous devenez tout à coup théiste

et même trop théiste, attendu que vous établissez nécessairement, dès lors, un dieu étranger
au monde, coordonnateur du monde et son propriétaire, origine de ce droit qui devient un droit
divin, par là même, comme celui des Hébreux
sur les terres de Chanaan après la prétendue donation qui leur en avait été faite en leur père
Abraham, droit divin qu'attaquerait encore aujourd'hui, avec la même vigueur, Proudhon mon
maître en prenant le titre d'antithéiste, mais
qu'il n'attaquerait plus si je lui opposais la réponse de mon théisme panthéistique, qui substitue à l'intelligence du Jupiter conçu par les
poètes, l'intelligence de la nature elle-même
n'obéissant qu'à soi en obéissant à ses lois universelles intelligentes, conscientes d'elles-mêmes
et produisant sans cesse leurs effets, ce qui est
Dieu tout entier animant la nature.

« Ce n'est pas, nous dit M. Malon, dans la
fréquentation de saint Paul et de Proudhon que
l'auteur a pu apprendre à respecter la femme,
aussi rompt-il des lances avec l'égalité des sexes,
etc. »

M. Malon se trompe quand il me fait déduire
de mes études de Paul et de Proudhon, l'absence
de respect qu'il me prête pour la femme, cette

amante, cette épouse et cette mère de l'homme.
Il avoue, au moins, que je sors de l'ornière quand
je demande, en faveur de la femme, des amen-
dements à notre suffrage universel, et il est plus
juste, en cela, que beaucoup d'autres de mes
critiques. Je vais jusqu'à donner à la femme le
droit de voter à l'urne politique, toutes les fois
qu'elle représente la famille, au lieu du père et
même quand elle est célibataire majeure n'ayant
qu'elle seule pour se représenter, n'est-ce pas
assez faire pour l'élévation civile de la femme?
Mais cela empêchera-t-il que la femme ne soit pas
l'homme, que son cerveau ait moins de poids,
et que sa nature physique et morale, ces deux
points de vue qui s'accompagnent toujours dans
l'être parce qu'ils naissent du même germe, ne
présentent un ensemble de qualités qui, tout en
étant des qualités, constituent pourtant une infériorité, qui est l'infériorité féminine, condition
d'harmonie entre elle et l'homme. Je maintiens
là-dessus mon appréciation; et ce n'est pas
parce que je suis homme que je la maintiens et
dois la maintenir; je la maintiens avec mes autorités, Lamennais, Lamartine, Molière, Proudhon et tous les autres grands poètes, grands
philosophes, grands penseurs de tous les
temps; et, pour plaire encore plus à la femme,

Jo n'en démordrai point. Que dis-je ? Est-ce que la femme elle-même ne leur donne pas raison à tout propos chaque jour? Quelle est donc la femme qui ne regrette point de n'être pas homme? Toutes ont beau avoir à invoquer à leur avantage, les éminentes qualités qui font la mère, qui la constituent la nourrice et l'éducatrice de l'homme, toutes expriment ce regret en leurs moments d'abandon et de grande franchise. Je n'ai jamais rencontré une femme qui ne me l'ait exprimé à moi-même, et qui ne m'ait avoué que son malheur avait toujours été de n'avoir pas reçu de la nature le sexe masculin.

Laissons chaque sexe à sa place; que chacun l'occupe comme il doit l'occuper; et ce sera l'harmonie; mais cette harmonie même résultera toujours, dans le mariage, d'une infériorité alliée à une supériorité. Oui, c'est à l'un des deux égaux qu'appartient le bâton du commandement; il s'élève toujours des altercations, soit dans les rapports conjugaux, soit relativement aux enfants, et, dans ces cas, donnera-t-on à la femme le dernier mot? Elle en aurait le droit, qu'elle n'en aurait pas la puissance. Je dis tout cela en réservant toujours les exceptions qui font assez souvent que la femme est l'homme et que l'homme est la femme.

Est-ce que je dépasse, en le disant, les sages critiques des Proudhon et des Paul, ou bien est-ce que je les atténue? Non. Lorsque je dis que, dans le cas du ménage composé du père et de la mère, il importe, pour le bon ordre de la famille, que l'époux, seul représentant de l'unité matrimoniale, soit investi du droit de voter, je ne fais que rester dans une sagesse que faisaient briller avec esprit, il y a plus de deux mille ans, les Aristophanes, dans leurs comédies; et cette sagesse ne reposa jamais que sur la conformité avec la nature, qui ne va point à l'encontre de l'égalité. N'est-ce pas saint Paul qui a dit le premier : « Il n'y a plus ni grec, ni barbare, ni esclave, ni libre, ni homme, ni femme, tous sont un dans la philosophie du Christ Jésus. »

Quoi! moi qui vais jusqu'à reconnaître et justifier l'amour dans les unions libres, et le divorce dans toutes les inconstances, sur la demande de la femme comme sur celle de l'homme, je serais à compter parmi les adversaires du droit des femmes! et il resterait en moi, sur cette matière, des restes de l'ancienne lutte entre l'esprit philosophique et l'esprit chrétien!

Je dois pourtant avouer que M. Malon, sur cet article, m'a critiqué d'une manière beaucoup plus retenue et beaucoup plus juste que les au-

tres ; il n'a pas été, au moins, sans indiquer mes
hardiesses faisant équilibre à mes acceptations
de ce qu'il y avait de rationnel dans les jugements de la sagesse antique.

Il a d'ailleurs oublié, à dessein, de faire valoir
à mon appui, une considération qui aurait sa valeur, si je n'avais eu la précaution, en rendant
les femmes électrices et éligibles, de retrancher
ce double privilége à celles qui ont des maris.
Combien de fois n'arriverait-il pas, en effet, que
l'homme votât pour la femme par des motifs
indignes du but social et politique pour lequel se
font les élections, graves sujets de divisions
dans les ménages, qu'il convient d'éviter chez
les femmes liées par le mariage.

II. Je renvoie, ai-je dit, au *Post-Scriptum*
de mon second volume du présent ouvrage les
détails de mon affaire avec M. Sigismond Lacroix, conseiller municipal de Paris et ex-ré-
dacteur en chef de la *Révolution française*.

FIN

TABLE

—

PREMIÈRE PARTIE. — PRINCIPES RATIONNELS
SUR LE COMMUNISME SOCIAL.

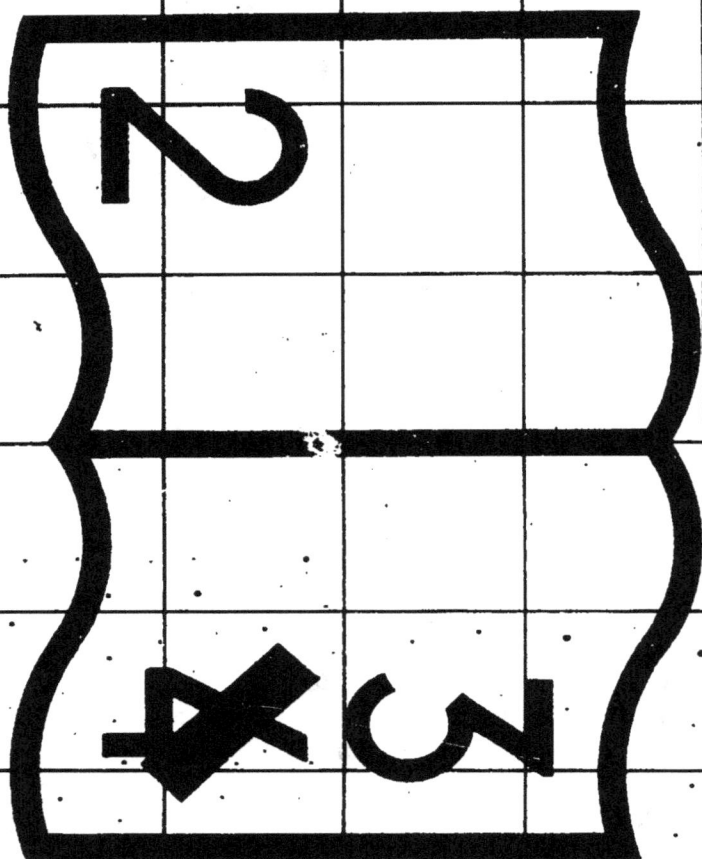

DEUXIÈME PARTIE. — LES COMMUNISMES IMPARFAITS ET DÉSORDONNÉS DU PASSÉ.

FIN DE LA TABLE

IMPRIMERIE GÉNÉRALE DE CHATILLON-SUR-SEINE, J. ROBERT.

ERRATA

P. 315, lig. 25 : *Champuy*, lis. *Champury*.
P. 346, lig. 5 : *Champuy*, lis. *Champury*.
P. 371, lig. 8 : *Maquet*, lis. *Naquet*.

www.ingramcontent.com/pod-product-compliance
Lightning Source LLC
Chambersburg PA
CBHW072007270326
41928CB00009B/1576